SEPP HERBERGER und OTTO NERZ

Die Chefdenker und ihre Theorien

Ihre Diplomarbeiten

eingeleitet, kommentiert und herausgegeben

von

Jürgen Buschmann

Karl Lennartz

Hans Günter Steinkemper

Otto Nerz und Sepp Herberger, ca. 1932

SEPP HERBERGER und OTTO NERZ

Die Chefdenker und ihre Theorien

Ihre Diplomarbeiten

eingeleitet, kommentiert und herausgegeben

von

Jürgen Buschmann

Karl Lennartz

Hans Günter Steinkemper

Carl und Liselott Diem-Archiv
Der Deutschen Sporthochschule Köln

Das Buch wurde gedruckt mit freundlicher Unterstützung der
Sepp Herberger-Stiftung des Deutschen Fußball-Bundes

Impressum

Die Deutsche Bibliothek – CIP-Einheitsaufnahme

Sepp Herberger und Otto Nerz

Die Chefdenker und ihre Theorien

Ihre Diplomarbeiten

eingeleitet, kommentiert und herausgegeben von

Jürgen Buschmann
Karl Lennartz
Hans Günter Steinkemper

Herausgeber:
Carl und Liselott Diem-Archiv
Olympische Forschungsstätte der Deutschen Sporthochschule Köln

Erste Aufl. – 2003 © AGON Sportverlag, Frankfurter Straße 92a, 34121 Kassel

ISBN – 3-89784-195-9

Layout: Michael Winter
Druck: Druck- und Verlagshaus Thiele & Schwarz, Kassel

Inhaltsverzeichnis

		Seite
	Vorwort	9
	Einleitung	11
1.	**Anfänge des Fußballspiels in Deutschland**	**13**
1.1.	Nationalmannschaft	13
1.2.	„Trainerausbildung“: von Richard Girulatis bis Otto Nerz	16
2.	**Otto Nerz**	**31**
2.1.	Biographische Skizze	31
2.2.	Diplomarbeit: *Fussball-Wintertraining*	47
2.3.	Analyse und Bewertung	89
3.	**Sepp Herberger**	**91**
3.1.	Biographische Skizze	91
3.2.	„Meine Sternstunde“	103
3.3.	Diplomarbeit: *Weg zur Höchstleistung im Fussballsport*	*111*
3.4.	Analyse und Bewertung	157
	Quellen	160
	Literatur	160

Herberger und Nerz ca. 1934

Vorwort

Die deutsche Fußball-Nationalmannschaft war und ist wieder erstklassig. Seit 1954 wurden bei 13 Weltmeisterschaften drei Titel, zwei zweite und zwei dritte Plätze gewonnen. Vertreten waren wir zehnmal im Halbfinale und bestritten fünfmal das Endspiel. Bei Europameisterschaften war das deutsche Team nicht weniger erfolgreich.
Es war ein langer Weg, bis diese Erfolge möglich wurden. Vor dem Ersten Weltkrieg – das erste offizielle Länderspiel des DFB fand erst 1908 gegen die Schweiz statt - war die deutsche Elf – freundlich formuliert – leider nur drittklassig. Fast unüberwindbare Gegner waren die Österreich und Holland. Von den englischen Amateuren wurden wir 1909 mit 9:0 deklassiert. Einen Trainer oder gar Teamchef der deutschen Nationalmannschaft gab es nicht. Bei der Aufstellung des Teams war nicht die Fähigkeit der Spieler, sondern der Proporz der Landesverbände maßgebend. Jeder mußte vertreten sein.

Rudi Völler – „Team-Chef" der Fußball-Nationalmannschaft

Als der *Deutsche Fußball-Bund* sich 1912 zum ersten Mal an einem olympischen Fußballturnier beteiligte, zogen die Verantwortlichen die Verpflichtung eines Trainers in Erwägung. Daraus wurde aber nichts, und die starken Mannschaften aus Österreich und Ungarn warfen uns mit deutlichen Niederlagen aus dem Turnier und auch aus der Trostrunde. Aufgrund einer Denkschrift von Carl DIEM gründete sich 1920 in Berlin die *Deutsche Hochschule für Leibesübungen*, an der auch Fußball gelehrt und in der bei Lehrgängen in Verbindung mit dem DFB Trainer ausgebildet wurden. Erster Dozent war Richard GIRULATIS. Er könnte als Vorgänger von Otto NERZ und Sepp HERBERGER angesehen bzw. – versehen mit Anführungszeichen - als erster Reichstrainer bezeichnet werden. An der Hochschule in Berlin studierte und unterrichtete Otto NERZ, der dann ab 1926 offiziell vom DFB als Reichstrainer („Bundes-Fußballehrer") verpflichtet wurde und die Nationalmannschaft betreute. Mit einer Sondergenehmigung von Carl DIEM durfte der „Volksschüler" Sepp HERBERGER 1927 das Studium aufnehmen, das er 1930 als Jahrgangsbester abschloß. 1936 wurde er Reichstrainer, und 1939 erhielt er die alleinige Verantwortung für die Nationalmannschaft. Mit NERZ und HERBERGER kamen die Erfolge. Nachdem die deutsche Nationalmannschaft bei den Olympischen Spielen 1928 in Amsterdam in der zweiten Runde gegen den späteren Sieger Uruguay ausgeschieden war, kam sie bei der zweiten Weltmeisterschaft 1934 in Italien – 1930 in Uruguay hatte der DFB noch auf eine Teilnahme verzichtet – überraschend aber verdient ins Halbfinale, das sie gegen die Tschechoslowakei mit 1:3 verlor. Sepp HERBERGERS Mannschaft wurde dann - wie bekannt - 1954 in der Schweiz Fußballweltmeister.
Vor zwei Jahren entdeckten die Kölner Sporthistoriker Jürgen BUSCHMANN und Karl LENNARTZ, die schon mehrere Standardwerke zur Geschichte des Fußballsports verfaßt

haben, die Diplomarbeiten, die NERZ und HERBERGER am Ende ihres Studiums an der Deutschen Hochschule für Leibesübungen geschrieben haben:

NERZ: ***Fussball-Wintertraining***
HERBERGER: ***Weg zur Höchstleistung im Fussballsport***

BUSCHMANN und LENNARTZ stellten bei der Lektüre fest, daß zwar manches veraltet ist, vieles aber noch immer seine Gültigkeit hat. Manche Trainingsvorschläge der beiden späteren Reichstrainer könnten heute noch verwendet werden. Eine kommentierte Herausgabe lohnt sich also nicht nur aus historischem Interesse. Ergänzt wurde die Edition durch Auszüge aus dem Lehrbuch von GIRULATIS sowie kurze biographische Abhandlungen über GIRULATIS, NERZ und HERBERGER.

Ich wünsche dem Buch viele interessierte Leser!

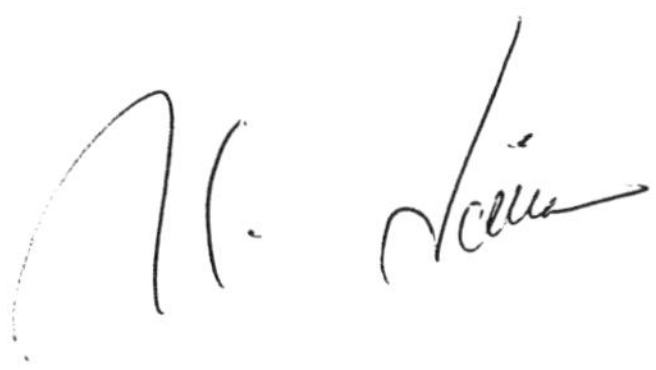

Frankfurt, den 30. Juni 2002[1]

[1] An diesen Tag stand die deutsche Nationalmannschaft zum siebten Mal in einem WM-Finale.

Einleitung

Im Jahre 1997 haben wir anläßlich des 100. Geburtstages von „Sepp" HERBERGER die Dokumentation *Sepp Herberger und die Sporthochschule Köln* herausgegeben, in der vor allem sein Wirken als Dozent für die Studenten und Ausbilder von Fußball-Lehrern beschrieben wurde. Damals hätten wir gerne auch einen Blick in seine Diplomarbeit, die er 1930 als Student der *Deutschen Hochschule für Leibesübungen* verfaßt hatte, geworfen. Dies allein schon deshalb, um Gerüchte beurteilen zu können, HERBERGER hätte die Arbeit gar nicht selbst geschrieben! Dies hätte sein Lehrer und Vorgänger als Trainer der Nationalmannschaft, Otto NERZ, für ihn „erledigt", weil die beiden damals noch gute Freunde waren. HERBERGER hat wie kaum ein Prominenter so viel archiviert und nahezu alles aufbewahrt, jede Notiz, seine „berühmten" Kalender, jeden Brief und jede Postkarte. Mehr als 300 gut gefüllte Leitzordner hat er hinterlassen. Zu unserem Erstaunen fand sich darin nicht die Diplomarbeit. Sie war verschwunden. Ein Grund, neuen Gerüchten Nahrung zu geben: HERBERGER hätte gar keine Diplomarbeit verfaßt. Dies konnten wir uns kaum vorstellen. Carl DIEM hätte nie einem Studenten den Titel eines Diplom-Turn- und Sportlehrers gegeben, ohne eine Abschlußarbeit gelesen und beurteilt zu haben, schon gar nicht einem Studenten, der als bester des Semesters die *August-Bier-Plakette* erhielt.

Wo aber war HERBERGERS Text? Damals wurden Diplomarbeiten auf der Schreibmaschine mit Durchschlägen „getippt". Ein Haupt-Exemplar erhielt die Hochschule, ein zweites ging möglicherweise an die Bibliothek der Hochschule, und ein drittes behielt der Kandidat. Viele Diplomarbeiten der *Deutschen Hochschule für Leibesübungen* sind 1945, als ein Teil des Archivs, der Verwaltungsakten und der Bibliothek in den Wirren des Kriegsendes zerstört wurde, verlorengegangen. Eine Anzahl von Diplomarbeiten ist erhalten und gehört heute zum Bestand der Zentralbibliothek der *Deutschen Sporthochschule Köln*. Dorthin gehören eigentlich alle noch vorhandenen.

Vor zwei Jahren erhielten wir von Kollegen der Universität Tübingen die Nachricht, daß dort ein Exemplar von HERBERGERS Diplomarbeit vorhanden sei. Wie es dorthin gekommen ist, war nicht zu ermitteln. Wir baten um eine Kopie, die wir aber nicht erhielten. Vor einigen Monaten erfuhren wir, daß HERBERGERS und andere Diplomarbeiten der *Deutschen Hochschule für Leibesübungen* jetzt im Archiv des *Instituts für Sportgeschichte Baden-Württemberg e.V.* aufbewahrt werden. Diesmal war es kein Problem, einen Film der Arbeiten von HERBERGER und NERZ zu bekommen.

Beim Studium der beiden Texte kamen wir schnell zu der Überzeugung, daß sie überaus wichtige Quellen sind, wertvolle Zeugnisse zur Geschichte der Fußball-Methodik, der Trainingslehre und der Ausbildung von Fußball-Lehrern, die allen Interessierten durch eine Veröffentlichung zugänglich gemacht werden sollten. Ein Stilvergleich ließ das Gerücht, ein anderer könnte HERBERGERS Arbeit verfaßt haben, schnell zum Nichts werden. Der Text ist „typisch" HERBERGER.

Um dem Leser einen besseren Eindruck über das Umfeld, in dem die beiden Arbeiten geschrieben wurden, zu geben, sind ergänzende Kapitel beigefügt, über den Beginn des Fußballtrainings in Deutschland sowie zur Biographie von NERZ und HERBERGER.

Wir bedanken uns beim *Institut für Sportgeschichte Baden-Württemberg* für die Überlassung des Films der Diplomarbeiten und bei Roland ZIEGLER für seine ausgezeichnete Lektorentätigkeit. Unserer besonderer Dank gilt der *SeppHerberger-Stiftung des Deutschen Fußball-Bundes* für die finanzielle Unterstützung, um einen Teil der notwendigen Kosten für die Herstellung des Buches aufbringen zu können.

Jürgen Buschmann   Karl Lennartz   Hans Günter Steinkemper

Köln, 48 Jahre nach dem WM-Finale in Bern, dem 4. Juli 2002

1. Anfänge des Fußballspiels in Deutschland

1.1. Nationalmannschaft

Erst fünf Jahre nach Einführung einer *Deutschen Meisterschaft* war der DFB bereit, Länderspiele durchzuführen. Es mußten im Vorfeld vielerlei Probleme gelöst werden. Es gab kaum einen Überblick über das Können der Spieler. Die Berichterstattung in der Presse war noch recht dürftig, und für Beobachtungsreisen fehlten die Mittel. So war es nicht verwunderlich, daß nicht nur das erste Länderspiel am 5. April 1908 in Basel gegen die Schweiz mit 3:5, sondern auch die nächsten drei Begegnungen verloren wurden, bei einem Torverhältnis von 6 zu 22. Erst im sechsten Spiel gelang am 3. April 1910 mit einem 3:2 über die Schweiz der erste Sieg.
Der Einsatz von Spielern aus elf Vereinen war keine Seltenheit. Jeder Landesverband wollte bei der Mannschaftsaufstellung mitreden. Die Einberufung erfolgte durch einen kurzen Brief oder sogar nur durch eine Pressemitteilung. Eine gemeinsame Anreise oder gar ein Vorbereitungstraining gab es nicht. Trotz dieser dilettantischen Vorbereitung und der sich daraus ergebenden Erfolglosigkeit waren die Länderspiele in Deutschland dennoch eine Werbung für das Fußballspiel und taten der Begeisterung keinen Abbruch.
Als Schiedsrichter kamen aus Kostengründen nur Unparteiische des Gastgeberlandes in Frage. Dabei kam es jedoch kaum zu Meinungsverschiedenheiten. Die Spieler waren diszipliniert und fair und die Schiedsrichter unparteiisch. Es waren eben echte Freundschaftsspiele. Deutschland wurde im Länderspielverkehr zu einem gefragten Gegner, vielleicht weil es eine schwache Mannschaft war. 1911 kam es sogar zu sieben Begegnungen. Inzwischen hatte ein *Bundesspielausschuß* die Verantwortung für die Nationalmannschaft übernommen, aber dennoch blieben große Erfolge zunächst aus.

Nr.	Datum	Ort	Gegner	Ergebnis
1.	05.04.1908	Basel	Schweiz – Deutschland	5:3 (2:1)
2.	20.04.1908	Berlin	Deutschland – England (Am.)	1:5 (0:3)
3.	07.06.1908	Wien	Österreich – Deutschland	3:2 (1:1)
4.	16.03.1909	Oxford	England (Am.) – Deutschland	9:0 (5:0)
5.	04.04.1909	Budapest	Ungarn – Deutschland	3:3 (2:2)
6.	04.04.1909	Karlsruhe	Deutschland – Schweiz	1:0 (1:0)
7.	03.04.1910	Basel	Schweiz – Deutschland	2:3 (1:1)
8.	24.04.1910	Arnheim	Holland – Deutschland	4:2 (2:2)
9.	16.05.1910	Duisburg	Deutschland – Belgien	0:3 (0:1)
10.	16.10.1910	Kleve	Deutschland – Holland	1:2 (0:1)
11.	26.03.1911	Stuttgart	Deutschland – Schweiz	6:2 (2:0)
12.	14.04.1911	Berlin	Deutschland – England (Am.)	2:2 (2:1)
13.	23.04.1911	Lüttich	Belgien – Deutschland	2:1 (1.0)
14.	18.06.1911	Stockholm	Schweden – Deutschland	2:4 (2:2)
15.	09.10.1911	Dresden	Deutschland – Österreich	1.2 (0:2)
16.	29.10.1911	Hamburg	Deutschland – Schweden	1:3 (0:2)
17.	17.12.1911	München	Deutschland – Ungarn	1:4 (0:2)
18.	24.03.1912	Zwolle	Holland – Deutschland	5:5 (2:3)
19.	14.04.1912	Budapest	Ungarn – Deutschland	4:4 (1:4)
20.	05.05.1912	St. Gallen	Schweiz – Deutschland	1:2 (1:2)

Tab. 1: Länderspiele 1908 bis 1912

Bis zur Teilnahme an den *Olympischen Spielen* in Stockholm 1912 absolvierte die deutsche Mannschaft 20 Länderspiele: fünf Siege, vier Unentschieden und elf Niederlagen - Torverhältnis 43:63 - (vgl. Tab. 1). Als ein besonderer Prestigeerfolg ist dabei sicherlich ein Unentschieden (2:2) am 14. April 1911 in Berlin gegen die englischen Amateure zu

bewerten. Ein Kuriosum in der Länderspielgeschichte war der „Doppelspieltag“ am 4. April 1909, als zeitgleich in Budapest und Karlsruhe ein Länderspiel gegen Ungarn und eines gegen die Schweiz stattfanden.[1]
Bei den Olympischen Spielen 1912 in Stockholm schied die Mannschaft des DFB in der ersten Runde mit 1:5 gegen Österreich aus. Im Trostwettbewerb wurde zwar Rußland mit 16:0, dem bisher größten Erfolg in der Geschichte der Länderspiele, besiegt (vgl. Abb. 1), doch kam im zweiten Spiel gegen Ungarn mit 1:3 das „Aus“. Auch die restlichen Länderspiele im Herbst dieses Jahres gegen Dänemark (1:3) und Holland (2:3) gingen verloren.

Abb. 1: Die deutsche Nationalmannschaft, die bei den Olympischen Spielen 1912 in Stockholm in der Trostrunde Rußland mit 16:0 schlug; v.l. Karl Burger, Hans Reese, Gottfried Fuchs, Otto Thiel, Walter Hempel, Adolf Werner, Fritz Förderer, Emil Oberle, Karl Uhle, Dr. Josef Glaser und Camillo Ugi

Die Jahre 1913 bis 1916 sollten der Vorbereitung der Nationalmannschaft auf die an Berlin vergebenen Spiele der VI. Olympiade dienen. Allerdings wurden fünf der sieben Begegnungen in den zwei Jahren nach den Olympischen Spielen 1912 verloren. Dem stand lediglich ein Sieg gegen Belgien und ein Unentschieden gegen Holland gegenüber (vgl. Tab. 2). Der Ausbruch des Ersten Weltkriegs ließ dann jeglichen internationalen Spielverkehr in Mitteleuropa ruhen.
Versuche nach Ende des Ersten Weltkrieges, den DFB aus der FIFA auszuschließen, scheiterten zwar, doch war eine Isolierung durch viele ausländische Verbände nicht zu übersehen. Trotzdem fanden bereits in der Saison 1919/20 erste internationale Begegnungen auf Vereinsebene mit Schweizer, italienischen und schwedischen Clubs statt. Bei einem Städtespiel vor einer Rekordzahl von 40.000 Zuschauern schlug Berlin die Auswahl von Budapest mit 2:1. Am 27. Juni 1920 konnte beim ersten Länderspiel nach dem Krieg die Schweiz in Zürich die deutsche Elf mit 4:1 schlagen.

---

1 „Doppelspieltage“ gab es später auch am 18.08.1935 (München: 6:0 gegen Finnland, Luxemburg: 1:0 gegen Luxemburg), 21.03.1937 (Stuttgart: 4:0 gegen Frankreich, Luxemburg: 3:2 gegen Luxemburg), 20.03.1938 (1:1 gegen Ungarn, 2:1 gegen Luxemburg), 26.03.1939 (2:3 gegen Italien, 1:2 gegen Luxemburg) und 05.10.1941 (2:4 gegen Schweden, 6:0 gegen Finnland).

Nr.	Datum	Ort	Gegner	Ergebnis
21.	29.06.1912	Stockholm	Österreich – Deutschland	5:1 (0:1)
22.	01.07.1912	Stockholm	Deutschland – Rußland	16:0(8:0)
23.	03.07.1912	Stockholm	Ungarn – Deutschland	3:1 (2:0)
24.	06.10.1912	Kopenhagen	Dänemark – Deutschland	3:1 (0:1)
25.	17.11.1912	Leipzig	Deutschland – Holland	2:3 (1:1)
26.	12.03.1913	Berlin	Deutschland - England	0:3 (0:2)
27.	18.05.1913	Freiburg	Deutschland - Schweiz	1:2 (1:2)
28.	26.10.1913	Hamburg	Deutschland - Dänemark	1:4 (1:3)
29.	23.11.1913	Antwerpen	Belgien - Deutschland	6:2 (4:0)
30.	05.04.1914	Amsterdam	Holland - Deutschland	4:4 (1:0)

Tab.2: Länderspiele 1912 bis 1914

Im sechsten Länderspiel nach dem Ersten Weltkrieg in Finnland 1921 kam auch Sepp HERBERGER zu seinem ersten Länderspieleinsatz (vgl. Abb. 2 und 3).

Abb. 2: Die Nationalmannschaft vor der Abreise zum Länderspiel im September 1921 nach Helsinki, vorne auf dem Boden sitzend zweiter von rechts DFB-Vizepräsident Felix LINNEMANN, links hinter ihm Nationalspieler Sepp HERBERGER

Abb. 3: HERBERGER, sechster von links, bestritt hier sein erstes von drei Länderspielen und erzielte dabei zwei Tore

1.2. „Trainerausbildung“: von Richard Girulatis bis Otto Nerz

Über die Anfänge der Trainerausbildung in Deutschland ist bisher wenig geschrieben worden. Als Ende des 19. Jahrhunderts die verschiedenen Sportarten aus England ihren „vorsichtigen“ Einzug nach Deutschland hielten, gab es auf dem Gebiet der Leibeserziehung nur die Turnlehrer, die an Gymnasien und in Turnvereinen mit Schülern bzw. Jugendlichen turnten. Den neuen Sportarten bzw. den Spielen und in erster Linie dem Fußballspiel standen sie skeptisch, wenn nicht feindlich gegenüber. Ausnahmen, wie der Gymnasiallehrer Konrad KOCH[2], der sogar nach England fuhr, um das Fußballspiel kennenzulernen und dann an seiner Schule zu unterrichten, waren sehr selten. Englische Kaufleute und Studenten, die ihre Lieblingssportarten auch in Deutschland betreiben wollten, brachten ihren Kollegen ihr Hobby durch ‚learning by doing‘ bei. Diese Methode galt auch für die vielen Fußballvereine, die in den 80er und 90er Jahren gegründet wurden. Notwendiger als ein Übungsleiter waren verantwortungsvolle Betreuer, die sich darum kümmerten, daß ein Sportplatz vorhanden war, Spiele abgeschlossen und überhaupt, ohne Probleme mit der Obrigkeit zu bekommen, gespielt werden durfte. Wichtiger als ein Trainer war deshalb z. B. eine Art Spielausschußvorsitzender, als z. B. 1908 das erste Länderspiel gegen die Schweiz stattfand und elf Spieler aus elf Vereinen kurz vor Spielbeginn aus verschiedenen Richtungen anreisten. Ein trainierender Betreuer hätte nicht viel ausrichten können. Die Vereine waren da schon etwas weiter. Ältere Spieler führten ein Training durch. Die Methode war ‚selfmade‘. Hin und wieder konnte auch schon ein englischer Trainer verpflichtet werden. Meist war es ein ehemaliger besserer Spieler, der mit seinen Schützlingen so verfuhr, wie in der englischen Mannschaft, in der er gespielt hatte, trainiert worden war. Der bekannteste war William TOWNLEY[3], der mehrere deutsche Vereine mit Erfolg betreute.

Nach ersten bescheidenen Erfolgen der Nationalmannschaft wagte der *Deutsche Fußball-Bund* erstmals 1912 die Reise zu einem olympischen Fußballturnier. Eine Reihe der teilnehmenden Mannschaften wurde durch einen Trainer, meist einen Briten, betreut. Viele Teams hatten aber auch „nur“ einen Betreuer, der sich um Organisatorisches kümmerte.

Die Vorbereitungsphase der deutschen Fußballspieler für die Olympischen Spiele begann im Frühjahr 1912. Die deutsche Nationalmannschaft spielte in drei Länderspielen gegen die starken Gegner Holland, Ungarn und Schweiz. Angesichts zweier Unentschieden und eines Sieges erlangten die Spieler das nötige Selbstvertrauen für das Turnier in Stockholm.

Insgesamt vertraten 22 Spieler die deutschen Farben. Der Spielausschuß des *Deutschen Fußball-Bundes* stellte zwei Mannschaften nach dem Grundsatz zusammen, daß jede Position annähernd gleichstark doppelt besetzt sein sollte. Die Nominierung wurde im Mai 1912 bekanntgegeben. Hin und wieder wurden in der Fachpresse auch die Namen von Trainern genannt, die die Mannschaft begleiten sollten. Im Frühjahr 1912 hieß es in einer westdeutschen Fachzeitschrift: *„Als Trainer wird wahrscheinlich der wohlbekannte Mr. Townley die Elf begleiten.“*[4]

Auf dem 18. Bundestag des DFB am 25. und 26. Mai 1912 in Hamburg wurde ein Antrag auf Berufung eines Nationaltrainers trotz der bisher insgesamt geringen Erfolge der Nationalmannschaft abgelehnt.

Im Sommer 1912 war dann von „*Norris-Duisburg*“ als Trainer für das olympische Turnier die Rede.[5] Es fuhr aber kein Trainer mit. Die Mannschaft wurde von den Funktionären aufgestellt

---

2 KOCH, Konrad (1846-1911), Lehrer am *Martino – Catherineum - Gymnasium* in Braunschweig, führte nach Studienreisen nach England 1874 an seiner Schule das Fußballspiel ein, veröffentlichte 1875 die Fußballregeln in deutscher Sprache, gründete den ersten Schülerfußballverein, setzte sich seit 1886 für die Gründung eines deutschen Fußballverbandes ein.

3 TOWNLEY, William (1866-1950), aktiver Spieler (u.a. *Blackburn Rovers, Manchester City*) später erfolgreicher Trainer in Deutschland, Holland und der Schweiz

4 In: *Fußball und Leichtathletik* 13(1912)22, S. 485.

5 In: *Fußball und Leichtathletik* 13(1912)24, S. 528.

und betreut. Delegationsleiter war Dr. jur. Hans HOFMANN[6]. Der Kölner Gerichtsassessor war von 1909 bis 1911 Vorsitzender im Jugendausschuß des *DFB*, ab 1910 2. Vorsitzender des *Westdeutschen Spielverbands* und seit 1911 2. Vorsitzender des *DFB*. Er fiel 1918 im Ersten Weltkrieg.
Die deutsche Mannschaft verlor im Achtelfinale ihr erstes Spiel gegen Österreich, das von dem britischen Trainer James HOGAN[7] betreut wurde, mit 1:5, schlug in der Trostrunde Rußland mit 16:0 und schied dann mit einem 1:3 gegen Ungarn auch aus diesem Wettbewerb aus.
Der Vorstand des DFB hatte wohl auch bemerkt, daß es weder Möglichkeiten zur Ausbildung von Trainern noch überhaupt Anleitungen für Betreuer oder Übungsleiter gab. Im *Deutschen Fußball-Jahrbuch 1913* wurde deshalb auf 128 Seiten ein „*Lehrbuch des Fußballspiels*"[8] abgedruckt. Alle Fachleute, die irgend etwas zur Trainingsthematik beitragen konnten, waren aufgefordert, sich zu äußern. 26 Autoren, darunter einige in Deutschland tätige Ausländer, teilten sich die Aufgabe. Bei der Lektüre der Aufsätze läßt sich schnell feststellen, daß manch – von heute aus gesehen – Selbstverständliches (z. B. über Regelwerk und Kleidung der Spieler) und vor allem Unverbindliches geschrieben wurde. Selbst in den Unterkapiteln „Die Stürmerreihe", „Die Läuferreihe" und „Die Verteidigung" finden sich nur hin und wieder konkrete praktische Anleitungen, die sich beim Training einer Mannschaft umsetzen ließen. Als Beispiel sei ein Abschnitt aus „*Der Flügelstürmer*" von Bert FRIEDRICH aus Leipzig abgedruckt (vgl. Abb. 4):
Als die Stadt Berlin bei der IOC-Session während der Spiele in Stockholm mit der Durchführung der Spiele der VI. Olympiade betraut wurde, bemühte sich der *Deutsche Reichsausschuß für Olympische Spiele*[9] durch eine umfassende Talentsuche und intensive Vorbereitung der Athleten um ein besseres Abschneiden, als es bisher der Fall gewesen war. Carl DIEM, der Generalsekretär des Organisationskomitees, unternahm im Sommer 1913 mit drei weiteren Funktionären eine Studienreise in die USA, um das dortige Sportsystem zu studieren, und engagierte in dem deutschstämmigen Alwin KRÄNZLEIN, Universitätstrainer und vierfacher Olympiasieger der Spiele 1900 in Paris, einen ersten „Reichstrainer". Er sollte nicht nur die Sportler vorbereiten, sondern auch Trainer ausbilden. DIEM erfand dafür eigens den Begriff „Sportlehrer". Die von KRÄNZLEIN bis kurz vor Ausbruch des Ersten Weltkrieges ausgebildeten Trainer kamen aber alle aus der Sportart Leichtathletik. Um die Ausbildung von Fußballtrainern kümmerte sich der *Deutsche Reichsausschuß* nicht.
Das Jahr 1913 begann mit dem 19. (Außerordentlichen) Bundestag des DFB am 24./25. Januar in Kassel. Zum wiederholten Male wurde der Antrag, einen Bundestrainer zu verpflichten, abgelehnt. Im Mittelpunkt der Erörterungen stand die Beteiligung des DFB an der Einweihung des *Deutschen Stadions*[10] in Berlin am 8. Juni 1913. Mit den Vertretern der

---

6 HOFMANN, Dr. jur. Hans (19.09.1883-02.05.1918), *Kölner FC 1899*, vielseitiger Turner und Sportler, kam erst als Funktionär zum Fußballsport, Vorsitzender des *Westdeutschen Spielverbands*.

7 HOGAN, James Trainer, ehemaliger Profi der 90er Jahre bei den *Blackburn Rovers*, wurde europäischer „Wandertrainer", betreute 1911 die niederländische Nationalmannschaft, 1912 die Österreicher, in diesem Jahr auch bei Rapid Wien, 1914 die Amateure von *Austria Wien*, dann verschiedene Vereine in Ungarn, danach in Italien und in der Schweiz, 1929 Verbandstrainer in Mitteldeutschland, später Trainer des *Dresdner SC*, 1931-1934 beim österreichischen „Wunderteam".

8 In: *Deutsches Fußball-Jahrbuch* 10(1913), S. 161-289.

9 1895, 1899 bzw. 1903 hatten sich Komitees zur Teilnahme einer deutschen Mannschaft an den Olympischen Spielen 1896, 1900 bzw. 1904 gebildet. Die Organisation von 1903 erklärte sich als „*Komitee in Permanenz*" und nannte sich *Deutscher Reichsausschuß für Olympische Spiele*. Der DRAfOS versuchte bald mehr und mehr über seine Funktion als NOK hinaus, auch für den gesamten Sport im Deutschen Reich zuständig zu sein. 1917 änderte er seinen Namen in *Deutscher Reichsausschuß für Leibesübungen* (DRAfL). Mit der neuen Bezeichnung sollte die Abwendung von der Olympischen Bewegung dokumentiert werden.

10 Nach jahrelangem Bemühen um eine Finanzierung konnte 1912/13 im dafür tiefer gelegten Innenraum der Grunewald-Pferderennbahn das *Deutsche Stadion* gebaut werden. Der Bau der Anlage war notwendig, um sich um die Olympischen Spiele 1916 bewerben zu können.

anderen Sportverbände marschierten auch rund 4.000 Spieler aus 230 Fußballvereinen aus ganz Deutschland in das neue Stadion ein. Die Feier fand ihren Abschluß mit dem Endspiel des *Kronprinzenpokals*[11],bei dem Westdeutschland die Berliner Elf mit 5:3 schlug.

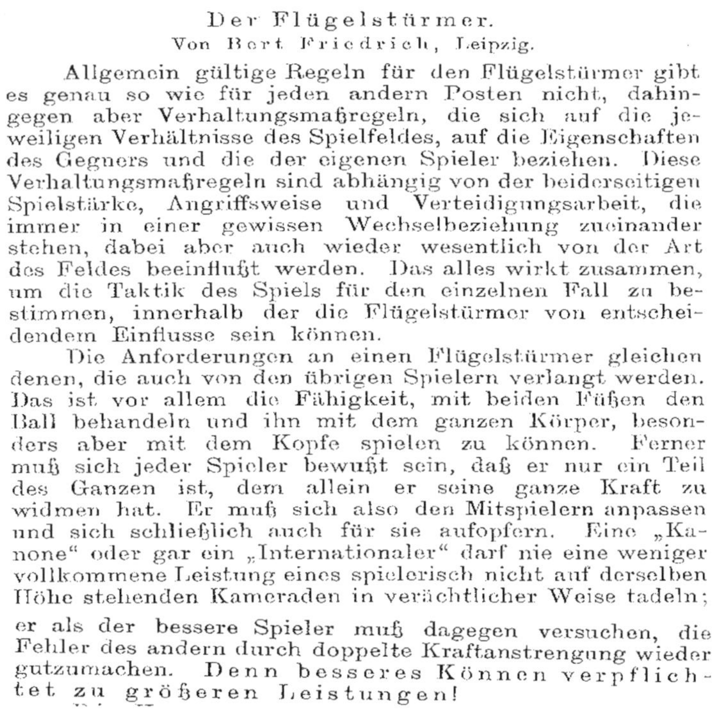
Der Flügelstürmer.
Von Bert Friedrich, Leipzig.

Allgemein gültige Regeln für den Flügelstürmer gibt es genau so wie für jeden andern Posten nicht, dahingegen aber Verhaltungsmaßregeln, die sich auf die jeweiligen Verhältnisse des Spielfeldes, auf die Eigenschaften des Gegners und die der eigenen Spieler beziehen. Diese Verhaltungsmaßregeln sind abhängig von der beiderseitigen Spielstärke, Angriffsweise und Verteidigungsarbeit, die immer in einer gewissen Wechselbeziehung zueinander stehen, dabei aber auch wieder wesentlich von der Art des Feldes beeinflußt werden. Das alles wirkt zusammen, um die Taktik des Spiels für den einzelnen Fall zu bestimmen, innerhalb der die Flügelstürmer von entscheidendem Einflusse sein können.

Die Anforderungen an einen Flügelstürmer gleichen denen, die auch von den übrigen Spielern verlangt werden. Das ist vor allem die Fähigkeit, mit beiden Füßen den Ball behandeln und ihn mit dem ganzen Körper, besonders aber mit dem Kopfe spielen zu können. Ferner muß sich jeder Spieler bewußt sein, daß er nur ein Teil des Ganzen ist, dem allein er seine ganze Kraft zu widmen hat. Er muß sich also den Mitspielern anpassen und sich schließlich auch für sie aufopfern. Eine „Kanone" oder gar ein „Internationaler" darf nie eine weniger vollkommene Leistung eines spielerisch nicht auf derselben Höhe stehenden Kameraden in verächtlicher Weise tadeln; er als der bessere Spieler muß dagegen versuchen, die Fehler des andern durch doppelte Kraftanstrengung wieder gutzumachen. Denn besseres Können verpflichtet zu größeren Leistungen!

Abb. 4: FRIEDRICH, Bert, „Der Flügelstürmer", aus: *Deutsches Fußball-Jahrbuch* 10(1913), S. 217-220 (Auszug)

Die ersten Monate des Jahres 1914 dienten der Vorbereitung auf die *Olympischen Spiele* im eigenen Land. Es wurde schließlich doch festgelegt, zur Vorbereitung drei Fußball-Lehrer – diese Zahl wurde später auf fünf erhöht – anzustellen und zehn (!) Länderspiele[12] in diesem Jahr auszutragen. Die drei Fußball-Trainer sollten in Süddeutschland, Nord- und Westdeutschland und im übrigen Deutschen Reich tätig werden. Dafür sollte der *Deutsche Reichsausschuß für Olympische Spiele* 10.000 Mark beisteuern. Eingestellt wurden aber nur Richard GIRULATIS und Edgar BLÜHER, die auch noch einige Lehrgänge mit Nationalspielern durchführen konnten.

Bei Kriegsausbruch kam es zur sofortigen Schließung der DFB-Geschäftsstelle, da der Sekretär Walter SANß[13] eingezogen worden war. Die Deutsche Meisterschaft, die Länderbegegnungen und die Spiele um den *Kronprinzenpokal* wurden abgesagt. Der Spielbetrieb wurde vielerorts eingestellt, allerdings gab es in Berlin noch internationale Städtespiele gegen Wien und Budapest.

Über GIRULATIS ist bisher keine ausführliche Biographie verfaßt worden. Lediglich in der *Geschichte des Deutschen Fußballsports* von Carl KOPPEHEL[14] finden sich einige Hinweise.[15]

Vorbild war das Stadion, in dem die Olympischen Spiele 1908 in London stattgefunden hatten. Das *Deutsche Stadion* hatte im Innenraum neben einem großen Rasenplatz ein 100 m langes Schwimmbecken, eine Laufbahn mit einer Länge einer Drittelmeile und eine Radrennbahn, die 666,6 m lang war. Damit die Besucher auf der Tribüne der Pferderennen auch Einblick auf die gegenüberliegende Seite hatten, konnten um die Radrennbahn nur noch wenige Zuschauerreihen angelegt werden, so daß die Anlage lediglich etwa 30.000 Personen Platz bot. 1933 wurden Pferderennbahn und Stadion abgerissen und dort das Olympiastadion gebaut.

11 1909 hatte der deutsche Kronprinz einen Pokal gestiftet, um den die Auswahlmannschaften der Landesverbände spielten. Die Auszeichnung hieß ab 1919 *Bundespokal* bzw. *Reichsbundpokal* (ab 1934), ab 1952 *Amateur-Länderpokal*.

12 Zweimal gegen Holland, Italien und Österreich, einmal gegen Dänemark, England, Belgien und die Schweiz.

13 SANß, Walter (1879-1946), um die Jahrhundertwende aktiver Spieler beim *Dortmunder FC 1895*, danach Schiedsrichter, Geschäftsführer seines Vereins, 1905 bis 1910 1. Schriftführer und seit 1910 bis 1920 hauptamtlicher Geschäftsführer des *DFB*.

14 KOPPEHEL, Carl (1890-1975), Schiedsrichter, mehrere Länderspiele und deutsche Endspiele, seit 1919 Schriftleiter der *Deutschen Schiedsrichter-Zeitung*, Geschäftsführer von *Tennis Borussia Berlin*, 1934 bis 1958 Sekretär des DFB, u. a. Verfasser des Standardwerks *Geschichte des Deutschen Fußball-Bundes* (Frankfurt 1954).

15 Frankfurt 1954, S. 282.

Auch die DFB-Festschrift zum 100. Jubiläum konnte nicht viel mehr über ihn aussagen.[16] Wichtige Hinweise ergaben Gespräche mit einem Sohn[17] und einem Enkel[18] von Richard GIRULATIS.
Der Name GIRULATIS ist nicht griechisch, wie vorschnell gemeint werden könnte. Das Wort stammt aus dem Litauischen. Aus dem Memelgebiet zog die Familie im 19. Jahrhundert nach Ostpreußen. Nach der Reichsgründung zog Richard GIRULATIS' Vater nach Berlin und arbeitete als Schmied in der *Schultheiß-Brauerei.* Richard, geboren am 21. August 1878, hatte mehrere Geschwister. Nach dem Besuch der Volksschule gehörte der noch nicht ganz 14jährige im Juli 1892 zu den Mitbegründern des Berliner *Thor- und Fußballklub Union Berlin*, der 1927 eine Fusion mit *FC Vorwärts 90 Berlin* zu *Blau-Weiß 90 Berlin* einging. In der *Union 92 Berlin* wurde in erster Linie Fußball, aber auch Kricket gespielt. Der Verein hatte keine Platzanlage. Es wurde meist auf dem Tempelhofer Feld, dem Berliner Exerzierplatz, gespielt. Richard GIRULATIS war ein Spieler, der durch seine gute Technik auffiel. Über seine berufliche Ausbildung ist wenig bekannt (Buchhalter?). Möglicherweise versuchte er auch, sich als Kaufmann zu betätigen. Dies scheint nicht sehr erfolgreich gewesen zu sein, denn 1903 verließ er Berlin und ging die USA. Auf der Überfahrt soll er als Kohlentrimmer gearbeitet haben. In Nordamerika lernte er das Sportsystem an den Universitäten kennen. Aber auch dort hat er nicht das große Glück gefunden. Er kehrte jedenfalls 1908 nach Berlin zurück. In seiner Freizeit war er als Trainer bei seinem alten Verein *Union 92* tätig. Der Club war 1905 Deutscher *wie es damals allgemein noch üblich war*", selbst trainierte.[19] 1914 stieg er mit dem Verein in die erste Liga auf. Im gleichen Jahre beauftragte der DFB zur Vorbereitung auf die nach Berlin vergebenen Olympischen Spiele 1916 GIRULATIS mit Traineraufgaben. Nach Ausbruch des Krieges wurde GIRULATIS eingezogen und kämpfte an der Westfront. Möglicherweise wurde er verwundet und entlassen, denn ab Februar 1915 gewährte ihm der DFB einen monatlichen Zuschuß zum Lebensunterhalt von 50 Mark. Die Zahlung wurde allerdings im April 1916 wieder eingestellt.
Nach dem Krieg blieb er noch zwei Jahre bei *Tennis Borussia* und wechselte dann als Fußballdozent an die *Deutsche Hochschule für Leibesübungen* in Berlin. Die DHfL hatte sich Mitte 1920 aufgrund einer Denkschrift von Carl DIEM in Berlin gegründet. Sie war keine staatliche Hochschule, sondern eine private in der Trägerschaft des *Deutschen Reichsausschusses für Leibesübungen.* Rektor wurde der damals sehr bekannte Berliner Chirurg Prof. Dr. August BIER[20], Prorektor und faktisch Leiter der Einrichtung war Carl DIEM. An dieser Hochschule, der ersten universitären Einrichtung in der Welt zur wissenschaftlichen Erforschung des Sports, wurden Diplom-Turn- und Sportlehrer ausgebildet. Sie sollten nicht unbedingt in die Schulen gehen, sondern als Sportlehrer und Trainer in den Vereinen und Verbänden tätig werden. An dieser Hochschule gehörte dann neben vielen anderen Sportarten auch das Fußballspiel zum Ausbildungsprogramm. Wie den Jahresberichten der Hochschule zu entnehmen ist, war Richard GIRULATIS der erste Dozent für das Fach Fußball.
Warum wurde GIRULATIS eingestellt? Es gab wohl vier „Gründe":
1. Er hatte langjährige Erfahrung als Trainer.
2. 1919 hatte er das erste „brauchbare" Trainingslehrbuch für das Fußballspiel in

---

16 DFB (Hg.), *100 Jahre DFB*, Berlin 1999, S. 260.

17 GIRULATIS war zweimal verheiratet. Aus der ersten Ehe gab es einen Sohn und eine Tochter. Aus der zweiten Ehe lebt in Berlin der 1925 geborene Sohn Günter, Diplom-Ingenieur und pensionierter Postbeamter.

18 Der in Fünfeichen/Brandenburg lebende Horst GIRULATIS.

19 Nach Teilabdruck der Festschrift zum 50. Jahrestag von *Tennis Borussia* auf der Internetseite des Vereins.

20 BIER, August (1861-1949), Prof. Dr. med., 1907 bis 1932 Lehrstuhl für Chirurgie an der Charité in Berlin, erfand im Ersten Weltkrieg den Stahlhelm, entwickelte bessere Amputationstechniken, Aufbau der Heilstätte Hohenlychen zur Behandlung von Knochen- und Gelenktuberkulose, Rektor der DHfL von 1920 bis 1932.

deutscher Sprache veröffentlicht: *Fußball. Theorie, Technik, Taktik*[21]. Dies schien auch notwendig zu sein, weil nach dem Ersten Weltkrieg die Zahl der Vereine bzw. der Fußballspieler enorm anzuwachsen begann.

Die Schrift von GIRULATIS unterscheidet sich deutlich von heutigen Fußball-Lehrbüchern. Der Theorieteil ist wesentlich umfangreicher als die Hinweise auf praktische Übungen. Es wird ausführlich über moralische Ansprüche und Werte des Fußballspiels geschrieben. GIRULATIS war dann wohl der erste, der das Zitat (vgl. Abb. 6) prägte, das später immer wieder HERBERGER „angelastet" wurde: *„Elf Freunde müßt ihr sein, um Siege zu erringen."*[22] Interessant sind die Eigenschaften, die GIRULATIS Spielern auf den verschiedenen Positionen[23] zuweist:

Torwart: gutes Auge, Kaltblütigkeit, kräftiger und Widerstandsfähiger Körper.
Verteidiger: Ruhiges Temperament, Furchtlosig-Keit, Zähigkeit
Läufer: kräftiger und widerstandsfähiger Körper, unermüdliche Ausdauer, gewisse Größe.

Abb. 5: Titelblatt des Buches: GIRULATIS, Richard, *Fußball. Theorie, Technik, Taktik*, Berlin 1919

zu kämpfen. Die elf Spieler jeder Mannschaft muß engste Freundschaft miteinander verbinden, dann werden Erfolge nicht ausbleiben.

„Elf Freunde müßt Ihr sein, um Siege zu erringen."

Dieser Spruch sollte in jedem Vereinszimmer an deutlich sichtbarer Stelle prangen.

Abb. 6 Zitat aus: GIRULATIS, *Fußball*, S. 7

21 Berlin, Verlag „Illustrierter Sport", 129 S.; 1923 erschien eine zweite erweiterte Auflage: Berlin/Leipzig 146 S.
GIRULATIS veröffentlichte außerdem: *Die taktischen Probleme des Fußballspiels*, Berlin o. J. [1930], *Mitsching*, 31 S. *Einführung in das deutsche Schlagballspiel. Mit Mehrkampfstaffel und Mehrkampfspiel als Vorübungen*, Berlin 1940, *Limpert*, 15 S.

22 GIRULATIS, *Fussball*, S. 7.

23 GIRULATIS, *Fussball*, S. 17-57.

Und von den Innenstürmern soll der Mittelstürmer sich in dieser hervorragenden Tugend noch besonders auszeichnen. Von ihm verlangt man, daß er einen Torschuß aus jeder Stellung anbringen kann. Diese Forderung ist aber noch zu ergänzen, indem man von ihm verlangt, daß er auch imstande ist, auf einen Torschuß zu verzichten — wenn z. B. ein Nebenmann auch nur um ein weniges besser steht als er selbst. Dazu gehört ein Höchstmaß von Selbstlosigkeit; der Mittelstürmer muß sich darin aber besonders auszeichnen.

Die Klagen über unsere Stürmer laufen meist darauf hinaus, daß sie zu wenig schießen, daß sie nicht nur Unsicherheit beim Schuß, sondern auch Aengstlichkeit im Anbringen eines Torschusses zeigen. Diese Aengstlichkeit liegt eben in dem Bewußtsein der eigenen Unfähigkeit; diese Unfähigkeit aber kann behoben werden durch systematisches Training auf Torschuß nach angeführter Methode (Abb. 15). Dann wird sich auch die nötige Schußfreudigkeit einstellen, die sich in der Ausnutzung jeder Gelegenheit zum Schuß auf das Tor zeigt. Ist einmal eine solche Gelegenheit da, dann aber drauf, kein weiteres Abspielen, um womöglich bis ins Tor zu kombinieren, Schußanbringen und nichts weiter. Geht der Ball vorbei, so ist das keine Blamage, denn die Gelegenheit war da und mußte ausgenutzt werden. Steht aber ein Nebenmann besser oder ganz frei, dann soll man soviel Selbstüberwindung aufbringen, auf die Ehre, ein Tor für seine Farben zu erzielen, zu verzichten und dorthin abgeben, wo der Ball am sichersten verwandelt werden kann.

nach diesem Prinzip sein. Ein wundervolles Beispiel in dieser Hinsicht gab Jäger, der einzige hochbefähigte Mittelstürmer, den Deutschland besitzt, im letzten Kronprinzen-Pokalspiele seligen Angedenkens. Jäger bekommt im Mittelfelde den Ball, umgeht den Läufer, wird aber in der Verfolgung von diesem etwas nach links gedrängt; darauf elegante Täuschung des angreifenden Verteidigers, die ihn bis auf einige Meter an den linken Torpfosten bringt. Jetzt hat er freies Schußfeld, alles erwartet seinen gefürchteten Torschuß, ein ängstliches Murmeln durchläuft die riesige Zuschauermenge, da gibt er plötzlich den Ball leicht nach halbrechts, ruft seinem Mitspieler laut zu „elegant", und dieser, gänzlich freistehend, setzt den Ball ruhig, mit tödlicher Sicherheit und wirklich elegant ins Tor. Das war ein hervorragendes Beispiel von Selbstlosigkeit, das jedem, der es zu würdigen verstand, als schönste Leistung des Tages dauernd im Gedächtnis bleiben wird.

Die Hauptaufgabe des Mittelstürmers besteht darin, den Sturm immer wieder an das feindliche Tor heranzuführen, indem er seinen Nebenleuten den Ball so zupaßt, daß sie Raum gewinnen können. Wenn ein Außenstürmer frei steht, soll er diesem den Ball schräg und scharf vorlegen, damit er in schnellem Lauf der feindlichen Torlinie zustreben kann. Eine gewisse Größe und ein kräftiger Körper sind beim Mittelstürmer sehr erwünscht, damit er bei Eckbällen einköpfen kann und auch seinen schwächeren Nebenspielern durch seine Körperkraft Raum zu schaffen vermag.

Die Innenstürmer müssen sich einem eingehenden Training unterziehen. Dieses umfaßt: 100-m-Laufen nach Zeit, Startübungen aus der Bewegung, Ballführen (Abb. 15), Schuß auf das Tor aus jeder Stellung und von 20 m Entfernung, mit dem Bemühen, stets flach und genau zu schießen, Ballköpfen. Daß ein Innenstürmer, wie überhaupt jeder Fußballspieler, rechts so gut wie links stoßen muß, ist selbstverständlich.

Abb. 7: Eigenschaften eines Mittelstürmers (aus: GIRULATIS, *Fußball*, S. 53 – 55)

In GIRULATIS' Schrift werden auch die Kleidung, der Schiedsrichter und auf 20 Seiten das Regelwerk behandelt.
Da es noch keine ausgebildeten Trainer gab, ist der Abschnitt *„Der Trainer"* wirklich noch stark von sehr allgemeinen Vorschlägen geprägt (vgl. Abb. 8).

3. Auf Anregung des DFB erhielt GIRULATIS 1919 den Auftrag, in Zusammenarbeit mit der UfA Fußball-Lehrfilme zu drehen. Sie sollten den Vereinen bzw. den dortigen Übungsleitern bei ihrer Trainingsarbeit eine Hilfestellung sein. Die Streifen waren ein großer Erfolg. Sie wurden sogar im Vorprogramm in den Kinos gezeigt.

4. Schon kurze Zeit nach Ende des Krieges bot der *Deutsche Reichsausschuß für Leibesübungen* wieder Stadionlehrgänge für die verschiedenen Sportarten an. Anfang 1920 - also noch vor der Gründung der DHfL - wurde für die Zeit vom 31. Mai bis 12. Juni der erste *„Stadion-Fußball-Kursus"* ausgeschrieben, den GIRULATIS leitete. Es war wahrscheinlich der erste Trainerlehrgang, den der DFB anbot. GIRULATIS unterrichtete 24 Stunden. KOPPEHEL vermittelte zwölf Stunden *„ueber die Kunst des Schiedsrichterns"*, Josef WAITZER[24] gab zwölf Stunden Leichtathletik, dazu wurde je vier Stunden geschwommen, geturnt und geboxt.[25] Ein Fußballspieler sollte anscheinend noch sehr vielseitig ausgebildet werden. Also mußten die kommenden Trainer auch in anderen Sportarten Kenntnisse haben. Es gab so viele Anmeldungen, daß noch im Herbst ein weiterer Lehrgang ausgeschrieben werden mußte.

---

24 WAITZER, Josef (1884-1966), Leichtathlet, Olympiateilnehmer 1912 in Stockholm, erster deutscher Leichtathletik-Trainer, ab 1925 Reichstrainer der Leichtathleten, Lehrer für Leichtathletik an der *Hochschule für Leibesübungen* in Berlin.

25 In: *Turnen – Sport – Spiel* 4(1920)15, S. 1.

Der Trainer.

Der Verein, welcher einen Berufstrainer anstellen kann, wird dadurch allen anderen voraus sein, aber nur wenige reiche Klubs können die Mittel aufbringen, einen Berufstrainer zu bezahlen. Aber es finden sich in jedem weniger gut gestellten Fußballverein alte, erfahrene, ausgediente Spieler, welche, wenn sie innerhalb ihres Mitgliederkreises den nötigen Respekt genießen, sehr wohl als Amateurtrainer wirken können. Unerläßlich für diesen Posten ist ein makelloser Ruf in bezug auf Lebensführung und sportliche Gesinnung, welcher ihm das Recht gibt, den Mitgliedern Verhaltungsmaßregeln, sogar Befehle zu erteilen, um dadurch eine straffe Disziplin in der Mannschaft zu erreichen. Er muß ein guter Menschenkenner sein, um zu wissen, wie er den Einzelnen anfassen muß, denn es ist grundfalsch, alle nach einem System gleichmäßig behandeln zu wollen. Vor allem muß er es verstehen, sich die Liebe der jungen Leute zu erwerben und zwar durch Anteilnahme an den kleinen Sorgen der Spieler, die ihm um so williger folgen werden, wenn sie sehen, daß sie bei ihm Verständnis auch für das finden, was eigentlich nicht im direkten Zusammenhang mit dem Sport steht. Die Ausübung der einfachsten Handgriffe der Massage sowie das Anlegen von kleinen Verbänden sind unschwer zu erlernen; er muß sie beherrschen, um im Notfalle sofort helfend eingreifen zu können. Sein ganzes Wesen muß Ruhe verbreiten unter den Spielern, wenn einmal Aufregung und Meinungsverschiedenheiten beim Spiel auftauchen. Die Spieler müssen das Gefühl haben, daß in seiner Gegenwart alles gut gehen wird, daß sie in ihrem Trainer zu jeder Zeit eine Stütze haben, auf die sie sich unbedingt verlassen können, daß er nur ihr Bestes will. Es sind viele gute Eigenschaften, die derjenige besitzen muß, der als Trainer tätig sein will, aber es liegt auch hohe Befriedigung in der Ausübung einer solchen Tätigkeit. Der Mann zu sein, dem alle Spieler mit Hochachtung und Vertrauen begegnen, gibt es etwas Schöneres für einen alten Fußballspieler? Es ist selbstverständlich, daß der Trainer jedem Spiele der I. Mannschaft beiwohnt, und seinen Verlauf genau beobachtet, sein Augenmerk nicht nur auf seine eigenen Spieler, sondern auch auf die der Gegenpartei richtet. Ein ganz besonders vertrauliches Verhältnis muß zwischen ihm und dem Spielführer bestehen, beide müssen einig sein in dem Bestreben, das Beste aus der Mannschaft herauszuholen. Das erreicht man aber nicht durch Fußballspielen allein, es muß auch eine gewisse geistige Arbeit verrichtet werden. Es ist z. B. notwendig, daß am Tage nach einem Spiel die Leute der Mannschaft zu einer Besprechung zusammenkommen, um den ganzen Spielverlauf, der ihnen noch frisch in der Erinnerung ist, und den der Trainer in Form eines Berichtes festgelegt hat, Revue passieren zu lassen. Diese Aussprache soll den Zweck haben, etwa gemachte Fehler festzustellen, um für kommende Spiele solche zu vermeiden. Natürlich müssen Trainer und Spielführer ihre Hauptaufgabe darin sehen, daß die Spieler sich gegenseitig keine Vorwürfe über falsche Zusammenarbeit usw. machen, sondern daß der Hinweis auf begangene Fehler im Tone der Freundschaft geschieht, der ein Aufeinanderplatzen der Meinungen ausschließt. Es gehört viel Taktgefühl dazu, eine solche Aussprache in die richtige Bahn zu lenken, es gelingt aber, wenn man den jungen Leuten den Grundsatz beigebracht hat, daß sie sich stets als Freunde fühlen müssen, die alle in selbstloser Weise für den Erfolg der Mannschaft und für das Ansehen des Vereins zu streben verpflichtet sind, ohne daß dem Einzelnen besondere Ehren zufließen. Aber nicht nur das stattgehabte Spiel muß Gegenstand der Mannschaftssitzung sein, auch das für den nächsten Sonntag bevorstehende muß eingehend besprochen werden, indem die voraussichtliche Mannschaft des Gegners einer eingehenden Kritik unterzogen wird. Das hat den guten Zweck, daß man dem Gegner gewissermaßen schon mit einem Programm entgegentritt, welches der eigenen Mannschaft eine gewisse Sicherheit gibt. Die Spieler wissen, was sie wollen, welche Spielweise zur Anwendung kommen soll, wenn dieser oder jener Fall eintreten sollte usw. Man halte aber von den Mannschaftssitzungen sogen. „Kibitze“ fern, diese stiften das meiste Unheil, denn sie wissen alles besser, natürlich in der Theorie. Hat ein Spieler mal einen schlechten Tag gehabt, so lasse man ihn das nicht fühlen, zum mindesten nicht am selben Tage. Man erlaube auch niemand, wer es auch sei, eine abfällige Kritik an einzelnen Spielern zu üben. Geschieht das trotzdem von unberufener Seite, dann ist für den Trainer der Augenblick gekommen, in der denkbar schärfsten Weise dagegen vorzugehen. Wer die Psyche des Sportmannes kennt, der weiß, daß eine schlechte Leistung ihn schon selbst sehr niederdrückt, und daß eine harte Kritik an Ort und Stelle wie ein Peitschenhieb von dem davon Betroffenen empfunden wird. Die Spieler müssen überzeugt sein, daß der Trainer ihr Freund ist, der jederzeit bereit ist, seine schützende Hand über sie auszubreiten. Dann wird er sich auch, wenn nötig, eine strenge Kritik der Mannschaft erlauben dürfen, ohne auf Widerspruch zu stoßen. Oft mag es vorkommen, daß ein Spiel einen aufregenden Verlauf nimmt. Mögen Zuschauer und Spieler auch den Siedepunkt der Sportaufregung erreicht haben, der Trainer muß, äußerlich wenigstens, eiskalt bleiben. Nur so ist er imstande, seine Mannschaft zu ruhigem, überlegtem Spiel zu bringen. Wer besinnt sich nicht Paul Eichelmanns, des besten Torwächters seiner Zeit. In den letzten Jahren seiner Glanzzeit leistete er sich manchmal Entgleisungen, wenn es beim Spiel nicht recht klappen wollte. Die Aufregung darüber beeinflußte sein Spiel besonders ungünstig. Ich hatte diesen Umstand sehr bald erkannt und stellte mich deshalb in seine unmittelbare Nähe. Ein paar beruhigende, recht langsam gesprochene Worte, allerdings im schönsten Berliner Dialekt, genügten jedesmal, um „Paule“ wieder abzukühlen. Einen solchen Einfluß auf seine Mannschaft zu gewinnen, muß ein jeder Trainer sich bemühen. Wenn jeder Verein einen Amateurtrainer besitzt, wird Ruhe, Ordnung und echter Sportsinn die Mannschaft beherrschen, die Leistungen werden sich zusehends bessern und die Spielstärke der Vereine wird in kurzer Zeit gehoben. Das ist ein Ziel, welches durch Befolgung der hier gegebenen Ratschläge zu erreichen wohl möglich ist.

Abb. 8: „Der Trainer“ (aus: GIRULATIS, *Fußball*, S. 71 – 74)

Im Eröffnungssemester der DHfL, in dem die praktische Ausbildung vom 17. Mai bis 15. September dauerte, war zunächst Karl SCHELENZ[26] für „Spiele“ zuständig. Er unterrichtete Schlagball, Faustball, Handball und Torball. Fußball wurde von GIRULATIS erst vom 1. bis 15. September gelehrt. Es „*wurde mit einem Vortrag über die erzieherischen Werte des Fußballspieles und Aufgaben des Fußballehrers eingeleitet und lediglich am Schluß des Semesters eingeführt, eigentliche Ausbildung bleibt dem Wintersemester vorbehalten.*“[27]
Im zweiten Semester - Winter 1920/1921 - hatte Girulatis dann „mehr zu tun“:
„3. ***Spiele***.
a) Fußball. 8. November 1920 bis 15. März 1921. Insgesamt 42 Stunden. Leiter Girulatis. Es wurden gelehrt: die verschiedenen Stöße ohne und mit Ziel, das Stoppen, das Laufen mit dem Ball mit nachfolgenden Schuß. Zuspielen im Kreis, Stellungsspiel. Zum großen Teil sind die Studierenden Anfänger. Die Fortschritte sind bei denjenigen, die regelmäßig auf dem Spielplatze waren, gut.“[28]
GIRULATIS scheint nur diese beiden Semester an der Hochschule unterrichtet zu haben, denn im Sommersemester 1921 wird im Tätigkeits-Bericht Willi KNESEBECK als Fußballdozent genannt. Warum es diesen Wechsel gab, wissen wir nicht. Vermutlich reizte GIRULATIS ein Trainerangebot des *Hamburger Sportvereins*. Er arbeite dort allerdings nur von April bis Dezember 1921.
Von GIRULATIS‘ weiterem Lebenslauf ist nicht sehr viel bekannt. Er wurde jedenfalls von April bis Dezember 1921 als Trainer des *Hamburger SV* geführt. Danach besaß er ein Sportartikelgeschäft (vgl. Abb. 9) in Berlin. Er hatte aber Probleme mit seinen Angestellten und mußte den Laden wieder schließen.

Abb. 9: Werbung für einen Girulatis-Ball

In der Saison 1928/29 trainierte er *Hertha BSC*. Von 1933 bis 1935 war er arbeitslos. Hatte er Probleme mit den Nationalsozialisten? 1935 war er aber Angestellter im Heereswaffenamt und später im Luftwaffenministerium. Als von Mitte 1949 bis Mitte 1950 in Berlin eine Ausbildung für Fußball-Lehrer stattfand, gehörte GIRULATIS (vgl Abb. 10) dem Prüfungs-Ausschuß an.[29] 1957 wurde er Ehrenmitglied des *Verbandes Berliner Ballspielvereine* und 1961 Ehrenmitglied des *Bundes Deutscher Fußball-Lehrer* (BDFL). Richard GIRULATIS starb am 13. Mai 1963.

26 SCHELENZ, Karl (1890-1956), Leichtathlet, Springer, mehrfach plaziert bei Deutschen Meisterschaften, erarbeitete 1917 ein Regelwerk für das Feldhandballspiel („*geistiger Vater des Handballs*“), 1921 bis 1923 Spielwart Handball der *Deutschen Sportbehörde für Athletik*, 1920 bis 1945 Dozent für Leichtathletik und Handball an der DHfL bzw. der Nachfolgereinrichtung, der *Reichsakademie für Leibesübungen*.

27 Deutsche Hochschule für Leibesübungen (Hg.), *Tätigkeits-Bericht. 1. Sommersemester 1920*, Berlin 1920, S. 5.

28 Deutsche Hochschule für Leibesübungen (Hg.), *Tätigkeits-Bericht 1. Wintersemester 1920/21*, Berlin 1921, S. 7.

29 Brief von Kurt BÖHNKE an Hans Günter STEINKEMPER vom 28.08.1997 (Kopie im Diem-Archiv).

Abb. 10: Richard GIRULATIS in den 50er Jahren

Abb.11: Lehrer an der DHfL in Berlin Willi KNESEBECK

Abb. 12: KNESEBECK , 2. von rechts, als Spieler von *Viktoria Berlin*

GIRULATIS' Nachfolger KNESEBECK[30] (vgl. Abb. 11) war ebenfalls aktiver Spieler (vgl. Abb. 12) gewesen. Er spielte seit 1905 bei *Viktoria 89 Berlin* und stand zwischen 1907 und 1911 jedesmal in der Elf, die viermal ins deutsche Endspiel gekommen und 1908 und 1911 auch Meister geworden war. Er wurde mehrmals repräsentativ für Berlin aufgestellt und wurde 1911 - 1:4 gegen Ungarn - und 1912 - 1:3 gegen Dänemark - in die Nationalelf berufen.

[30] 31.03.1887-18.09.1956.

Später spielte er noch beim *VfB Pankow* und *Hertha 1892*. Trainer war er beim *Spandauer SV* und *Hertha BSC*. Er wirkte als Sportjournalist für die Berliner *Fußballwoche*.
KNESEBECK unterrichtete aber zunächst nicht an der Hochschule, da *„Fußballehrer Knesebeck den ganzen Sommer durch Kurse im Reich beansprucht war.“*[31] Im folgenden Wintersemester unterrichtete er allerdings 49 Stunden im November 1921 und von Januar bis März 1922.[32] KNESEBECKs Name wird auch im Sommersemester 1922 genannt.[33]
Im Wintersemester 1922/23 heißt der Dozent für Fußball und Turnspiele Wilhelm KNAPPE.[34] Im Sommersemester 1923 lehrte er 70 Stunden.[35] Im Wintersemester 1923/24 waren dann 140 Studenten bei ihm eingeschrieben.[36] Wilhelm KNAPPE[37] hatte sich im Winter-Semester 1920/21 als Student Nr. 90 in der DHfL eingeschrieben. Bereits im Tätigkeits-Bericht des Wintersemesters 1923/24 taucht er in der ersten veröffentlichten Liste der Diplom-Turn- und Sportlehrer auf. Er verfaßte die 5. Diplomarbeit mit dem Titel *Das Fußballspiel als Erziehungsmittel und sein methodischer Aufbau im Rahmen des Sportunterrichts*[38]. KNAPPE unterrichtete also schon während seines Studiums.
Wir wissen auch nicht, warum KNESEBECK seine Tätigkeit so bald wieder beendete. Möglicherweise konnte die Hochschule ihn in der Zeit der Inflation nicht besolden. Sein Name begegnet uns aber wieder 1923. Er veröffentlichte wie GIRULATIS ein Trainingsbuch: *Schule des Fußballspiels*[39] (vgl. Abb. 13).

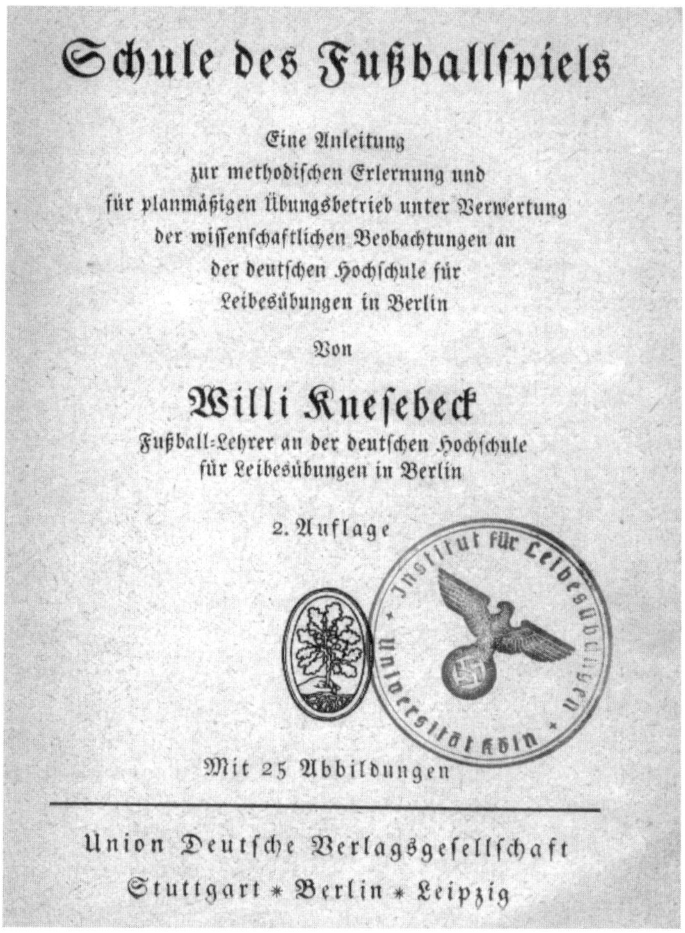
Schule des Fußballspiels

Eine Anleitung
zur methodischen Erlernung und
für planmäßigen Übungsbetrieb unter Verwertung
der wissenschaftlichen Beobachtungen an
der deutschen Hochschule für
Leibesübungen in Berlin

Von

Willi Knesebeck

Fußball-Lehrer an der deutschen Hochschule
für Leibesübungen in Berlin

2. Auflage

Mit 25 Abbildungen

Union Deutsche Verlagsgesellschaft
Stuttgart * Berlin * Leipzig

Abb. 13: Titelblatt des Lehrbuches von Willi KNESEBECK, *Schule des Fußballspiels*, Stuttgart / Berlin 1923

31 Deutsche Hochschule für Leibesübungen (Hg.), *Tätigkeits-Bericht. Sommersemester 1921*, Berlin 1921, S. 7, 8.
32 Deutsche Hochschule für Leibesübungen (Hg.), *Tätigkeits-Bericht Wintersemester 1921/22*, Berlin 1922, S. 9.
33 Deutsche Hochschule für Leibesübungen (Hg.), *Tätigkeits-Bericht. Sommersemester 1922*, Berlin 1922, S. 3.
34 Deutsche Hochschule für Leibesübungen (Hg.), *Tätigkeits-Bericht Wintersemester 1922/23*, Berlin 1923, S. 4.
35 Deutsche Hochschule für Leibesübungen (Hg.), *Tätigkeits-Bericht. Sommersemester 1923*, Berlin 1923, S. 3.
36 Deutsche Hochschule für Leibesübungen (Hg.), *Tätigkeits-Bericht Wintersemester 1923/24*, Berlin 1924, S. 5.
37 KNAPPE, Wilhelm (* 15.10.1892 in Stettin), immatrikuliert als Nr. 90 im Wintersemester 1920/21, erhielt sein Diplom im Wintersemester 1921/22, Sonderfächer: Leichtathletik, Fußball.
38 Deutsche Hochschule für Leibesübungen (Hg.), *Tätigkeits-Bericht Wintersemester 1923/24*, Berlin 1924, S. 11.
39 Stuttgart/Berlin 1923, 94 S.

Die Schrift muß sich gut verkauft haben, denn sie wurde 1923 noch viermal nachgedruckt. KNESEBECK machte sich auch seine vorangegangene Tätigkeit an der DHfL zunutze, denn der Untertitel seines Buches lautet: *„Eine Anleitung zur methodischen Erlernung und für planmäßigen Übungsbetrieb unter Verwertung der wissenschaftlichen Beobachtungen an der deutschen Hochschule für Leibesübungen.“* Er selbst nennt sich *„Fußball-Lehrer an der deutschen Hochschule für Leibesübungen in Berlin“*. KNESEBECKs Buch stieß tatsächlich auf viel Zustimmung. Er veröffentlichte noch im gleichen Jahre *Wie wird Fußball gespielt? Die Technik des Fußballspiels in Wort und Bild*[40]. Von diesem Buch gab es bis 1925 zwölf Auflagen. 1925 gab er *Des Fußballspielers Trainingsbuch*[41] heraus.

2. Der Spannstoß wird bei in Bewegung befindlichen Bällen in der Verteidigung und im Angriff verwendet. Mit diesen gegensätzlichen Zwecken ist auch schon der Unterschied in der Ausführung angedeutet. Während beim Verteidigerstoß der Ball möglichst weit ins Feld geschlagen werden soll, wobei auf Ziel und Höhe weniger Rücksicht genommen zu werden braucht, darf er im Angriff nicht über Torhöhe hinausgehen und muß außerdem — für den gegnerischen Torwächter möglichst unerreichbar — genau plaziert sein („Schuß“).

Des ersteren Stoßes bedient sich auch der Torwächter, wenn er den Ball aus der Hand bis zu seinem Stürmer stoßen will.

Bei diesem „befreienden Stoß“ kommt es weniger auf Erreichung eines genauen Ziels, als auf möglichst große Länge des Ballfluges an.

derseits im Augenblick der Berührung mit dem Ball entsprechend schräg zu stellen ist (Abb. 9).

Wird der Unterschenkel senkrecht zum Boden gehalten, so wird der Ballflug ein flacher werden und Anwendung finden, wenn es gilt, vorm gegnerischen Tor eine Erfolgsmöglichkeit auszunutzen. Ein solcher „Schuß“ ist jedoch auch insofern schwerer als der hohe Verteidigerstoß, als

Das Stoßbein wird kraftvoll geschwungen und das Fußgelenk gestreckt. Der Ball muß axial voll mit dem Spann getroffen werden, wobei, nach dem angeführten Elementargesetz, das Bein dem Einfallwinkel einerseits und dem Aufstiegwinkel des angestrebten Ballfluges an-

der Ball nicht — wie bei diesem fast immer — frontal, d. h. von vorn, sondern beinahe ausnahmslos seitlich kommt.

Die Gefahr des Abgleitens des Balles liegt nahe, wenn versucht wird, ihn normal, also mit in der Verlängerung des Unterschenkels gehaltenem Fuß zu treffen. Dieser wird darum so nach außen oder innen gedreht, daß dem Ball eine möglichst große Fläche entgegengestellt wird, z. B. Ball von links, Schuß mit dem linken Fuß = Fußspitze nach innen (Abb. 10); oder Ball von rechts, Schuß links, Fußspitze nach außen, usw. Durch diese „Verkürzung“ des Fußes wird auch das sonst oft vorkommende Schlagen in die Erde vermieden.

Beim Üben des hohen Spannstoßes werden die Reihenabstände zwischen den Spielern vergrößert. Das wiederum gleichzeitig vorgenommene Stoppen gestaltet sich hierbei schwieriger, weil die Bälle „schärfer“ bezw. aus größerer Höhe kommen.

Der Schuß wird am besten im Kreise geübt; eine Stange in der Mitte dient als Ziel. Unter Vernachlässigung der Wucht des Stoßes ist immer wieder auf vorschriftsmäßige Fuß- und Beinstellung zu achten. Das Schießen auf das Tor vermeide man ganz, bis die Balltechnik in der Bewegung und das Zusammenspiel gelehrt wird. Von diesem Zeitpunkt an empfiehlt sich auch erst die besondere Ausbildung eines Torwächters, der außer der Technik zum Schutze seines Tores auch die des Feldspiels beherrschen soll.

3. Der Seitenstoß. Der Stoß mit der Seite des Fußes, seiner größten Fläche, gewährleistet das sicherste Abspielen des Balles und kommt deshalb beim Zusammenspiel und somit im Wettkampf am häufigsten zur Anwendung.

Nach den bereits gemachten Ausführungen muß hierbei möglichst kraftberechnend und -sparend verfahren werden.

Abb. 14: „Der Spannstoß“, aus: KNESEBECK, *Schule*, S. 40 - 42

40 Stuttgart 1923, 31 S. u. 42 Bildtafeln.
41 Berlin 1925, 139 S. m. Abb.

KNESEBECKS *Trainingsbuch* unterscheidet sich nicht wesentlich von der Schrift von GIRULATIS. KNESEBECK geht allerdings etwas mehr auf das Erlernen des Spieles bzw. Technikschulung ein (vgl. Abb. 14). Zum „ÜBUNGSLEITER" weiß er noch weniger zu sagen (vgl. Abb. 15).

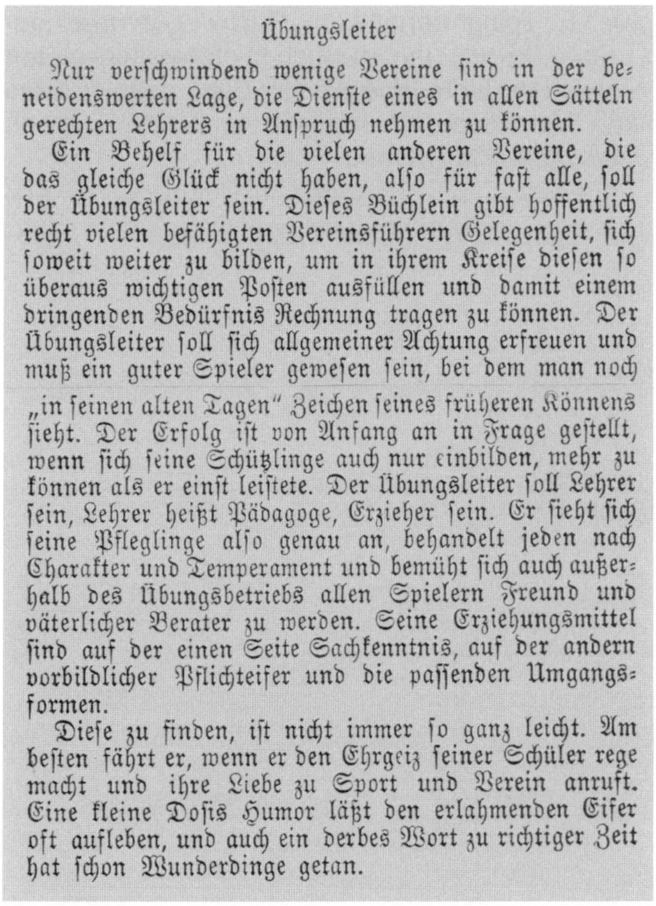
Übungsleiter

Nur verschwindend wenige Vereine sind in der beneidenswerten Lage, die Dienste eines in allen Sätteln gerechten Lehrers in Anspruch nehmen zu können.

Ein Behelf für die vielen anderen Vereine, die das gleiche Glück nicht haben, also für fast alle, soll der Übungsleiter sein. Dieses Büchlein gibt hoffentlich recht vielen befähigten Vereinsführern Gelegenheit, sich soweit weiter zu bilden, um in ihrem Kreise diesen so überaus wichtigen Posten ausfüllen und damit einem dringenden Bedürfnis Rechnung tragen zu können. Der Übungsleiter soll sich allgemeiner Achtung erfreuen und muß ein guter Spieler gewesen sein, bei dem man noch „in seinen alten Tagen" Zeichen seines früheren Könnens sieht. Der Erfolg ist von Anfang an in Frage gestellt, wenn sich seine Schützlinge auch nur einbilden, mehr zu können als er einst leistete. Der Übungsleiter soll Lehrer sein, Lehrer heißt Pädagoge, Erzieher sein. Er sieht sich seine Pfleglinge also genau an, behandelt jeden nach Charakter und Temperament und bemüht sich auch außerhalb des Übungsbetriebs allen Spielern Freund und väterlicher Berater zu werden. Seine Erziehungsmittel sind auf der einen Seite Sachkenntnis, auf der andern vorbildlicher Pflichteifer und die passenden Umgangsformen.

Diese zu finden, ist nicht immer so ganz leicht. Am besten fährt er, wenn er den Ehrgeiz seiner Schüler rege macht und ihre Liebe zu Sport und Verein anruft. Eine kleine Dosis Humor läßt den erlahmenden Eifer oft aufleben, und auch ein derbes Wort zu richtiger Zeit hat schon Wunderdinge getan.

Abb. 15: „Übungsleiter", aus: KNESEBECK, *Schule*, S. 91 - 92

Die Schriften beider waren zwar wichtige anfängliche Hilfen für die Vereine, zeigen aber auch deutlich auf, wie dringend notwendig eine Trainerausbildung wurde. Der Bericht der DHfL über das Sommersemester 1924 nennt dann zum ersten Mal den Namen „Nerz". Zu ihm gingen 77 Studenten. Mit Otto NERZ scheint das Fach Fußball eine gewisse Aufwertung erfahren zu haben. Während vom Ausscheiden des „*Diplom-Turn- und Sportlehrer Knappe*" berichtet wird, heißt es von „*Sportlehrer Nerz*", daß er als „*Ordentliche*[r] *Lehrer*" den Bereich „*Fußball-Theorie und Praxis*" vertritt. Gastvorlesungen hielten Felix LINNEMANN[42] (vgl. Abb. 16), der 1925 DFB-Vorsitzender wurde, zum Thema „*Fußball-Vereinspraxis*" und Carl KOPPEHEL über „*Schiedsrichterwesen*".[43] NERZ bleibt vom Sommersemester 1924 an Mitglied des Lehrkörpers der Hochschule.

Der Unterricht für die Studenten im Fach Fußball schien dem *Deutschen Fußball-Bund* nicht viele Vorteile gebracht haben. Von den 301 in den Semesterberichten als Listen zusammengestellten Diplomarbeiten, die an der Hochschule zwischen 1920 und 1931 geschrieben wurden, befaßten sich nur zehn mit dem Bereich Fußball.[44] Wesentlich wichtiger waren die Lehrgänge, die die Hochschule für die verschiedenen Sportbereiche, also auch für

---

42 LINNEMANN, Felix (1882-1948), Kriminalbeamter, Fußballspieler, Schiedsrichter, 1925-1945 Vorsitzender des DFB, dritter Vorsitzender des DRAfL, setzte sich 1933 für die Nationalsozialisten und gegen LEWALD und DIEM ein, um die Auflösung des DRAfL zu beschleunigen.

43 Deutsche Hochschule für Leibesübungen (Hg.), *Tätigkeits-Bericht. Sommersemester 1924*, Berlin 1924, S. 5, 9.

44 KNAPPE, Wilhelm, *Das Fußballspiel als Erziehungsmittel und sein methodischer Aufbau im Rahmen des Schulunterrichts*, WS 1921/22 (Nr. 5).
KUNZ, Helmut, *Die Gefahren in der Deutschen Fußballbewegung*, SS 1922 (Nr. 26).
LEPPLE, Georg, *Körperliche Vorbereitung für den Fußballsport*, WS 1922/23 (Nr. 38).
WIDWALD, Walther, *Die Taktik im Fußballspiele, ihre Grundlage und ihr Aufbau*, WS 1922/23 (Nr. 39).
KAISER, Walter, *Wesen und Methodik des Spieles, insbesondere des Fuß- und Handballspiels*, WS 1927/28 (Nr. 117).
NERZ, Otto, *Fußball-Wintertraining*, WS 1929/30(Nr. 186).
RÜPNER, Herbert, *Physik des Fußballspiels*, WS 1929/30 (Nr. 205).

Abb. 16: **DFB – Vorsitzender Felix LINNEMANN**

das Fußballspiel, anbot. Hierhin wurden meist die älteren Spieler geschickt, die zu Übungsleitern – hier zu Fußballtrainern – ausgebildet wurden.
Der erste Lehrgang Fußball fand, wie oben erwähnt, vom 31. Mai bis 12. Juni 1920, also mitten im ersten Semester der Hochschule, statt. GIRULATIS unterrichtete 26 Teilnehmer, darunter neun Lehrer. Er gab 45 Übungs- und 29 Unterrichtsstunden.
In den folgenden Jahren wurden in Berlin bis zu fünf Lehrgänge pro Jahr durchgeführt (vgl. Tab. 3).

Jahr	Termin	Lehrgänge	Teilnehmer	Dozent
1920	31.05.-12.06.		26	GIRULATIS
		2	33 59	
1921	23.05.-04.06.		26	KNESEBECK
	15.08.-27.08.		32	
	12.09.-24.09.	3	25 83	
1922		4	93	KNESEBECK
1923		1	80	KNAPPE
1924		1	99	NERZ
	06.04.-30.04.		29	HERBERGER
1925		2	30 59	NERZ
1926	20.03.-10.04.		20	NERZ
	09.08.-21.08.	2	90 110	
1927	11.04.-23.04.		32	NERZ
	04.07.-16.07.		30	
	18.07.-30.07.		34	
	01.08.-13.08.	4	57 153	
1928	30.07.-11.08.		101	NERZ
	30.07.-11.08.	2	16 117	
1929	02.04.-27.04.		29	NERZ
	05.08.-17.08.	2	65 94	
1930	14.04.-19.04.		20	NERZ
	04.08.-16.08.		35	
	18.08.-23.08.		24	
	18.08.-30.08.		21	
	25.08.-05.09.	5	27 127	

Tab. 3: Übersicht über die an der DHfL durchgeführten Fußball-Lehrgänge

HERBERGER, Josef, *Der Weg zur Höchstleistung im Fußballsport*, WS 1931/32 (Nr. 267).
WUTTKE, Günter, *Fußball und Schule*, WS 1931/32 (Nr. 277).
THEE, Oswald, *Auf welche Gründe sind die in letzter Zeit beobachteten Ausartungen des Fußballspiels zurückzuführen*? WS 1930/31 (Nr. 282).

Die Fußball-Lehrgänge wurden nicht nur für Fußballspieler und Trainer angeboten, sondern es gab auch Kurse für Schiedsrichter, Jugendleiter und Auswahlspieler zur Vorbereitung auf ein Länderspiel.[45] Zu einem dieser Lehrgänge - Beginn 6. April 1925 - hatte sich auch Sepp HERBERGER, der schon länger an einer Ausbildung zum Trainer interessiert war, angemeldet. Da NERZ kurz vor Beginn schwer erkrankte, bestimmte kurzerhand Felix LINNEMANN, der Vorsitzende des *DFB*, HERBERGER zum Leiter des Lehrgangs, den dieser dann auch durchführte. Am Ende wurde selbstverständlich auch ihm die „Trainerlizenz“ erteilt. Prorektor Carl DIEM war vom Lehrgeschick des Autodidakten HERBERGER so beeindruckt, daß er ihm das Angebot machte, mit einer Sondergenehmigung für Nichtabiturienten an der Hochschule ein Studium aufzunehmen.

Ort	Datum	Teilnehmer	Leiter
Weimar	23.05.-04.06.1921	22	KNESEBECK
Gera	06.06.-18.06.1921	25	KNESEBECK
Mönchen-Gladbach	20.06.-02.07.1921	35	KNESEBECK
Duisburg	04.07.-16.07.1921	34	KNESEBECK
Köln	18.07.-30.07.1921	32	KNESEBECK
Eisleben	01.08.-18.08.1921	28	KNESEBECK
Duisburg	29.08.-10.09.1921	80	ROBERT OPITZ[46]

Tab. 4: Übersicht über die durchgeführten Wanderlehrgänge der DHfL in Deutschland 1921

Vielleicht noch wichtiger als die Schulungen an der DHfL waren die Wanderlehrgänge der Hochschule, die *„Lehrgänge im Reich“*, wie sie genannt wurden. So wurden z. B. 1921 sieben dieser Veranstaltungen für Fußballspieler in verschiedenen Städten Deutschlands durchgeführt (vgl. Tab. 4).
KNESEBECK war also vom 23. Mai bis 18. August ununterbrochen unterwegs. Ähnliche „Reisen“ unternahmen KNAPPE und vor allem NERZ. Einen Trainer für die Nationalmannschaft gab es aber immer noch nicht. Erst 1926 wurde schließlich NERZ zur Vorbereitung der Mannschaft auf die Olympischen Spiele 1928 in Amsterdam zum „Bundes-Fußballehrer“ berufen.

---

45 Die Daten wurden den Aufstellungen über die Fortbildungslehrgänge in den Semesterberichten der Hochschule entnommen.

46 OPITZ, Robert (* 15.08.1899 in Wittenberg), als Nr. 20 im Sommersemester 1920, dem ersten Semester der DHfL, immatrikuliert, erhielt sein Diplom im Wintersemester 1921/22 und verfaßte eine Diplom-Arbeit mit dem Thema *Über die Notwendigkeit einer Reform der Jugenderziehung*, Sonderfach Leichtathletik.

2. Otto Nerz

2.1. Biographische Skizze

Über Reichs- und Bundestrainer Sepp HERBERGER ist viel geschrieben worden. Als er 1997 100 Jahre alt geworden wäre, erschienen allein fünf, zum Teil umfangreiche Monographien. Sein Lebenswerk wurde bis in alle Feinheiten hinein untersucht und interpretiert. In fast allen Schriften über HERBERGER wird auch auf seinen Vorgänger Otto NERZ (vgl. Abb. 17) eingegangen. Eine abschließende Biographie fehlt aber immer noch. Auch die folgende Abhandlung kann und soll dies nicht leisten.[1] Sie dient nur als Einführung in die Edition seiner Diplomarbeit, die bisher der Öffentlichkeit nicht bekannt war.

Abb. 17: Otto NERZ ca. 1939

Der Leser soll hier anhand von biographischen Daten und wenigen Beurteilungen mit Otto NERZ, dem „ersten" offiziellen DFB-Nationaltrainer bekannt gemacht werden.

Otto NERZ wurde am 21. Oktober 1892 in Hechingen, im damaligen Hohenzollern, als Sohn des Landwirts und Kaufmanns Georg NERZ und seiner Ehefrau Josephine, geb. NERZ, geboren. Die Familie NERZ stammte aus Beuren, einem Ortsteil von Hechingen. Die Familie war sehr kinderreich, von zwölf Kindern - zehn Jungen und zwei Mädchen - war Otto NERZ das sechste. Der Vater betrieb eine Landwirtschaft, handelte mit Kartoffeln und Kohl und eröffnete zuletzt ein Milchgeschäft. Kurz vor der Jahrhundertwende erblindete er. Die Familie zog 1901 nach Mannheim.

Otto NERZ besuchte die Volksschulen in Hechingen und Mannheim und wurde dann Schüler des Realgymnasiums in Mannheim, das er bis zur Untersekunda besuchte und dabei mit dem sogenannten Einjährigen, heute Mittlere Reife, abschloß. Er absolvierte dann von 1907 bis 1910 eine Lehrerausbildung am Lehrerseminar in Ettlingen. 1910 trat er seine erste Stelle als Lehramtskandidat an einer Volksschule in Mannheim an. Mit 18 Jahren war er damals der jüngste Unterlehrer in Baden. Nach Ausbruch des Ersten Weltkrieges meldete er sich freiwillig und kämpfte von 1914 bis 1917 an der Front. Er blieb, befördert zum Hauptlehrer, bis 1924 im Schuldienst.

Dieser mein Gegenspieler an diesem Tage war Otto Nerz. So fing unsere Bekannt schaft an. Wohl hatte ich flüchtig ~~xxxxxxxxxx~~ vernommen, dass er beim VfR. Trainer werde oder schon sei . aber dass er auch zum Spielerkader der VfR.-Mannschaft zähle habe ich weder vor noch jemwls nach diesem Spiel gehört.

Dann verliefen unsere Wege wieder getrennt, bis ich Mitglied beim VfR. wurde. Jetzt kam ich in engeren Kno takt mit ihm , lernte ihn als Menych und Trainer kennen.

Er war -- wie ich auch -- ein Suchender. Er war - wie ich bald von ihm selbst erfuhr - zwar auch noch ein Neuling als Fussballehrer, brachte aber für diese Beruf die Erfahrung als ~~xxxxxxxxxx~~ studierter Pädagoge mit. Viele Stunden haben wir in jener Zeit tusammengessen und uns mit den Fragen des Spiels, des Trainings und seiner Methoden unterhalten.

Abb. 18: HERBERGER beschreibt NERZ (zit. nach KEHL, Anton, *Herberger;* S. 146)

[1] Die Skizze stützt sich auf: FISCHER, Gerhard / LINDNER, Ulrich, *Stürmer für Hitler*, Göttingen 1999. KEHL, Anton (Hg.), *„Ich war ein Besessener...". Sepp Herberger in Bildern und Dokumenten*, München 1997. LEINEMANN, Jürgen, *Sepp Herberger. Ein Leben, eine Legende*, Berlin 1997. SCHWARZ-PICH, Karl-Heinz, *Der Ball ist rund. Eine Seppl Herberger Biographie*, Ubstadt-Weiger 1996. SCHWARZ-PICH, Karl-Heinz, *Otto Siffling*, Kassel 1999. SCHWARZ-PICH, Karl-Heinz, *Der DFB im Dritten Reich*, Kassel 2000.

NERZ wird eine große Sprachbegabung nachgesagt. Auf der Schule hatte er Latein, Französisch und Englisch gelernt. In der Freizeit eignete er sich Kenntnisse des Italienischen und Schwedischen an.
1919 schloß sich Nerz der SPD an und betätigte sich für die Sozialdemokraten als Jugendleiter. Wie lange er in der SPD blieb, ist nicht bekannt, möglicherweise bis 1933.
In seiner Freizeit spielte NERZ beim *VfR Mannheim* Fußball, seit 1921 war er bei diesem Verein als Trainer tätig. NERZ spielte in der Läuferreihe, war aber kein besonders guter Fußballspieler. Hier hat er zum ersten Mal Kontakt mit Sepp HERBERGER, der 1921 vom *SV Waldhof* zum *VfR* wechselte (vgl. Abb. 18).
Sepp HERBERGER war das Ziehkind von NERZ. Er war sein erster Trainer (vgl. Abb.19) im Mannheim. Er holte ihn 1926 als Spieler und dann als Trainer zu *Tennis Borussia Berlin*, deren Trainer er auch gewesen war. Dies ermöglichte HERBERGER, der „nur" einen Volksschulabschluß besaß und erst durch zusätzliche Qualifikationen zugelassen werden konnte, ein Studium an der *Deutschen Hochschule für Leibesübungen*. Auch dort war NERZ sein Lehrer. 1931 war er HERBERGERs Trauzeuge. 1932 vermittelte er HERBERGER die Anstellung als Sportlehrer beim *Westdeutschen Spielverband*.
Seine sportpädagogische Ausbildung begann NERZ an der *Badischen Landesturnanstalt* in Karlsruhe, an der er sich zum Turnlehrer ausbilden ließ. Er erhielt damit die Berechtigung, ein Studium an der 1920 gegründeten *Hochschule für Leibesübungen* (vgl. Abb. 20) in Berlin zu beginnen. Eingeschrieben wurde er dort für das Sommersemester 1922 als Student Nr. 186 mit der Matrikel - Nr. 372[2] (vgl. Abb. 21). NERZ war nebenbei als Trainer von *Tennis Borussia Berlin* tätig und übernahm noch als Student im Sommersemester 1924 in der Abteilung Übungslehre die Fußballausbildung (vgl. Abb. 22) an der *Deutschen Hochschule für Leibesübungen.* Er wohnte damals in Halensee, Markgraf-Albrecht-Str. 14. In Tätigkeitsberichten der Hochschule wird für jedes Semester angegeben, wie viele Übungsstunden er pro Semester unterrichtet hat. NERZ verfaßte dann im Frühsommer 1925 seine Diplomarbeit. Das Vorwort trägt das Datum vom Juni dieses Jahres. Die Ernennung zum Diplomsportlehrer erfolgte allerdings erst im Sommersemester 1929. Im Tätigkeitsbericht für dieses Semester ist seine Arbeit unter Nummer 186 mit dem Titel *„Fussall-Wintertraining"* aufgeführt und unter der Rubrik *„jetzige Tätigkeiten und Adresse"* ist erwähnt, daß er *„Lehrer an d. DHfL., Reichstrainer des D.F.B."* ist und in *„Berlin-Charlottenburg, Riehl-Str. 9"* wohnt.
NERZ unternahm in den Semesterferien mehrere Studienreisen nach England, um bei den dortigen Clubs, z. B. *Arsenal London*, das Fußballtraining zu beobachten. Als Trainer arbeitete dort Herbert CHAPMAN[3], der als erster nach Änderung der Abseitsregel[4] Konsequenzen für das Spielsystem zog. 1925 hatte die Regelkommission der FIFA die Abseitsbestimmungen total verändert. Statt drei Gegenspieler, wie bisher, muß der Angreifer nur noch zwei Spieler zwischen sich und dem gegnerischen Tor haben, um nicht abseits zu sein. CHAPMAN entwickelte eine Spielweise, die später unter dem Namen „WM-System" bekannt wurde (s. u.).
Ende 1926 begann NERZ ein Medizinstudium an der *Medizinischen Fakultät der Friedrich-Wilhelms-Universität Berlin.* 1933 legte er die ärztliche Prüfung ab und wurde am 15. Dezember 1934 approbiert. NERZ arbeitete eng mit dem Mediziner Prof. Karl GEBHARDT[5]

---

2 Dies steht im Widerspruch zu den biographischen Angaben in seiner Doktorarbeit, nach denen er bis 1924 als Lehrer tätig war.

3 CHAPMAN, Herbert (1879 – 1954), Trainer 1925 - 1934 bei FC Arsenal.

4 Die „alte" Abseitsregel sah vor, daß bei Abgabe des Balles mindestens drei gegnerische Spieler sich zwischen Auslinie und dem vordersten Angriffsspieler befinden mußten. Fast alle Mannschaften benutzten die „Abseitsfalle". Dabei lief eine Verteidiger vor, der zweite, der sog. Standverteidiger, blieb zur Sicherung – falls der Schiedsrichter nicht pfiff – zurück. Es mußte unverhältnismäßig oft auf Abseits entschieden werden. Viele Spiele endeten 0 zu 0 oder allenfalls 1 zu 0. Die Spiele waren oft langweilig, und die Zuschauer blieben aus. Die neue Abseitsregel von 1925 ist mit gewissen Änderungen – gleiche Höhe, passives Verhalten – bis heute gültig.

5 GEBHARDT, Karl (1897-1848), war u. a. Chefarzt der *Heilanstalt Hohenlychen*, Oberster Kliniker beim Reichsarzt der SS, Generalmajor der Waffen-SS; er wurde 1947 in Nürnberg

zusammen, der an der *Hochschule für Leibesübungen* und an der klinischen Abteilung des Reichssportführers in Hohenlychen tätig war. NERZ befaßte sich mit Sportverletzungen von Fußballspielern, vor allem mit Schäden am Kniegelenk. Darüber verfaßte er seine Doktorarbeit, die an der *Chirurgischen Klinik* der Charité an-genommen wurde. Sie hat den Titel „*Unfallspätschäden des Kniegelenks unter Belastung durch Arbeit und Sport*". Begutachtende Referenten waren Prof. Dr. Ferdinand SAUERBRUCH[6], der von 1932 bis 1934 auch das Amt des Rektors der *Deutschen Hochschule für Leibesübungen* bekleidete, und Prof. Dr. A. RÜTZ. Tag der Promotion war der 1. Oktober 1936. Im gleichen Jahr wurde die Dissertation in der *Weidmannschen Buchhandlung* in Berlin auch als Buch veröffentlicht.

Abb. 19: Otto NERZ, der Trainer

Abb. 20: NERZ (links) Im Trikot der *Deutschen Hochschule für Leibesübungen*

---

vom *Amerikanischen Militärgerichtshof* wegen Verbrechens gegen die Menschlichkeit zum Tode verurteilt und 1948 hingerichtet.

6 SAUERBRUCH, Ferdinand (1875-1951), Prof. Dr. med., einer der bedeutendsten Chirurgen in der ersten Hälfte des 20. Jahrhunderts, seit 1928 an der Charité, dort dann Nachfolger von BIER, entwickelte zahlreiche neue Operationstechniken, von 1932 bis zur Auflösung 1934 Rektor der *Deutschen Hochschule für Leibesübungen*.

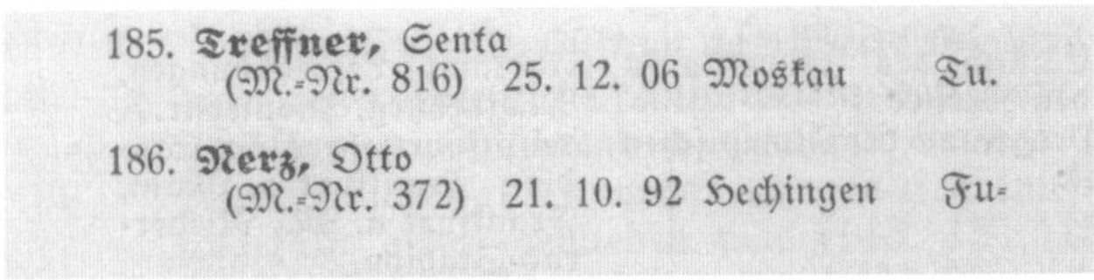
185. Treffner, Senta
(M.-Nr. 816) 25. 12. 06 Moskau Tu.

186. Nerz, Otto
(M.-Nr. 372) 21. 10. 92 Hechingen Fu-

Abb. 21: NERZ im Jahresbericht der DHfL

Abb. 22: NERZ bei der Ausbildung an der DHfL

Taschenbuch der Leibesübungen
herausgegeben von Carl Diem
Heft 9
Fußball
von
Otto Nerz
Teil 1
Taktik
Weidmannsche Buchhandlung / Berlin SW 68
1926

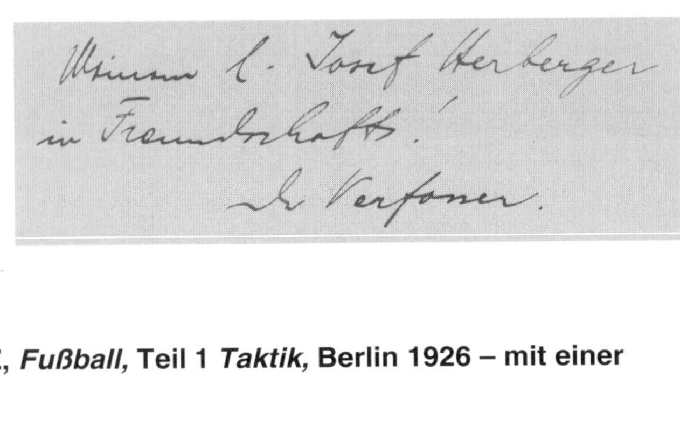

Abb. 23: Titelblatt des Buches von Otto NERZ, *Fußball,* Teil 1 *Taktik,* Berlin 1926 – mit einer Widmung von Carl DIEM

Als Fußballtrainer und -dozent verfaßte NERZ mehrere Fachbücher, allein acht Broschüren mit dem Sammeltitel *Fußball* in der von Carl DIEM zwischen 1925 und 1928 bei Weidmann in Berlin herausgegebenen Reihe *Taschenbuch der Leibesübungen* (24 Hefte):

Teil 1 *Taktik*, 1926, 43 Seiten (vgl. Abb. 23),
Teil 2 *Der Torwächter*, 1926, 48 Seiten,
Teil 3 *Der Verteidiger*, 1926, 47 Seiten,
Teil 4 *Der Läufer*, 1926, 50 Seiten,
Teil 5 *Der Stürmer*, 1928, 50 Seiten,
Teil 6 *Technik I*, 1928, 54 Seiten,
Teil 7 *Technik II*, 1928, 60 Seiten,
Teil 8 *Training*, 1928, 61 Seiten,

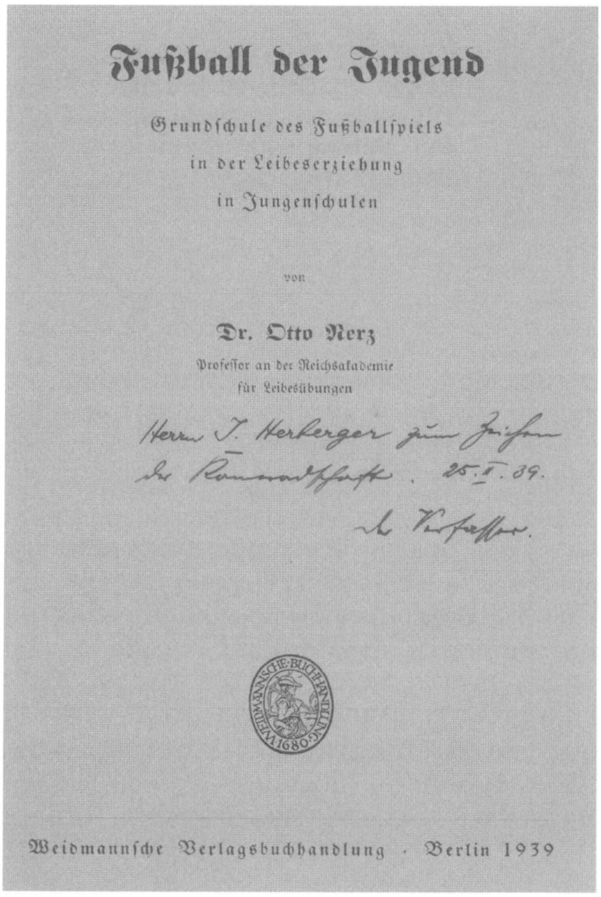

Abb. 24: Titelblatt eines seiner Fußballbücher mit einer Widmung an Sepp HERBERGER - 1939

Neben den Monographien über das Fußballspiel (vgl. Abb. 24) schrieb NERZ von 1920 bis 1944 zahlreiche Aufsätze in den Fußballzeitschriften *Der Kicker* und die *Fußball-Woche*. Er deckte einen weiten Bereich von Themen ab - vom Fußballregelwerk, von der Entwicklung von Spielsystemen, über die konstitutionelle Verfassung, von Topspielern sowie der Analyse von nationalen und internationalen Spielen.
Zusammen mit Carl KOPPEHEL schrieb er: *Der Kampf um den Ball. Das Buch vom Fußball*, 176 Seiten, das 1933 vom *Prismen-Verlag* in Berlin viermal aufgelegt wurde.
Dazu kommen zahlreiche Aufsätze in den Fachzeitschriften.
Mit der Tätigkeit als Lehrer für das Fach Fußball an der *Deutschen Hochschule für Leibesübungen* eng verbunden war auch die Leitung von Lehrgängen, die der DFB jährlich in den Räumen der Hochschule durchführte. „Ältere" Fußballspieler aus ganz Deutschland wurden von ihren Vereinen nach Berlin geschickt, um dort eine Art „Trainerausbildung" zu erhalten. Außerdem führte NERZ mit Unterstützung des DFB Fortbildungslehrgänge für Lehrer an der *Preußischen Hochschule für Leibesübungen* (Landesturnanstalt) durch. Fußball sollte vermehrt auch an den Schulen im Sportunterricht gespielt werden.
NERZ scheint diese Ausbildung zur Zufriedenheit des DFB gemacht zu haben. Auf Betreiben von Felix LINNEMANN, Vorsitzender des DFB seit 1925 und Mitglied des Präsidiums des *Deutschen Reichsausschuß für Leibesübungen*, der Träger dieser privaten Sporthochschule ist, wurde NERZ 1926 zum Bundes-Fußballehrer berufen. Er sollte die Nationalmannschaft auf die Teilnahme am olympischen Fußballturnier 1928 in Amsterdam vorbereiten. Diese Tätigkeit mußte NERZ zunächst ehrenamtlich ausüben. Bezahlt wurde er weiterhin als Dozent der Hochschule. Die Verantwortung für die Nationalmannschaft blieb aber weiterhin beim Spielausschuß des DFB, der bei der Aufstellung nach wie vor das letzte Wort hatte.

Abb. 25: Deutschland gegen die Schweiz bei den Olympischen Spielen 1928 in Amsterdam: Heiner STUHLFAUTH faustet

Seine Arbeit wurde aber dadurch etwas erleichtert, daß die Beschränkung im Länderspielverkehr (nur drei pro Jahr) aufgehoben wurde. Allerdings konnten sich die Vereine immer noch weigern, ihre Spieler für Länderspiele freizustellen. Dazu kam die Konkurrenz bzw. der Neid der Teams aus Nürnberg und Fürth, die nicht gerne in einer Mannschaft zusammen spielen wollten. Zur Vorbereitung auf das olympische Turnier führte er 17 Sichtungslehrgänge durch, an denen nahezu 600 Spieler teilnahmen. Nerz hatte als Bundestrainer zunächst einen erfolgreichen Einstand. Deutschland schlug am 31. Oktober 1926 in Amsterdam recht überraschend Holland mit 3:2. Bis zu den Olympischen Spielen trat seine Mannschaft noch fünfmal an, verlor und gewann je zweimal und spielte einmal unentschieden. Als die deutsche Elf dann das erste Spiel in Amsterdam am 28. Mai 1928 gegen die Schweiz (vgl. Abb. 25) überlegen mit 4:0 gewann, galten die deutschen Spieler in der Presse plötzlich als Favorit für die Goldmedaille und die Fußballweltmeisterschaft.[7] In der Mannschaft von NERZ standen wohl auch die besten Spieler der 20er Jahre, deren Namen (u. a. Heiner STUHLFAUTH[8], Georg KNÖPFLE[9], Hans KALB[10], Ludwig LEINBERGER[11], Richard

---

7 Solange die FIFA keine Weltmeisterschaften ausrichtete, galten die Olympiasieger als Weltmeister.

8 STUHLFAUTH, Heiner (1896-1966), *1. FC Nürnberg*, 21 Länderspiele zwischen 1920 und 1930, fünfmal Deutscher Meister in sechs Endspielen, galt als einer der besten Torwächter der Welt, später auch Trainer.

9 KNÖPFLE, Georg (1904-1987), *SpVgg. Fürth*, *FSV Frankfurt*, *Eintracht Braunschweig*, Abwehrspieler, 23 Länderspiele zwischen 1928 und 1933, Olympiateilnehmer 1928, später Trainer, u. a. Assistent von NERZ, nach dem Zweiten Weltkrieg Trainer von Ober- und Bundesligamannschaften, z. B. *Alemannia Aachen*, *1. FC Köln* (1964 Deutscher Meister), *Hamburger SV*, dort von 1966 bis 1968 Technischer Direktor.

10 KALB, Dr. Hans (1899-1945), *1 FC Nürnberg*, Mittelläufer, 15 Länderspiele zwischen 1920 und 1928, Olympiateilnehmer 1928, dort Platzverweis beim Spiel gegen Uruguay, fünfmal Deutscher Meister zwischen 1920 und 1927, Zahnarzt.

11 LEINBERGER, Ludwig (1903-1943), *SpVgg Fürth*, *CfR Köln*, Mittelläufer, 24 Länderspiele zwischen 1927 und 1933, Olympiateilnehmer 1928, 1926 und 1929 Deutscher Meister, später Trainer.

HOFMANN[12], Ludwig HOFMANN[13]) noch heute einen guten Klang haben. Als dann das Spiel gegen den Olympiasieger von 1924, Uruguay (vgl. Abb. 26), durch die überharte Spielweise des Gegners, einen überforderten Schiedsrichter und zwei Platzverweise für deutsche Spieler mit 4:1 verlorenging, kehrte Ernüchterung ein. Die Leistungen der Nationalmannschaft blieben auch weiterhin durchschnittlich. Bis 1933 wurden 26 Spiele durchgeführt, von denen zwölf gewonnen und acht verloren wurden.

Abb. 26: Die deutsche Olympiamannschaft von 1928, die gegen die Schweiz 4:0 gewann und gegen Uruguay 1:4 verlor, stehend von links: Heini WEBER, Josef HORNAUER, Hans KALB, Heiner STUHLFAUTH, Ludwig HÖRMANN, Ludwig LEINBERGER, Georg KNÖPFLE, Josef PÖTTINGER, kniend: Ernst ALBRECHT, Albert BEIER, Richard HOFMANN.

Die Entmachtung der deutschen Sportorganisationen durch die Nationalsozialisten (Reichssportführer) im Jahr 1933, der die Verbände durchweg zustimmten, erleichterte die Arbeit des „Reichstrainers“ NERZ. Der Einfluß der Landesverbände war verschwunden. Die Vereine stellten nun „bereitwillig“ ihre Spieler ab; Arbeitgeber gaben ihnen bei Lehrgängen und Reisen Sonderurlaub. Auch die notwendigen Mittel wurden viel reichlicher zur Verfügung gestellt. Das Fußballspiel war auch schon damals der deutsche Nationalsport, war eine deutsche Prestigeangelegenheit geworden und mußte auch deshalb aus politischen und ideologischen Gründen gefördert werden.
NERZ veranlaßte bewußt zwischen März und Oktober 1933 eine Art Länderspielpause. Im Hinblick auf die Fußballweltmeisterschaft des folgenden Jahres in Italien plante er eine Systemumstellung. Er hatte durch seinen Besuch bei CHAPMAN wohl als einer der ersten auf dem Kontinent erkannt, welche völlig neuen taktischen Möglichkeiten die geänderte Abseitsregel mit sich brachte. NERZ übte eine Spielweise ein, die zunächst als „W-System“, dann als „Nerz-System“ und zuletzt und bis heute unter „WM-System“ bekannt ist. Der Mittelstürmer wurde zur Spitze und aus dem Mittelläufer ein Stopper. Die Halbstürmer hängen etwas zurück und bilden mit den mehr nach vorne stehenden Außenläufern das sog. magische Viereck. Durch die dadurch bedingte Manndeckung entsteht für jeden Spieler eine klare und verständliche Zuordnung.

[12] HOFMANN, Richard (1906-1983), Mitglied zahlreicher Vereine in Dresden und Umgebung, Stürmer, 25 Länderspiele zwischen 1927 und 1933, 24 Tore, Olympiateilnehmer 1928, Deutscher Meister 1943 und 1944, später Trainer in der DDR.

[13] HOFMANN, Ludwig (1900-1935), *Bayern München*, Linksaußen, 18 Länderspiele zwischen 1926 und 1931, Olympiateilnehmer 1928, 1935/36 Trainer von *Bayern München*.

Immer wieder rief NERZ die Spieler zu Lehrgängen bzw. Trainingslagern (vgl. Abb. 27 und 28) zusammen, wie diese Treffen später genannt wurden. Er informierte wohl nur LINNEMANN und den Vorsitzenden des Spielausschusses, den ehemaligen Nationalspieler und Gymnasialprofessor Dr. Josef GLASER[14] über seine taktischen Neuerungen.

Abb. 27 und 28: NERZ bei einem Lehrgang im April 1934 in Duisburg zur Vorbereitung auf die Weltmeisterschaft in Italien

HERBERGER soll zunächst nicht eingeweiht worden sein. Erst im Februar 1934 hat er als Trainer der Mannschaft von Westdeutschland im Auftrag von NERZ zum ersten Mal bei einem Spiel der Auswahl dieses Landesverbandes gegen Nordfrankreich mit Fritz SZEPAN[15] als Stopper dieses neue System angewendet. Am 11. März wurde es dann auch bei einem Länderspiel - Qualifikation für die Weltmeisterschaft - gegen Luxemburg benutzt.

---

14 GLASER, Josef (1887-1969), Dr. phil., *Freiburger FC*, Mittelläufer, fünf Länderspiele, Olympiateilnehmer 1912, langjähriger Spielausschußvorsitzender des DFB (bis 1936), Delegationsleiter der deutschen Mannschaft bei der Weltmeisterschaft 1934, nach dem Zweiten Weltkrieg von 1948 bis 1964 Vorsitzender des *Südbadischen Fußballverbandes*, Gymnasialprofessor.

15 SZEPAN, Fritz (1907-1974), *Schalke 04*, 34 Länderspiele zwischen 1929 und 1939, WM-Dritter 1934 und WM-Teilnehmer 1938, sechsmal Deutscher Meister, galt als einer der besten Mittelfeldspieler der Welt, nach dem Zweiten Weltkrieg noch zehn Spiele in der Oberliga West, später Trainer, u. a. *Schalke 04* (1949-1954) und *Rot-Weiß Essen* (Deutscher Meister 1955), von 1964 bis 1967 Präsident von *Schalke 04*, Schwager von Ernst KUZORRA.

Deutschland gewann 9:1. NERZ fuhr dann mit 18 Spielern nach Italien (vgl. Abb. 29 und 30) zur Weltmeisterschaft (vgl. Abb. 31), nahm aber HERBERGER nicht als Co-Trainer mit. HERBERGER spielte in dieser Zeit mehrmals mit einer westdeutschen Auswahl in den Niederlanden. Verständlich, daß HERBERGER Otto NERZ diese Nichtberücksichtigung übelnahm.

Abb. 29: Der hochgebildete Nerz zeigt den Nationalspielern die kunsthistorischen Schönheiten der Stadt Florenz bei der WM 1934; im Vordergrund rechts Hans JAKOB und Fritz SZEPAN

Abb. 30: NERZ mit (von links) Willibald KREß, Rudolf GRAMLICH und Hans JACOB beim Spaziergang durch Florenz

Abb. 31: Obligatorisch war der Deutsche Gruß vor Beginn eines Spiels, im faschistischen Italien gerne gesehen, hier von links: Willibald KREß, Karl HOHMANN, Edmund CONEN, Hans SCHWARTZ, Paul ZIELINSKI, Ernst LEHNER, Stanislaus KOBIERSKI, Otto SIFFLING, Paul JANES, Sigmund HARINGER, Fritz SZEPAN

Abb. 32: Halbzeit beim Spiel gegen Belgien, das 5:2 gewonnen wurde, von links Stanislaus KOBIERSKI, Otto SIFFLING, Torwart Willibald KREß, Paul JANES, dahinter Ernst LEHNER, Fritz SZEPAN und Otto NERZ

Bei der WM wurde im ersten Spiel nach einem Rückstand von 1:2 Belgien (vgl. Abb. 32) noch 5:2 geschlagen. Als dann auch Schweden mit 2:1 besiegt werden konnte, verstummte in der Öffentlichkeit zunächst die Kritik am „Nerzschen System". Die Niederlage gegen die Tschechoslowakei mit 3:1 war dann wieder Wasser auf die Mühlen der Kritiker. Der Fehler lag aber nicht am System, sondern an der falschen Aufstellung. SZEPAN war als Stopper zu langsam und verfügte nicht über die genügende Härte. Der ideale Stopper war zu dieser Zeit der Aachener Reinhold MÜNZENBERG[16], SZEPAN dagegen ein Weltklasse-Halbstürmer. Als beim Spiel um den dritten Platz der WM-Favorit Österreich mit 3:2 geschlagen wurde, gehörte die deutsche Mannschaft, die zuvor eigentlich zweitklassig war, zu den weltbesten Teams.

Abb. 33: NERZ (obere Reihe, 8. von links) bei einem Lehrgang der Nationalmannschaft 1935 in Duisburg, ganz rechts oben Sepp HERBERGER

Abb. 34: Mittagessen bei einem Vorbereitungslehrgang auf die Olympischen Spiele 1936, ganz links NERZ, rechte Reihe zweiter von unten HERBERGER

---

[16] MÜNZENBERG, Reinhold (1908-1986), *Alemannia Aachen*, Mittelläufer, 41 Länderspiele zwischen 1930 und 1939, WM-Dritter 1934 und WM-Teilnehmer 1938, Olympiateilnehmer 1936, nach dem Zweiten Weltkrieg noch Vertragsspieler in der Oberliga West, von 1974 bis 1976 Vorsitzender von *Alemannia Aachen*.

Es folgte eine erfolgreiche Phase. Von 31 Länderspielen in den Jahren 1933 bis 1935 wurden 23 gewonnen, fünf verloren und drei unentschieden beendet. NERZ suchte dabei die ideale Mannschaft für die Olympischen Spiele 1936 (vgl. Abb. 33 und 34).

Bei den Olympischen Spielen (vgl. Abb. 35) gehörte die deutsche Mannschaft zu den Favoriten. Das erste Spiel gegen Luxemburg wurde mit 9:0 gewonnen. Auch die nächste Mannschaft aus Norwegen schien ein leichter Gegner zu sein. Aber die Norweger spielten den sog. englischen Stil, deckten konsequent und hart, was den deutschen Spielern nicht lag. Norwegen ging nach fünf Minuten mit 1:0 in Führung, verteidigte dann geschickt und erzielte fünf Minuten vor dem Ende durch einen Konter sogar das 2:0. Deutschland war ausgeschieden. HITLER war im Stadion; es war sein erster und letzter Länderspielbesuch. Schon kurz vor Schluß verließ er verärgert die Tribüne.

Abb. 35: NERZ und SZEPAN 1936 im Olympiastadion

Nach dem Spiel gab es Kritik (vgl. Abb. 36) von LINNEMANN und HERBERGER, die Spieler wären übertrainiert gewesen. Dies ist z. T. richtig, lag aber nicht nur an NERZ, sondern an der Tatsache, daß noch drei Tage vor Beginn der Olympischen Spiele Pflichtspiele in den Vereinen zu absolvieren waren. Der Vorwurf, NERZ hätte zu wenig mit dem Ball trainiert und die Spieler zuviel laufen lassen, kann auch nicht aufrecht gehalten werden. Bis zu dreimal am Tag sollen die Spieler 400 Meter unter 65 Sekunden gelaufen sein. Fürwahr, keine enorme Belastung!

Abb. 36: Militärischer Drill, singend zum Trainingsplatz marschieren, dies wurde NERZ oft vorgeworfen

In der Literatur wird dann oft behauptet, NERZ wäre entlassen und HERBERGER zum Nachfolger berufen worden. Dies ist nicht richtig, wenngleich der wahre Sachverhalt sich bis heute nicht ganz klären läßt. Fest steht, daß NERZ bereits vor Beginn der Spiele zum Direktor des *Sportpraktischen Instituts* der neu gegründeten *Reichsakademie für Leibesübungen*[17] ernannt worden war. Er sollte die Mannschaft nur noch bei den Olympischen Spielen verantwortlich betreuen und danach weiter die Oberaufsicht über das Nationalteam behalten; für die praktische Arbeit mit den Spielern sollte als Trainer HERBERGER eingesetzt werden.
Am 20. September schrieb die Presse, HERBERGER wäre zum Nachfolger von NERZ berufen wurden. Es ist nie geklärt worden, wer im *Fachamt Fußball*[18] diese Meldung herausgegeben hat. Am 2. November hieß es dann, daß HERBERGER Reichstrainer geworden wäre, NERZ aber nach wie vor für alles, was die Nationalmannschaft betraf, auch für die Auswahl der Spieler, allein zuständig wäre. Es begann jetzt eine Auseinandersetzung, ein Machtkampf zwischen beiden. NERZ wurde von Reichssportführer Hans von TSCHAMMER und OSTEN[19] unterstützt, HERBERGER von anderen Nazigrößen und von LINNEMANN. Bei den drei Länderspielen nach dem olympischen Turnier saß NERZ auf der Bank. Das nächste Spiel, am 15. November gegen Italien, wird heute in Statistiken als das erste geführt, bei dem HERBERGER die Verantwortung gehabt haben soll. In Wirklichkeit wurde das Aufgebot von NERZ zusammengestellt und die Spieler von ihm in einem Lehrgang vorbereitet.
Im Jahr 1937 gab es elf Länderspiele. Deutschland war erfolgreich wie nie zuvor: zehn Siege, ein Unentschieden. Der Machtkampf zwischen NERZ und HERBERGER ging dabei weiter. Mal saß der eine, mal der andere auf der Bank, NERZ am 21. März 1937 in Stuttgart beim 4:0 gegen Frankreich (vgl. Abb. 37) – am gleichen Tag wurde in Luxemburg mit 3:2 gewonnen -, HERBERGER beim 8:0 am 16. Mai 1937 in Breslau gegen Dänemark. An der Bildung der sog. *Breslauer Elf*[20] hatte NERZ keinen geringeren Anteil als HERBERGER, der später aber als der eigentliche Macher galt. Die deutsche Nationalmannschaft blieb 1937 in elf Spielen unbesiegt. Ein Jahr später geriet sie in eine Krise und verlor wieder Spiele.

Abb. 37: Deutschland gewinnt am 21. März 1937 in Stuttgart 4:0 gegen Frank reich. Trotz eines Fouls des französischen Torwarts erzielt Ernst LEHNER das erste Tor

17 Nachfolgeeinrichtung der *Deutschen Hochschule für Leibesübungen*. An der *Reichsakademie* wurden im Grunde genommen eine Art ideologisch geprägte Übungsleiter ausgebildet.

18 Die traditionellen bürgerlichen Sportverbände wurden durch sog. Fachämter, die z. T. für mehrere Sportarten zuständig waren, ersetzt. Die Verbände mußten aber pro forma bestehen bleiben, damit die jeweilige Sportart international vertreten werden konnte.

19 TSCHAMMER und OSTEN, Hans von (1887-1943), seit 1929 in der NSDAP, 1933 erst „Reichssportkommissar“, dann „Reichssportführer“, seit 1933 auch Vorsitzender des *Deutschen Olympischen Ausschusses*, d.h. des NOK.

20 Name der Mannschaft, die am 16. Mai 1937 in Breslau die Nationalmannschaft Dänemarks mit 8:0 besiegte.

Abb. 38: Vor dem ersten Spiel in Paris gegen die Schweiz, das 1:1 endete, und deshalb wiederholt werden mußte, von links Hans Mock (*Austria Wien*), der belgische Schiedsrichter John Langenus und Severino Minelli.

Im März 1938 vollzog sich der Anschluß Österreichs. Wahrscheinlich wurde von politischer Seite gefordert, eine Mannschaft zur Weltmeisterschaft nach Frankreich zu schicken, die zur einen Hälfte aus Spielern des „Altreiches", zur anderen aus Vertretern der „Ostmark" bestand. Dies war ais spieltaktischen Gesichtspunkten in so kurzer Zeit unmöglich, weil beide Mannschaften völlig unterschiedliche Systeme spielten. Möglicherweise war dies mit ein Grund, daß Nerz im Mai 1938 die Verantwortung für die Nationalmannschaft abgab.

Abb. 39: Deutschland verliert bei der Weltmeisterschaft 1938 in Frankreich im Wiederholungsspiel gegen die Schweiz 4:2, gerade ist das vierte Tor der Schweiz gefallen

Offiziell begründete NERZ seinen Rücktritt mit beruflicher Überlastung bei seiner Tätigkeit an der Reichsakademie. Sein Nachfolger HERBERGER sah die Probleme zwar genauso deutlich, konnte aber nicht zurücktreten und scheiterte dann auch bei der Weltmeisterschaft in Frankreich bereits im ersten Spiel gegen die Schweiz (vgl. Abb. 38 und 39) nach einem 1:1 nach Verlängerung und einer 2:4-Niederlage beim Wiederholungsspiel.

Für die Zeit nach 1938 ist nur noch wenig Informationsmaterial über NERZ vorhanden. Er erhielt den Professorentitel als Dozent an der Reichsakademie. Während des Krieges hatte er in Berlin-Britz eine eigene Arztpraxis und leitete ein Versehrtenlazarett.
1937 war NERZ, unmittelbar nach Aufhebung der Aufnahmesperre, der NSDAP beigetreten. SA-Mitglied war er schon längere Zeit. Am 4. Juni 1943 wurde von ihm in einer antisemitischen Hetzserie des *12 Uhr Blattes* ein Artikel veröffentlicht: "*Europas Sport wird frei vom Judentum*":

> *„'Der Jude' habe ‚einen unheilvollen und zersetzenden Einfluß auf das ganze Vereinsleben, ausgeübt. Und: Zum Glück habe in der Bundesführung des Deutschen Fußball-Bundes schon 1927 kein 'judenfreundlicher Wind' geweht, 'sie war judenfrei'. Doch in den Großvereinen hätte sich der Einfluß ‚jüdischer Hintermänner' bemerkbar gemacht: ‚Besonders in der Berufsspielerfrage machten die Juden und ihre Hörigen der oberen Führung das Leben dauernd sehr schwer. In der Krise vor 1933 war die Gefahr der Verjudung auch im Fußball sehr groß. Die großen Vereine waren stark verschuldet, und vielfach waren Juden die Gläubiger. Die Tendenz zum Berufsfußball war sehr groß, und der damalige Staat konnte der Sportführung keinen Halt geben, weil er selbst dem Juden hörig war'.“*[21]

Nach Kriegsende wurde er – angeblich durch eine Denunziation – von der russischen Besatzung verhaftet und in das Lager Hohenschönhausen gebracht. Als dieses aufgelöst wurde, kam er in das Lager Sachsenhausen. Dort mußte er als Arzt tätig sein, drei Tage in der Woche behandelte er russische Militärangehörige, drei Tage Privatpersonen. Er soll einmal in seine Wohnung gebracht worden sein, um medizinische Geräte zu holen, nutzte aber nicht die Gelegenheit zur Flucht, weil er seine Patienten nicht im Stich lassen wollte. In Sachsenhausen ist NERZ dann am 28. Februar 1948 im Alter von nur 56 Jahren gestorben. Er soll buchstäblich verhungert sein.
Es kann nur vermutet werden, warum er so lange ohne Urteil in Haft war. HERBERGER dachte an den Artikel im *12 Uhr Blatt*, denn er schrieb an den Rand der Zeitung: "*Ob es jene Artikelserie im '12 Uhr Blatt' war, die ihn in das KZ brachte?!!*"[22] Möglicherweise hat auch der russische Kommandant des Lagers hinter der Bezeichnung „Reichstrainer" einen besonders hohen Funktionär vermutet.
Wie oben bemerkt steht eine abschließende biographische Würdigung von NERZ noch aus. Er gilt bis heute als der Vorgänger HERBERGERs, als ein Trainer, der übertrieben hart trainierte und seine Spieler unnachgiebig disziplinierte. Auch HERBERGER war ein „Diktator", aber ein Psychologe, der über allem stehende „Chef", der eben erfolgreich war und Weltmeister wurde.

---

21 LEINEMANN, *Leben*, S. 265-266.
22 LEINEMANN, *Leben*, S. 266.

2.2. Diplomarbeit: *Fussball-Wintertraining**

[Diplomarbeit, Deutsche Hochschule für Leibesübungen, Berlin 1925/29
Titelblatt nicht mehr vorhanden].

* Die Anmerkungen wurden zum besseren Verständnis von den Herausgebern hinzugefügt.

Meinem lieben, unvergesslichen Bruder
Robert Nerz
in Dankbarkeit und zur Erinnerung gewidmet.
Er war der Fussball-Lehrer meiner Knaben- und Jünglingsjahre.

Er fiel im Weltkrieg in Flandern am 21. Oktober 1914 fürs Vaterland.

Vorwort.

Die folgende kleine Abhandlung über „Fussball-Wintertraining" ist nicht als abgeschlossenes Ganzes zu werten. Vielmehr könnte sie als ein Kapitel eines grösseren Lehrbuches „FUSSBALL" angesehen werden. Ob die übrigen Kapitel je in der Oeffentlichkeit erscheinen werden, lässt sich heute noch nicht überblicken. Bei der Behandlung und Auswahl des Stoffes ging ich von dem Gedanken aus: Was überwiegend im Sommertraining vorkommt, ist dort zu behandeln, wie umgekehrt das, was im Wintertraining vorherrscht, hier eingehender behandelt wird. Wenn also in einzelnen Abschnitten, wie z.B. „Balltechnik" und „taktische Übungen" die theoretische Grundlegung und eingehendere Behandlung vermisst wird, so hat das seine Begründung darin, dass „Training im allgemeinen", die „Theorie des Stosses und der einzelnen Stossarten", „Taktik im allgemeinen" und „die Taktik der einzelnen Spielerposten" in besonderen Kapiteln, die eigentlich vorauszugehen hätten, zu behandeln wären. Auch von „Sportkleidung", „Ausgleichssports" und anderem ist hier nicht die Rede. Nur über Laufen, Kopfspiel, Gymnastik, Bad und Massage ist ausführlicher geschrieben worden, weil sie im Rahmen des Wintertrainings von überragender Bedeutung sind.

Die folgenden Ausführungen, die natürlich keinen Anspruch auf Vollständigkeit machen, sind das Ergebnis meiner vieljährigen Tätigkeit als aktiver Spieler, als Lehrer und Turnlehrer in der Schule, als Fussball-Lehrer zweier bedeutender Sport-Vereine Deutschlands, als Anhänger der Luftbad-Bewegung und meiner privaten Studien bei den Professionals in England, im Mutterland des Sports. Ausserdem hat mein Studium an der D.H.f.L. und der Universität wesentlich dazu beigetragen, meinen Gesichtskreis zu erweitern.
[II][1]

Ursprünglich sah mein Wintertraining etwas anders aus. Aber die Praxis - des Unterrichtes und des Sportplatzes - trugen allmählich zu Aenderungen bei. Der Grundgedanke allen Trainings ist: <u>Das Ziel bestimmt den Weg.</u> Ein gutes Spiel lässt den Berufenen das Ziel ahnen, wenn er es auch nicht direkt sehen kann. Im Laufe meiner sportlichen Tätigkeit habe ich selbst nicht nur gegen viele erstklassige Mannschaften internationalen Rufes gespielt, sondern ich hatte auch Gelegenheit, die besten Mannschaften der Welt oftmals beim Spiel zu belauschen.

Bei der Bezeichnung der Gymnastik-Uebungen folgte ich meist der Turnsprache der Deutschen Turnerschaft, wie sie in KUNATH's[2] Schriften niedergelegt ist. So Haltungen und Bewegungen abweichen, folgte ich Niels BUKH[3] oder gab selbst nach eigenem Gefühl Namen.

Die Ausbildung einer Fussball-Mannschaft einschliesslich der Reserven vollzieht sich etwa in folgender Weise: Eine gleichmässige reine Balltechnik des Einzelnen bildet die Grundlage. Sie wird in jedem Training ausgefeilt und verbessert. Es muss dabei natürlich auch die theoretische Erklärung aller Fragen gegeben werden. Die Taktik der einzelnen Posten wird theoretisch und praktisch im Einzel-Unterricht gelehrt. Dadurch wird erreicht, dass der Einzelne seine Pflichten genau kennt. Die einzelnen Kombinationszüge, Freistellen, Decken, Angreifen, immer wiederkehrende Situationen werden ebenfalls praktisch auf dem Feld und in der Halle geübt.

Ueber allem schweben praktisch das Uebungs- und Wettspiel und der theoretische Unterricht, die erst die Mannschaft zu einer Einheit zusammenschweissen. Erst wenn jeder weiss, was seine und auch seiner Mitspieler Pflicht ist, wenn er weiss, was sein Nebenmann weiss und will, dann wird die Mannschaft ein Ganzes.

---

1 Paginierung der Diplom-Arbeit.

2 KUNATH, Arno Theodor (1864-1936), Lehrer und Turnlehrer, 1919 bis 1926 Oberturnwart der *Deutschen Turnerschaft*, Organisator *Deutscher Turnfeste*, verfaßte zahlreiche turnmethodische Schriften, vor allem über Frei- und Ordnungsübungen.

3 BUKH, Niels (1880-1950), dänischer Gymnastiklehrer, entwickelte in der von ihm gegründeten Schule in Ollerup ein eigenes System, in dem er besonderen Wert auf Geschmeidigkeit und Sprungkraft legte.

[III.]

Nun bleibt mir noch übrig, einer angenehmen Pflicht zu genügen. Dass ich Fussball-Lehrer werden konnte und wurde, verdanke ich im wesentlichen meinem im Kriege gefallenen Bruder ROBERT und meinem eifrigen Gönner und Förderer Herrn Direktor KARL EGETMEYER[4], dem Gründer und langjährigen II. Vorsitzenden des „Vereins für Rasenspiele“, Mannheim. Mein Bruder war mein erster Lehrer im Fussball. Wer ihn als Spieler und Spielführer der „Mannheimer Fussball-Gesellschaft 1896“ und des V.f.R.-Mannheim kannte, weiss, dass ich kaum einen besseren Lehrer haben konnte. Und Herr Egetmeyer war es, der mir die erste Gelegenheit bot, mich als Sportlehrer zu versuchen und mir in dieser Zeit den nötigen Halt gewährte. Denn was es heisst Prophet im eigenen Vaterland, d.h. im eigenen Verein und in der eigenen Mannschaft Sportlehrer zu sein, das begriff <u>er</u> vollkommen. Auch dem I. Vorsitzenden des V.f.R.-Mannheim, Herrn Professor Dr. August Streibich, verdanke ich grosse Förderung und manche Anregung.

Berlin W.30.
Freisingerstr. 3, im Juni 1925

OTTO NERZ.

4 EGETMEYER, Karl, gründete 1911 u.a. zusammen mit dem *VfR Mannheim*, der aus der *Mannheimer Fussballgesellschaft 1846*, der *Mannheimer Fussball Gesellschaft Union 1897* und dem *Mannheimer Fussball Club Viktoria 1897* hervorging.

[IV.]

INHALTSANGABE.

Vorwort.
Allgemeines über Wintertraining.
A) Laufen
B) Balltechnik
C) Taktische Uebungen
D) Gymnastik.
I. Allgemeine Grundgymnastik.
1) Keulenschwingen
2) Ball-Boxen
3) Uebungen an der Schwedischen Leiter
4) Uebungen an der Rückenlage am Boden
5) Uebungen in der Bauchlage
6) Sonstige Uebungen
7) Seilspringen
8) Hochsprung mit Anlauf
9) Uebungen an den Ringen.
II. Spezielle Fussball-Gymnastik.
1) Uebungen für das Fussgelenk
2) Lockerungsübungen im Hüft- und Schultergelenk
3) Vorübungen zum Kopfballspiel.
E) Bad, Massage und erste Hilfe
F) Theoretischer Unterricht.
Literaturnachweis.

[1]

Allgemeines über Wintertraining.

Fussball verlangt von dem Ausübenden einen hohen Grad von Kraft, Geschicklichkeit und Ausdauer.

Da im Wettspiel die zu erreichende Leistung zu sehr den Einzelnen und die Mannschaft beherrscht, kann nur wenig an die Verbesserung der Spielweise gedacht werden. Nur was absolut festsitzt und schon mechanische Fertigkeit geworden ist, gelingt im Wettspiel unter dem Druck des Gegners. Dieses bietet daher nur wenig Gelegenheit Neues zu erproben und sich auf etwas Besseres umzustellen. Bei unserem Betrieb, besonders dort, wo ein guter Lehrer fehlt, herrscht das Wettspiel in ungerechtfertigtem Masse vor. Ja, vielfach ist es – besonders in der Zeit der Verbandsspiele – fast alles. Das ist entschieden fehlerhaft. Denn allgemein kann gesagt werden, dass Technik und Taktik in der Hauptsache im Übungs- und Lehrbetrieb entwickelt und verbessert werden. Wo das Üben zu kurz kommt, wird auch die Leistung zurückbleiben. Einige Talente, die auch ohne viel Üben gut spielen, bilden die zur Regel gehörende Ausnahme.

Das Wettspiel ist eine Höchstleistung. Sie muss vorbereitet sein, sonst hat sie sehr leicht Schädigungen zur Folge. Da die Wettspiele, besonders die Meisterschaftsspiele von weittragender Bedeutung sind, wird man bei jeder Änderung, sowohl in Bezug auf den Mannschaftsbestand als auch das Spielsystem sehr vorsichtig sein müssen, vorsichtiger meist, als dem Fortschritt dienlich ist. Natürlich hat das Wettspiel nicht etwa nur Nachteile, sondern ihm wohnen auch Vorzüge inne, die nicht etwa auf andere Weise erzielt werden können. Es geht viel mehr als etwa das Uebungsspiel an die Grenze der Leistungsfähigkeit, und es ist durch neuere Untersuchungen bekannt, dass nur grosse Reize Wachstumreize sind. Schliesslich ist es der eigentliche sportliche Kampf um die Probe aufs Exempel. Und gerade das Kampfmoment ist es, das uns reizt, **[2]** das uns zum Sport zieht. So hoch wird es von uns geschätzt, dass wir gern die Mühen des Trainings mit all seinen Konsequenzen auf uns nehmen.

Das Wettspiel hat natürlich auch Lehrwert. In den Meisterschafts- und Pokal-Spielen haben wir keine Möglichkeit unsere Gegner zu wählen. Anders in den Freundschafts-Spielen. Hier wird eine umsichtige Leitung durch gute Auswahl der Gegner viel Gutes erzielen können. Für eine gute erste Mannschaft ist der beste Gegner gerade gut genug. Nur an besseren Gegnern kann man lernen. Eine Niederlage bringt auch Manchen wieder zu Bescheidenheit und schadet nichts.

Um eine Mannschaft gründlich auszubilden, bedarf es aber noch anderer Veranstaltungen. Dem Wettspiel kommt formal das Uebungsspiel am nächsten. Bei ihm kann der Spieler mehr als im Wettspiel sich beobachten, kann die Leitung Neues erproben und Versuche anstellen. Man kann bestimmte Situationen künstlich schaffen und der Mannschaft oder Teilen derselben Gelegenheit geben, sich darin zu üben. Der Lehrer kann während des Spiels Einfluss nehmen und die Mannschaft, besonders in taktischer Beziehung, dirigieren. Er kann auch selbst an die Stelle eines Spielers treten und ihm in der Praxis demonstrieren, was er will und gleichzeitig auch den Beweis erbringen, dass seine theoretischen Forderungen auch in die Tat umgesetzt werden können. Es kann das Uebungsspiel beliebig oft unterbrochen werden und Belehrungen können eingeflochten werden. Das Uebungsspiel kann verkürzt und verlängert werden, je nach den Bedürfnissen der Mannschaft. Es können neue Spieler eingesetzt, Umstellungen leichter vorgenommen werden. Durch Auswahl des Gegners auch zum Uebungsspiel kann eine bestimmte Absicht erreicht werden. Um eine Mannschaft in dem Gelernten zu festigen, gibt man ihr z.B. einen leichten Gegner, damit sie ihre Ideen entwickeln kann, ohne allzu grossen Druck durch **[3]** den Gegner zu erleiden. Ein schwerer oder überlegener Gegner würde zu leicht das Konzept verderben. Zu einer anderen Zeit wählt man einer Mannschaft stärkere Gegner, damit sie mit ihnen wächst und von ihnen lernt.

Das Uebungsspiel ist aber nicht die einzige Möglichkeit, die Mannschaft auf das Wettspiel vorzubereiten. Hinzu kommt noch die systematische und methodische Ausbildung des Einzelnen und der Mannschaft. Wettspiel und Uebungsspiel verlangen nämlich eine

Reihe verschiedenster Tätigkeiten, die einzeln geübt die Leistung des Einzelnen wie der Mannschaft wesentlich steigern. So üben wir Laufen, Ballarbeit, Taktik u.s.w. Dazwischen hinein kommen immer wieder Uebungs- u. Wettspiele, die dann gewissermassen die Anwendung des im Spezialtraining Gelernten sind. So stützt und steigert eins das andere. Also nicht etwa bloss Wettspiele oder Uebungsspiele oder Spezial-Training, sondern alle drei in organischer Verbindung und Beziehung.

Wie schon erwähnt, ist das Wettspiel die Probe aufs Exempel. Der Probe muß aber Uebung vorangehen. Besonders wo es sich wie beim Fussball um ein Ensemble handelt. Selbst wenn ein Spieler sehr grosses Talent hat, sodass er auch ohne viel Ueben gutes leistet, entbindet das ihn nicht von der Verpflichtung des Trainings. Denn erstens kann seine an sich gute Leistung doch noch gesteigert werden und zweitens muss er mit seinen Kameraden zusammenarbeiten lernen. Jeder Spieler muss alle Phasen des Spiels in technischer und taktischer Beziehung erlernen. Ausserdem muss er gewandt, erfahren und ausdauernd werden. Dann werden die einzelnen Spieler zu Gruppen zusammengefasst, bis zuletzt eine Mannschaft formiert ist. Natürlich laufen nebenher immer Uebungs- und Wettspiele.

[4] Das Training und die ganze Schulung entwickelt in einer Mannschaft einen bestimmten Stil, ein gewisses Schema. Dieses Schema – man nennt es in der Fussball-Literatur auch System – ist zwar kein Ideal, aber trotzdem etwas Erstrebenswertes, zumindest am Anfang. Denn es ist ein Fortschritt gegen die improvisierte Spielweise von Anfänger-Mannschaften. Es ist allerdings nicht der Gipfel der Entwicklung, sondern nur ein Zwischenglied, eine Durchgangsstation zur Höherentwicklung. Mit der Zeit, wenn das Schema sitzt und die vielen Proben und Prüfungen besteht, aber auch gewisse Nachteile offenbar werden, dann ist die Zeit gekommen, wo der Rahmen zu eng geworden ist und das System durchbrochen werden muss. Es werden neue Ideen gegeben und aufgenommen und vom alten Bestand nur das Bewährte behalten. Es wird das Schema nicht mehr als Alles angesehen, denn der Spieler hat erkennen müssen, dass, besonders bei guten Gegnern, alles Schematische und Mechanische bald durchschaut und durchkreuzt wird. Jetzt kommt der Spieler von selbst dazu, von der angelernten Spielweise manchmal abzuweichen. Anfangs vielleicht nur, um den Gegner, der sich auf das gegnerische Schema eingestellt hat, zu täuschen. Die Mannschaft wird natürlich auch immer routinierter, und immer mehr entwickeln die Leute die Fähigkeit, auch im Spiel neue Gedanken in die Wirklichkeit umzusetzen. Oft gibt es natürlich auch dann Missverständnisse mit den eigenen Spielern. Aber diese Fehler schaden nichts. Die Mitspieler werden dadurch gezwungen, mehr zu denken und zu beobachten, denn nie sind sie sicher, dass ihr Partner irgend eine Variation spielt.

Dazu kommt noch etwas Anderes. Die nebenherlaufende körperliche Ausbildung hat auch in taktischer Hinsicht gute Folgen. Je weniger Mühe die körperliche Leistung des Laufes und des Kämpfens den einzelnen Spielern machen, je spielender der Ball beherrscht wird, je besser allmählich die Taktik im **[5]** Spiel wird, umsomehr Zeit, Nerven-, Geistes- und Körperkraft bleibt bei dem Einzelnen und der Mannschaft übrig zur Fruchtbarmachung neuer Ideen.

Wer mit dem Ball viel Mühe hat, kann nicht auf seinen Mitspieler und Gegner achten. Wer körperlich dem Kampf nicht gewachsen ist, dem nützen die besten technischen und taktischen Fähigkeiten nichts. Denn schließlich kann man den Ball nur gut spielen, wenn man ihn hat, und man kann gute taktische Züge nur durchführen, wenn man körperlich dazu in der Lage ist. Oft ist der Geist willig, aber das Fleisch schwach, wie es fast ebenso oft oder noch häufiger vorkommt, dass das Fleisch willig, aber der Geist schwach ist. Also erst wenn die Mannschaft eine Stufe erreicht hat, die ihr erlaubt, die körperlichen und geistigen Kräfte spielen zu lassen, erst dann ist sie fertig. Fertig natürlich immer nur relativ. Jetzt ist sie erst eine Meistermannschaft, gleichgültig, ob sie einen Titel hat oder nicht, denn sie kann ein Meisterspiel vorführen. Sie wird sich natürlich immer noch entwickeln.

Es zeigt sich hier eine überraschende Ähnlichkeit zwischen der Entwicklung einer Mannschaft und dem Werdegang eines Künstlers.

Zuerst drängt den jungen Menschen mit künstlerischer Anlage sein Talent zum Schaffen. Es ist aber planlos und ohne Schule. Genau dasselbe Stadium zeigt eine

Mannschaft, wenn sie aus zwar talentierten, aber ungeschulten Kräften zusammengestellt wird. Sie spielen! Sie spielen vielleicht auch relativ gut. Das Talent macht sich eben geltend. Genau wie bei einem grossen Künstler seine Jugendarbeiten auch von künstlerischer nicht nur von historischer Bedeutung sind.

Jetzt kommt der Künstler auf die Akademie oder zu einem Meister. Er studiert. Natürlich steht er unter dem Einfluss seines Meisters oder Lehrers, und seine Arbeiten ähneln denen seines Meisters. Man erkennt an seinen Werken seine Zu- **[6]** gehörigkeit zu einer bestimmten Richtung oder Schule. Wie der junge Künstler, so kommt nun auch die junge Mannschaft in die Schule. Sie wird systematisch trainiert und ausgebildet. Sie erlernt ein System, eine Schablone. Denn anfangs spielt sie noch mechanisch nach den Ideen des Lehrers. Da es aber für das Spiel nicht immer feste Regeln gibt, ist die Schablone leicht erkennbar.

Wenn der Künstler seine Lehrjahre hinter sich hat und selbständig wird, wächst er immer mehr über seine Schule, sei Vorbild hinaus. Er wird Künstler. Was er gelernt hat, ist nicht unnötig gewesen, aber es ist nur mehr die unsichtbare Grundlage seines Schaffens. Er kennt die grossen ewigen Gesetze, aber innerhalb derselben schafft er frei und selbständig. Auch die Mannschaft kann eine solche Stufe der Meisterschaft erreichen, wenn sie genügend Talent hat. Innerhalb der Gesetze der Technik und Taktik schaltet sie frei. Sie passt sich dem Gegner an und ändert ihre Spielweise, wenn nötig. Sie kann das aber nur, wenn sie gut geschult und talentiert ist.

Ueber das Verhältnis von Training und Wettspiel wäre noch hinzuzufügen: Es sollten zwischen den einzelnen Wettspielen viele Uebungstage liegen. Das ist zwar im Winter schwer, da Sonntag auf Sonntag Spiele folgen. Hier ist eben nötig, dass jede Woche mindestens zwei Mal trainiert wird. Im Sommer lässt es sich eher erreichen, dass zwischen den Spielen eine grössere Anzahl von Uebungstagen liegen. Da sind ab und zu Sonntage frei, die Abende sind länger, und es kann das Schwergewicht auf das Ueben gelegt werden. Von besonderem Wert ist hier die Fussball-Ruhezeit. Da sollten sich die Leute auch in geistiger Beziehung vom Fussball ausruhen. Leichtathletik, Schwimmen und Wandern bieten wertvolle Abwechslung. Ich halte im Interesse des besseren Spiels es für zweckmässig und erstrebenswert, die Ruhezeit zu verlängern. Ein Monat ist keine genügende Pause. Es muss sich der Einzelne auch mal ganz los- **[7]** lösen können. Wenn nur ein Monat Pause ist, dann ist eben keine Pause, denn es muss gleich wieder mit der direkten Vorbereitung der neuen Spielzeit begonnen werden. Ausserdem haben wir im Juni oft eine Hitze, die dem Fussballspiel absolut nicht angepasst ist.

In Deutschland ist es so geworden, dass Hallentraining gleich Winter-Training und Platz-Training gleich Sommer-Training ist. D.h. solange es nach der Arbeitszeit hell ist, wird auf dem Platz Fussball trainiert. Dies sieht in der Regel so aus, dass auf das Tor geschossen wird. Es ist eigentümlich, welch grossen Reiz das Tortreten ausübt, auch dort, wo unter guter Leitung geübt wird. Kaum ist der Sportlehrer weg, so versammelt sich sofort wieder alles vor dem Tor, und es geht los. Sind beim Ueben viele Leute da, so wird ein Uebungsspiel veranstaltet. Wenn dann noch gelaufen wird, so glaubt man sich modern auf der Höhe. Gewiss ist auch Schiessen nötig. Aber es muss anders betrieben werden. Wettspielgemäss! Es muss überhaupt, wenn mit dem Ball trainiert wird, viel mehr Wert auf Einzelausbildung gelegt werden.

In England wird anders trainiert. Die Erfahrung, dass zu einem guten Spieler auch ein wohltrainierter Körper gehört, ist dort viel älter. Auch bringen die Leute bezüglich des Spiels einen ganz anderen Schulsack an Vorkenntnissen mit, als es bei uns der Fall ist. Dort ist Fussball in weit umfassenderer Weise im Lehrplan der Schulen vertreten als bei uns Turnen. Dort weiss man schon lange, dass zur Ausbildung Uebungsspiel und Stossübungen mit dem Ball nicht genügen. Die Folge dieser Erfahrungen ist, dass man dort auch im Sommer auf dem Platz Gymnastik betreibt, aber nicht nur Laufen. Ausserdem aber können die Engländer, vermöge ihrer Arbeitszeit, auch im Winter auf dem Platz trainieren. Ganz abzusehen von den Professionals. Im Mutterlande des Sports gehört zum Platz auch eine Gymnastikhalle. In dieser Beziehung liegt in Deutschland noch fast alles **[8]** im argen. Ich nehme aber bestimmt an, dass alle Vereine, die einen Lehrer angestellt haben, mit der Zeit dazu kommen, ein Hallentraining durchzuführen oder den Lehrer, falls er das nicht kann, fortschicken. Meist mieten bei uns die Vereine für das Wintertraining irgend eine Schulturnhalle. Aber diese Hallen sind für andere Zwecke gebaut worden und infolgedessen für ein Fussball-Wintertraining durchaus nicht ideal. (Die Fenster sind zu tief unten, die Geräte stehen mitten im Raum; die Beleuchtung ist meist mangelhaft, denn die Ballarbeit verlangt gutes Licht. Meist ist auch die Waschgelegenheit unzureichend oder sie fehlt ganz.) Oft ist auch der Magistrat so rückständig, dass er Ueben mit einem Ball in der Halle nicht erlaubt, auch wenn der Verein für einen geordneten Betrieb Garantie leistet. Immerhin ermöglichen die Schulturnhallen den Vereinen einen geregelten Uebungsbetrieb im Winter und das ist schliesslich die Hauptsache. Ich hoffe, dass bei Um- und Neubauten von Platzanlagen der Bau einer Halle berücksichtigt wird, um erstens von einer Behörde unabhängig zu werden, die unserer Bewegung fern steht oder ihr wenig freundlich gesinnt ist und zweitens sich eine den neuzeitlichen Forderungen entsprechende Uebungsstätte zu schaffen. Auch bringt das Mieten einer Halle noch viele Unzuträglichkeiten mit sich, insofern, als oft mit anderen Vereinen abgewechselt werden muss, in den Ferien der Betrieb lahmgelegt ist u.a.m. Dabei vertrete ich den Standpunkt, dass den ganzen Winter hindurch neben den Gymnastikübungen in der Halle das Lauftraining auf dem Platz durchgeführt werden kann und muss. Unsere Klubs sind mit Geld nicht sehr gesegnet. Infolgedessen weist der Trainingsbetrieb viele Unzulänglichkeiten auf. Nur ganz wenige Vereine haben eigene Uebungshallen, und diese sind meist nicht so eingerichtet, wie man es vom hygienischen und technischen Standpunkt aus verlangen muss. Die grossen und reichen englischen Fussballvereine haben ausser ihren Gymnastikhallen auch gedeckte Laufbahnen, so dass sie vom Wetter **[9]** vollkommen unabhängig sind. Das sind natürlich Einrichtungen, die sehr kostspielig sind und wohl nur von Professional-Vereinen geleistet werden können, die ein Jahresbudget von etwa 1 Million Goldmark und oft Ueberschüsse von 100 bis 200,000 Mark zum Ausbau und zur Verbesserung ihrer Anlagen zur Verfügung haben.

Für eine Gymnastikhalle, in der Fussballer ausgebildet und für ihre Spiele vorbereitet werden sollen, halte ich folgende Einrichtung für zweckmässig:

1) Grösse 15/25 Meter (Minimum).
2) Die Fenster sind möglichst hoch einzusetzen und von innen zu vergittern.
3) Die Beleuchtung sollte möglichst elektrisch, hoch an der Decke angebracht und geschützt sein.
4) Eine Längswand sollte glatt und ohne Geräte, Fenster und Türen bleiben (Spielwände). Zweckmässig würden diese Spielwände für diesen Zweck besonders stark gebaut und präpariert. Es wäre z.B. eine Verkleidung aus Platten, wie sie bei Badezimmern verwendet werden, an der Spielwand zu empfehlen. Wenn die Wand 25 Meter lang ist, könnten etwa 5 bis 6 Spieler gleichzeitig üben.
5) Höhe ca. 6 Meter.
6) Der Boden sollte mit Linoleum belegt werden, wenn möglich auf Kork, damit er nicht zu hart aber doch elastisch ist.
7) <u>Geräte:</u>
    1) 4 Schwedische Leitern
    2) 2 Paar Ringe
    3) 2 Bergapparate
    4) 3 Doppelendbälle
    5) 3 Plattformbälle
    6) 3 Pendel von der Decke
    7) 1 Sprunggestell
    8) 12 Sprungseile
    9) Hanteln
    10) 3 Paar Keulen
    11) 1 Ring-Matte oder etwa 2 Dutzend 2 meterlange Liegematten für Gymnastik in der Bauch- und Rückenlage. Die Hallen sind meist unzulänglich geheizt, und da ist es zweckmässig, wenn die Leute, die beim Ueben warm geworden sind,

eine schützende Unterlage haben. Auch aus Reinlichkeitsgründen ist ein Matte zu empfehlen.

12) Ballhandschuhe, Fussbälle, kleine Gummibälle.

8) Keine festen Geräte im Raum. **[10]**

9) Die Halle muss geheizt werden können; am besten ist Zentralheizung. Bei Ofenheizung ist es zweckmäßig, die Öfen in Nischen zu stellen und zu vergittern.

10) Zur Halle gehört ein Vorraum. Der Eintritt von der Strasse erfolgt durch ihn, sodass niemand mit Strassenschuhen die Halle zu betreten braucht. Hier ziehen sich die Spieler um. In die Halle selbst ist der Eintritt nur mit Turnschuhen erlaubt.

11) In direkter Verbindung mit dem Umkleideraum steht ein Baderaum mit Warmwasser-Einrichtung. Die sanitären Anlagen hängen zweckmässig mit Umkleide- und Baderaum zusammen.

12) Dass die Halle nach Möglichkeit mit dem Platz zusammengebaut sein soll, versteht sich von selbst. Dann können Lauf, Gymnastik, Technik und Taktik in gute Abwechslung gebracht werden.

13) In der Halle muss peinlichste Sauberkeit herrschen.

14) Er wäre vielleicht ratsam, eine Halle mit Oberlicht zu bauen, sodass gar keine Fenster nötig sind.

Wenn diese Forderungen gestellt werden, so soll das natürlich nicht heissen, dass ohne eine so ausgestattete Halle ein Fussballtraining nicht möglich sei. Es soll das nur ein Versuch sein, wie man eine Halle einzurichten hat, wenn man baut oder umbaut. Im Notfall kommt man auch ohne Turnhalle aus und ein einfacher Saal ohne jedes Gerät erlaubt es, ein geordnetes Ueben durchzuführen. Nötig ist dann nur, dass der Uebungsleiter seinen Betrieb den Verhältnissen anpassen kann. Ein tüchtiger, erfahrener Lehrer wird auch mit primitiven Mitteln viel erreichen. Unter keinen Umständen sollte aber, auch bei den besten Hallenverhältnissen, auf das Laufen im Freien verzichtet werden.

Hallenordnung: Es darf die Halle nur in Sportkleidung betreten werden. Stiefel mit Absätzen oder Nagelschuhe sind verboten. **[11]**

Der Lehrer oder Uebungsleiter sollte als erster die Halle betreten und sie als letzter verlassen. Nur so kann er die Verantwortung für einen geordneten Betrieb übernehmen. Siehe auch Seite 26 Nr. 1-3.

Zuschauer sind in der Regel nicht zugelassen.

Es ist in diesem Zusammenhang nicht überflüssig darauf hinzuweisen, dass der Begriff „Training“ sich in dem Uebungsbetrieb nicht erschöpft. Hinzukommt eine ganz bestimmte, zweckentsprechende Lebensweise. Diese Lebensweise soll beim Fussball fast das ganze Jahr durchgeführt werden. Daraus folgt ohne weiteres, dass sie frei von allen Extremen sein muss. Absolute Abstinenz von allen Genüssen zu verlangen, ist nicht zweckmässig, weil sie doch nicht befolgt wird. Das kann man bei Sportarten mit kurzer Saison viel eher durchführen. Andererseits wäre es aber doch verkehrt, sich gar keine Mässigung aufzuerlegen. Das richtige Mass liegt hier in der Mitte.

Die englischen Professionals, deren Lebensweise zu beobachten ich Gelegenheit hatte, sind im allgemeinen mässig. Sonst erliegt der Einzelne sehr bald den Strapazen seines Berufes und der Konkurrenz.

Die Meisten rauchen zwar und trinken auch ein Glas Bier. Aber sie nehmen doch Rücksicht darauf, dass diese Genüsse im Uebermass genossen schädlich sind. Bemerkenswert ist übrigens noch, dass die Professionals verhältnismässig früh heiraten. Aston Villas Mannschaft enthielt in der Spielzeit 1924/25 neun Verheiratete und zwei ledige Spieler. Die Ledigen waren 20 und 21 Jahre alt. Geregelter Geschlechtsverkehr wird demnach nicht als hemmend für die Leistung angesehen. Jedenfalls aber werden die Gefahren der Ansteckung vermindert. Auch können die Spieler ihren Geschlechtsverkehr den körperlichen Anforderungen ihres Berufes entsprechend regulieren und einstellen. Bei einem bekannten tschechischen Klub wirkt die Leitung darauf hin, **[12]** dass die Spieler früh heiraten, zumindest ein festes Verhältnis haben, anscheinend aus denselben Gründen wie in England. Ob dabei auch beabsichtigt ist, die Spieler sesshafter zu machen, entzieht sich meiner Kenntnis.

Ich möchte nicht versäumen, einige Bemerkungen bedeutender Fussballer über ihre Lebensweise einzuschalten:

Jesse Pennington[5], Englands Verteidiger und einer der besten Spieler, der je Fussball spielte, schreibt:

Es ist unmöglich, am Ende der Woche gut Fussball zu spielen, wenn Du Dich die Woche über vernachlässigst.

Ich versuche in der Nacht vor einem Spiel 12 Stunden zu schlafen.

Ein junger Mann, der raucht, ist gut beraten, wenn er am Tage vor dem Spiel und dem betreffenden Vormittag darauf verzichtet.

Enthaltsamkeit von berauschenden Mitteln ist auch ein grosser Vorteil. Wenn ich in internationalen Spielen spielte, fand ich oft, dass 8-9 Leute der Mannschaft Abstinenzler waren.

Mässigkeit in allem sollte das Motto sowohl des jungen als auch des reifen Spielers sein; aber ich bin nicht für eine besondere Diät, ausgenommen am Morgen vor dem Spiel.

Lasst einen Mann während der Woche sein gewohntes Essen nehmen, aber vor dem Spiel nehme ich nur ein leichtes Mahl. Möglichst Fisch und etwa 2 Stunden vor Beginn.

Der Spieler, der eine lange Laufbahn im Sport hat, ist einer, der auf sich hält, und der sich daran erinnert, dass er immer mehr oder weniger im Training sein muss!“

Andy Ducat[6]: Englands und Woolwish Arsenals Läufer schreibt u.a.: „Der Abend ist nicht die beste Zeit des Tages zum Training, denn die Muskeln und überhaupt der ganze Körper sind von des Tages Arbeit müde. Nichtsdestotrotz ist Abendtraining besser als überhaupt kein Training.“ **[13]**

Ein wesentlicher Faktor beim Training ist die Abwechslung. Zu diesem Zweck trainieren die Berufsspieler in England in der eigentlichen Spielzeit fast nie mit dem Ball. Es soll dadurch eine Art Ballhunger erzeugt werden. Cricket, Tennis, Aufenthalt an der See – die in England schnell zu erreichen ist – sind im Trainingsbetrieb der Professionals von grösserer Bedeutung als das Spiel mit dem Ball. Diese Art der Vorbereitung setzt natürlich eine vollendete Ballbehandlung voraus, und kann darum nicht ohne weiteres von Amateuren übernommen werden. Uebrigens klagen die Fachleute drüben, dass die Kunst am Ball im Schwinden sei, was sie darauf zurückführen, dass zu wenig mit dem Ball trainiert werde. Bei uns ist aber das Gegenteil der Fall. Wir wollen uns merken: Man kann sich auch durch das Betreiben anderer Sportarten in gute körperliche Verfassung bringen. Das hat dann den Vorteil, dass sich die Leute auf das Wettspiel und den geliebten Ball freuen. Spielen sie jeden Tag Ball, dann sind sie übersättigt, und das geht auf Kosten der Begeisterung und des Schwungs, Dinge die man beim Kampf sicher nötig hat.

Unsere Fussballpause im Sommer dauert nur einen Monat. Das ist zu kurz. Andererseits sind die Verhältnisse so, dass die Vereine finanziell die Pause kaum durchzuhalten imstande sind. In Bezug auf Training gibt es eigentlich gar keine Ruhepause, denn der eine Monat muss zur Vorbereitung auf die neue Spielzeit verwendet werden. Da ist nun unbedingt nötig, dass das Training wenigstens eine Umstellung erfährt, sodass doch ein Ausspannen stattfindet: Wenig Fussball, leichtes Laufen, Springen und Gymnastik und wenn möglich Schwimmen, sind ein zweckmässiges Sommertraining.

Zur Kleidung wäre zu sagen: Beim Laufen im Winter sind Laufschuhe oder Turnschuhe zu verwenden. Eine Sporthose, ein Jersey und ein wollener Sweater vollenden den Anzug. Bei den Uebungen in der Halle kann mit entblösstem Oberkörper geübt wer- **[14]** den. Hier sind Turnschuhe unbedingte Vorschrift. Wenn Gewichtsabnahme erzielt werden soll, empfiehlt sich auch in der Halle Jersey und Sweater.

Als Schema für ein Wintertraining (ich vermeide das Wort Hallen-Training, weil ja im Freien gelaufen wird), wäre etwa anzusprechen:

A) Laufen
B) Balltechnik

---

5 Pennington, Jesse (1883 – 1970), spielte 494 mal in der Premier League, später auch erfolgreicher Trainer.

6 Ducat, Andy (1886 – 1942), spielte sowohl in der Fußball- als auch in der Kricket-Nationalmannschaft.

C) Taktische Uebungen
D) Gymnastik
E) Bad und Massage
F) Theoretischer Unterricht.

[15]

A. Das Laufen.

<u>Das Laufen ist mindestens ebenso nötig zum guten Spiel wie eine gute Ballbehandlung.</u> Es stellt das Laufen während eines Spiels an Herz, Lungen und Nerven so kolossale Anforderungen, dass nur gut geübte Leute ein scharfes, erstklassiges Spiel durchzuhalten vermögen. Dabei darf nicht übersehen werden, dass mit der allgemeinen Ermüdung eine Verminderung der Nervenarbeit parallel geht, sodass eine müde Mannschaft an sich auch einen schlechteren Ball spielt als eine frische. <u>Der kurze Start</u> ist vornehmlich sehr wichtig. Er ermöglicht es oft, den Ball <u>vor</u> dem Gegner zu erreichen, ihn also kampflos in Besitz zu nehmen. Das spart eigene Kraft und nutzt die des Gegners ab, denn er muss viel vergebens laufen. Ferner gestattet uns der schnelle Start, uns dem Gegner rasch zu entziehen und seine Einwirkung auf den Ball auszuschalten. Ein andermal bringt er uns aus scheinbar hoffnungsloser Entfernung doch noch rechtzeitig an den Ball oder Gegner heran, so dass wir den Ball zwar nicht vorher erreichen, aber doch noch überhaupt eingreifen können. Das sind mehr taktische Momente. Aber auch für die Balltechnik ist der kurze Start oft wesentlich. So heisst z.B. eine Grundregel der Ballarbeit: <u>der Ball wird dort gestoppt, wo er zum ersten Mal den Boden wieder berührt.</u> Um das zu ermöglichen, ist oft ein schneller Start nötig; denn oft liegt dieser Punkt des ersten Auftreffens ca. 10 m entfernt vom jetzigen Standort. Da heisst es rasch entschlossen starten, sonst kommt man zu spät. Entweder hat ein Gegner den Ball weggeschnappt, oder der Ball springt in die Höhe, und bis er wieder herunterkommt, geht kostbare Zeit verloren. Beim Kopfspiel ist es ähnlich. Hier kommt es auch wesentlich darauf an, die Ballkurve zu erkennen und den im Geist ersehnten Punkt im Start zu erreichen. So gibt es noch viele Fälle.

Bei Durchbrüchen, Steilvorlagen, beim Dribbling ist oft **[16]** gutes Startvermögen die Voraussetzung für den Erfolg. Was für das Stoppen gesagt wurde, gilt zum Teil auch für das Aufnehmen des Balles. Wie oft könnte der Ball im Spiel gehalten werden, wenn rechtzeitig gestartet worden wäre.

Bei diesen Läufen auf kurze Strecken – meist nicht mehr als 10 m – ist noch etwas sehr Wichtiges zu beachten. Nicht darauf kommt es an, <u>am Ende</u> der 10 m die grösste Geschwindigkeit zu haben, sondern die 10 m möglichst rasch zu durchmessen. Und zwar soll die Höchstgeschwindigkeit möglichst früh erreicht werden. Am Ende der Strecke, so es gilt am Ball zu arbeiten oder mit dem Gegner zu kämpfen, da muss der Lauf schon etwas verhalten werden können, damit die nötige Beherrschung über den Körper möglich ist. Das alles zeigt uns, wie verschieden die Zwecke beim Lauftraining des Fussballers und des Leichtathleten sind. Bis zu einem gewissen Grade ist das Training dasselbe. Dann aber setzt die Scheidung ein. Der Leichtathlet muss möglichst am Ziel am schnellsten sein, der Fussballer muss schärfer antreten, um dann verhalten ans Ziel, d.h. an den Ball zu kommen.

Das Üben des Starts und der kurzen Strecken hat aber auch noch einen weiteren Gewinn. Die Reaktionsfähigkeit wird gesteigert, und davon zieht der Spieler auch in anderen Dingen grossen Vorteil. Er wird besser angreifen, sauberer am Ball arbeiten, schneller beobachten u.s.w. In England benutzen die Professionals ausser den Läufen noch Übungen mit dem Cricket- oder Tennisball dazu, die Reaktion zu steigern. Die vielen kurzen Starts und das Herumwerfen des Körpers mit grosser Geschwindigkeit ermüden sehr. Auch das ist ein Grund dafür, **[17]** dass Starts geübt werden müssen, um den Körper an diese Arbeit zu gewöhnen.

Ausser dem Lauf auf Schnelligkeit und Ausdauer verlangt das Spiel besonders beim Kampf um den Ball, beim Stoppen und Aufnehmen noch besondere Variationen des Laufs:
1) beim Kopfspiel muss man oft rückwärts laufen und dann den Körper plötzlich zum Stoss nach vorn werfen.

2) Bei der engen Kombination ist es oft nötig, um die richtige Front zum Abspiel zu haben, seitwärts zu laufen.
3) Oft muss man, besonders beim Angreifen rückwärts und vorwärts, hin und her laufen.

Die Erfordernisse des Spiels verlangen also 1) Rückwärtslaufen, 2) Seitwärtslaufen, 3) Laufen mit Wenden. Da alle diese Uebungen auf nur kurze Strecken zu erfolgen haben, können sie auch in der Halle ausgeführt werden.

Das Laufen im Wintertraining ist etwa dasselbe wie im Sommer. Bei unserer jetzigen Arbeitseinteilung liegt das Training in den Abendstunden. - Infolge dieser aeusseren zwingenden Gründe fällt es aus dem hier gebotenen Rahmen, über die theoretisch zweckmässigste Trainingszeit ausführlicher zu werden. Das hat nur für den Berufssport grössere Bedeutung. Dort steht auch die Leistung mehr im Vordergrund als beim Amateursport. Bei dem letzteren ist der Sport mehr eine Medizin, ein unschuldiges Vergnügen oder Abwechslung. Natürlich ist auch das Streben nach Leistung vorhanden, aber es kommt eben doch in erster Linie der Beruf. Und mit seiner Zeiteinteilung zwingt er den Sport, sich mit den Abendstunden zu begnügen, ob es gleich für die Leistung anders besser wäre. – In den Abendstunden ist es im Winter schon dunkel. Es ist daher notwendig, dass die Bahn gut in Ordnung ist und beleuchtet werden kann. Da die Beleuchtung kaum so hell wie Tageslicht gestaltet werden kann, muss die Bahn vollkommen frei von Löchern, Steinen, Unebenheiten und dergl. sein. Sonst nehmen die Leute beim Ueben Schaden, statt ihre Leistung zu verbessern. **[18]** Wenn aber die Bahn gut in Ordnung ist, genügt zur Beleuchtung an jeder Kurze eine Gasolin-Lampe. Besser ist natürlich eine elektrische Beleuchtungsanlage. Es ist aber nicht notwendig, dass die Bahn taghell erleuchtet ist, sondern es genügt durchaus, wenn man sie übersehen kann. Nur bei Glatteis und grosser Nässe muss das Laufen ausfallen. Bei gefrorenem Boden ist darauf zu achten, dass die Bahn holprig und uneben sein kann. Hier ist Vorsicht am Platze. Aber in der Regel ist Frost kein Grund, das Lauftraining ausfallen zu lassen. Im Gegenteil: die Luft ist bei trockenem kalten Wetter meist sehr schön, und ausserdem müssen die Spieler ja auch bei solchem Wetter ihre Wettspiele austragen und deshalb daran gewöhnt sein.

Gelaufen wird entweder in Nagel- oder Turnschuhen. Mit Absatz- oder Fussballstiefeln soll man eine Laufbahn nicht verderben. Bei Frost verbieten sich Nagelschuhe von selbst.

Die Leute sind längere Zeit auf der Bahn. Auch im Winter mindestens 1/2 Stunde. Da sie nicht die ganze Zeit laufen können, müssen sie sich zwischendurch mässig bewegen, und ausserdem müssen sie warm bekleidet sein (Sweater). Auf diese Weise wird Erkältungen vorgebeugt. Es ist nicht zweckmässig, die Leute aus der Halle herauszuführen, einen Lauf machen zu lassen und schleunigst in die Halle zurückzukehren. Anfangs bereitet es gewisse Schwierigkeiten, die Leute in der Kälte zum Laufen zu bringen, aber mit der Zeit gewöhnen sie sich daran.

Reiner Dauerlauf – also Langstreckenlauf – kommt für den Fussballer nicht in Frage. Nach meiner Erfahrung ist die längste Strecke, die sich zum Fussballtraining eignet, 3-400 m. Aber sie muss im schnellsten Tempo gelaufen werden. Jeder erstklassige Spieler müsste auf unter 60 Sekunden für die 400 m kommen. Diese Strecke stellt an Herz, Lungen und Muskulatur die grössten Anforderungen, und es kann noch genügend **[19]** Schnelligkeit entwickelt werden. Um die nötige Ausdauer zu erzielen, kann man ja mehrere solche Läufe machen lassen oder Runden einfügen, in denen Dauerlauf und Sprints abwechseln. Wenn ich mich gegen den Langstreckenlauf ausspreche, so geschieht es nur aus der Erfahrung heraus und steht im Einklang mit der Praxis der Engländer. Es kann ein Spieler 10 Runden um den Platz laufen, und doch hat er im Spiel keine Ausdauer. Das Spiel verlangt von einem Spieler, dass er immer ein wenig im Trab ist und dann immer wieder startet und sprintet. Es ist eine ganz besondere Art von Ausdauer, die das Fussballspiel verlangt. Und sie wollen wir natürlich bei unseren Uebungen erzielen. Der Stil beim Lauf ist derselbe, wie ihn jeder Läufer (Leichtathlet) läuft, d.h. naturgemäss und dem eigenen Körper angepasst. Nach einem 400 Meterlauf ist der Läufer ziemlich warm geworden, Herz und Lungen brauchen Ruhe. Um das Kaltwerden zu vermeiden, lassen wir den Läufer in mässigem Tempo gehen. Etwa 1 Runde. Das Gehen hat auch seinen Uebungswert, wenn auf gute Haltung, Durchdrücken der Knie und tiefe Atmung gehalten wird. Es kann dann ein zweiter Lauf folgen. Oder aber es geht zum Starten und Sprinten. Natürlich kann man das ganze Lauftraining auch mit Sprinten beginnen. Aber im Winter halte ich es für besser mit einer längeren Strecke zu beginnen. Beim Starten mit kalter Muskulatur gibt es leicht Muskelrisse. Im Sommer ist es dagegen zweckmässig, mit Starten und Sprinten zu beginnen, denn nach anstrengenden Läufen oder langem Balltraining hat es keinen Zweck, Startübungen zu machen.

Es sollte aber keineswegs aus irgendwelchen Gründen auf das Laufen im Freien verzichtet werden. Alle Einwände, wie die Gefahr der Erkältung und andere, sind nur faule Ausreden und entspringen der Bequemlichkeit. Von grossem erzieherischen Wert ist dieses Laufen in der Kälte schon an sich. Denn bevor man anfängt, muss das in uns schlummernde Faultier überwunden werden. Dann macht das Lufttraining hart, und Härte ist eine **[20]** der nötigsten Qualitäten einer Fussballmannschaft. Die englischen Mannschaften sind nicht etwa härter, weil dort roher gespielt wird, sondern weil ihr kolossales Lauftraining ihre Energie ganz anders entwickelt als unser blödes Tortreten. Wer so und so oft 400 m laufen muss und dabei ebenso oft an seine Leistungsgrenze kommt, der entwickelt mit der Zeit in sich grosse Energie, die sich im Spiel sicher auswirkt. Wer diese Energie in sich hat, der wird im Kampf nicht so leicht unterliegen, wird auch, wenn‘s mal schief geht, nicht zusammenklappen und auch einem harten Gegner gegenüber nicht kneifen. Bei Leuten, die kneifen, hat der Sport seinen Erziehungszweck vollkommen verfehlt.

Das Starten erfolgt nicht aus der Hockstellung oder aus dem Stand, sondern aus dem Gehen oder dem leichten Lauf. Wettspielgemäss! Natürlich kann man auch einmal einen tiefen Start machen lassen. Das bringt Abwechslung in den Betrieb und dient ausserdem der allseitigen Ausbildung der Leute. Bei den Ablaufübungen genügt es, etwa 10 Schritte mit der grössten Kraft und Steigerung zu laufen. Diese kurzen Läufe über höchstens 10 m sind die Art des Laufens, die im Spiel am häufigsten vorkommt. Sie entscheiden sehr häufig über den Besitz des Balles und oft auch über Sieg und Niederlage. Sind diese 10 m mit der grössten Kraft und Schnelligkeit zurückgelegt, dann lässt man den Körper in leichten Lauf fallen. Nach einer kurzen Strecke im leichten Lauf erfolgt wieder ein neuer Start und so fort. Lässt man aus dem Gehen starten, so geht der Läufer auf das Kommando „Achtung“ in leichten Lauf über. Auf „Los“ erfolgt der Start. Im Anschluss an die Startstrecke fällt der Körper wieder in leichten Lauf und dann in Gehen. Starten und Sprinten übt man am besten in kleinen Gruppen (4-5 Mann), damit man Korrektionsmöglichkeit und Übersicht hat. Die wesentlichen Kennzeichen des richtigen Starts sind: kurzes, energisches Treten, scharfes Neigen des Oberkörpers nach vorn, Anziehen des Kinns. **[21]**

Die Sprints gehen über 30-60 m, sie kommen besonders bei den Flügelstürmern und deren Gegnern vor. Dass ein Mittelspieler einen Schnellauf von mehr als 30 m macht, geschieht kaum. Auch die Sprints erfolgen aus dem Gehen bzw. leichten Lauf und wechseln mit Gehen ab. Beim Lauf ist auf natürliches, lockeres Laufen zu achten. Die meisten Fehler sind: Rückliegen des Oberkörpers im Kreuz, Werfen des Kopfes in den Nacken, unzweckmässige, engende Armarbeit, schlappes Abtreten, zu lange oder zu kurze Schritte, zu geringes Heben des Oberschenkels.

Wieviel gelaufen und trainiert wird, hängt von verschiedenen Dingen ab. War Sonntags Spiel, so wird zweckmässig der Dienstag oder Mittwoch der erste Uebungsabend sein. Da steckt noch eine leichte Müdigkeit in den Knochen und es wird nur leicht trainiert. Ein Mann, der Sonntags nicht gespielt hat, kann natürlich schärfer herangenommen werden. Wird dreimal in der Woche trainiert, so wird der zweite Abend am schärfsten sein. Am dritten Abend wird mit Rücksicht auf das Spiel vom kommenden Sonntag wieder leichter geübt. Auch individuell wird variiert. Die Stürmer und Verteidiger müssen mehr starten und sprinten, die Läufer öfters 400 m laufen. Ein Langsamer muss mehr auf Schnelligkeit, ein Schneller auf Ausdauer bearbeitet werden. Wer Gewicht verlieren soll, muss mehr laufen als die anderen. Wer übertrainiert ist, muss ruhen. Eine Mannschaft muss in der Ruhe- und Vorbereitungszeit und während der lokalen Meisterschaftsspiele so scharf als möglich trainieren. Hat sie dann Erfolge errungen und kommt in Kämpfe von mehr als lokaler Bedeutung, so muss das Training nicht verschärft, sondern erleichtert und umgestellt werden. Sollte eine Mannschaft zu diesem Zeitpunkte nicht „fit“ sein, so nützt ihr alles nichts. Scharfes Training, um das Versäumte nachzuholen, ist dann ein Fehler, und wenn es andererseits am Training gefehlt hat, mangelt eben die Ausdauer. Hier hilft eben nur planmässiges, bewusstes Arbeiten zur rechten Zeit. Im übrigen sei hier **[22]** darauf hingewiesen, dass alles, was allgemein zum Thema „Training“ gehört, einer speziellen Abhandlung bedarf und infolgedessen hier ausgelassen ist.

Zu jedem Lauftraining sollte wohl
ein 400 Meterlauf
einige Starts
und einige Sprints gehören.

In besonderen Fällen - bei Verletzungen oder bei starker Uebermüdung - können nur einige Runden Gehen verlangt werden. Unbedingt ist aber zu fordern, dass die Leute zum Ueben kommen und wenn es nur zur Untersuchung der Verletzung und zur Behandlung ist. Ein wenig Training ist besser als kein Training. Ueberhaupt ist die Dosierung der Prüfstein für einen Sportlehrer. Es ist keine Kunst und verlangt keine Sachkenntnis, einer Mannschaft ein möglichst grosses Uebungspensum aufzugeben. Gewiss, die Leute werden – wenn sie sehr unerfahren sind – müde nach Hause schleichen und vielleicht auch Respekt vor dem Sportlehrer haben, weil er sich so auf Schleifen versteht. Bald kommt aber die Reaktion. Die Leute werden übertrainiert, gleichgültig und bleiben dem Training fern. Unbewusst befolgen sie den Grundsatz: Besser unter- als übertrainiert.

B. Balltechnik.

Die Balltechnik als solche ist in einem speziellen Kapitel abzuhandeln. Sie wird in der Hauptsache beim Training auf dem Platz geübt, gehört also vorwiegend in Sommertraining. Hier soll nur erwähnt werden, inwieweit Balltechnik im Winterbetrieb Gegenstand des Trainings sein kann. Infolgedessen sind die theoretischen Bemerkungen nur Andeutungen, um das Verständnis überhaupt zu ermöglichen, keine Ausführungen.

Zu Ballübungen dürfen natürlich nicht zu viel Leu- **[23]** te gleichzeitig zugelassen werden. Mehr als 25 Mann soll keine Abteilung stark sein. Das ergäbe für Ballübungen 5 Untergruppen a 5 Mann, denn allgemein kann man annehmen, dass auf 1 Mann ein Ball kommen soll. Wo zu wenig Bälle sind, wird der Wert des Übens herabgemindert, da der Einzelne zu wenig an Ball kommt und die Pausen überwiegen. Nur selten werden 25 Leute in einer Halle am Ball trainieren können. Es spricht hierbei auch noch die Grösse der Halle und die Übungsart mit. In der Praxis hat es sich als vorteilhaft erwiesen, an einem Abend 2 Abteilungen einzuteilen. Für jede stehen dann etwa 1 1/2 Stunden zur Verfügung, wenn angenommen wird, dass von 6-9 in der Halle geübt werden kann. Von 6-7 1/2 Uhr übt die erste, von 7 1/2-9 Uhr die zweite Abteilung. Bei der Gymnastik können viele gleichzeitig üben. Um Zeit zu ersparen, kann sie deshalb so gelegt werden, dass die beiden Abteilungen zusammen üben (Gymnastik von 1/4–7 3/4 Uhr). Bei dieser Einteilung hört die erste Abteilung mit Gymnastik auf, während die zweite hiermit beginnt.

In Bezug auf die Arbeit am Ball gilt leider der Satz: Wintertraining ist Hallentraining. Man kann nämlich auf einer dunklen aber schwach erleuchteten Laufbahn wohl laufen, aber zur Ballarbeit gehört helles, klares Licht. Deshalb müssen wir zur Ballarbeit in die Halle gehen. Da der Boden der Halle ebener und glatter ist als das Spielfeld, ist Ballarbeit hier leichter. Mancher, der in der Halle sicher ist, wird auf dem Feld unsicher. Denn hier bekommt der Ball an allen Unebenheiten, Steinchen, Grasbüscheln etc. unerwünschte Effets und Bewegungsänderungen. Ganz abgesehen von den Schwierigkeiten, die erzeugt werden durch Eis, Schnee, Regen, Tauwetter, Wind und Sonne. Nervöse Leute spielen in der Halle und überhaupt beim Üben gut und im Spiel versagen sie. Um also eine sichere, wettspielgemässe Technik zu erlernen, ist das Training auf dem Felde nicht zu entbehren. Auch soll aus naheliegenden **[24]** Gründen das Üben in freier, frischer Luft so lange als möglich ausgedehnt werden. Nur wenn die Jahreszeit und die Lichtverhältnisse es unbedingt verlangen, gehen wir in die Halle. Aber der Wert der Uebung mit dem Ball in der Halle ist deshalb nicht gering zu schätzen. Im Gegenteil das Ueben in der Halle hat in methodischer Hinsicht einige Vorteile.

1) Man hat die Leute auf engem Raum beieinander, und es ist besser Gelegenheit zu theoretischen Erklärungen.

2) Der Ball fliegt nicht weit weg, was im Interesse des intensiven Uebens wesentlich ist.

3) Die Bodenverhältnisse sind in physikalischer Hinsicht ideal, mindestens normal.

4) Man ist von der Witterung unabhängig.

5) Es lassen sich leicht Vorrichtungen treffen, die die Intensität des Uebens steigern lassen. (Schiesswand, Pendel)

6) Da mit Turnschuhen geübt wird, gestaltet sich die Arbeit feiner und gefühlvoller.

7) Im Felde wollen sich die Leute austoben und üben technische Einzelheiten nur ungern. In der Halle, wo sie einsehen, dass man nicht mehr machen kann, freuen sie sich über das Wenige und üben mit grösserem Eifer; denn immerhin ziehen sie das Ballspiel, auch in einer lehrhaften, trockenen Form, der Gymnastik vor. Ich kann aus eigener Erfahrung sagen, dass ich die Leute am Ende des Uebungsabends kaum vom Ball bringen konnte, obwohl sie nicht Schiessen üben konnten oder gar ein Wettspiel auszutragen war.

8) Man kann die Öffentlichkeit leichter ausschliessen. Die Spieler fühlen sich nicht beobachtet und üben auch Dinge, bei denen sie wissen, dass sie keine besonders gute Figur abgeben. Das ist von nicht geringer Bedeutung. Besonders Leute mit starkem Ehrgeiz scheuen es, sich unbeholfen und gewissermassen als Anfänger sehen zu lassen. Lieber wollen sie nichts lernen. Solche Züge sind zwar nicht schön, aber mensch- **[25]** lich.

Wenn man das ganze Gebiet der Balltechnik durchgeht und die Uebungen darauf untersucht, ob sie auch in der Halle gemacht werden können, so kommt man zur Feststellung, dass sich fast alles zum Ueben in der Halle eignet. Voraussetzung ist natürlich, dass der Uebungsleiter üben lassen kann, was er für gut und richtig hält. In Mannheim war es verboten, mit dem Ball z.B. in der Halle zu spielen. Die ältere Generation, sei es in Schulleitung oder Magistrat, ist dem Turnen zu sehr zugetan und hat eine zu grosse Abneigung gegen alles, was Sport heisst, als dass sie auf eine Bevormundung des Uebungsleiters verzichten könnte. Das Hallentraining soll eben ein „Turnen" sein, sonst wird es einfach nicht erlaubt. Begründung: es werden Fenster und Lampen zertrümmert. Zwei Jahre war ich lang verhältnismässig wenig beschränkt, und da wurde im ganzen eine Lampe und eine Fensterscheibe zertrümmert. Auch in dem Schulturnunterricht in meiner Jugend wurde ab und zu eine Scheibe oder Lampe kaputt geschlagen. Das Verbot betreffend Spielen mit dem Ball in der Halle wurde später verschärft. Nicht etwa wegen dieser Beschädigungen, die natürlich sofort repariert wurden, sondern mit irgendeiner fadenscheinigen Begründung, die eben der Animosität gegen das Neue entsprang. Wozu auch mit dem Ball auch noch in der Halle spielen! Ist es doch schlimm genug, dass die Bälle in allen Strassen und Plätzen herumfliegen! So lange die Vereine auf die Gnade irgendeiner rückständigen Instanz angewiesen sind, werden sie es sich immer gefallen lassen müssen, dass in ihren Betrieb von nicht sachverständiger Seite eingegriffen wird. Auch sind sie an eine Hallen- und Hausordnung gebunden, die für ganz andere Verhältnisse aufgestellt wurden. Auch zeitlich sind die Vereine unabhängiger, wenn sie eigene Hallen haben. Ist man auf eine Schulturnhalle angewiesen, so hat man in der Regel weniger Abende zur Verfügung, als wenn man eine eigene Halle hat. In **[26]** der eigenen Halle kann man – weil man Zeit hat – in kleineren Abteilungen üben, was die Ordnung, das Lehren und Lernen erleichtert. Auch kann man eine Badeeinrichtung u.s.w. schaffen. Wenn dann die Halle mit Platz und Klubheim verbunden ist, dann ist es leichter, die Leute zusammenzuhalten, als wenn man in einer Schulturnhalle übt. Ist der Verein gar auf einen Wirtschaftssaal angewiesen, dann kommen noch weitere Schäden hinzu.

Wie schon oben erwähnt, kann fast alles, was zur Balltechnik gehört, in der Halle geübt werden. Als relativ gefährlich für Fenster und Beleuchtung sind nur weite und hohe Stösse des Balls und Faustens desselben anzusehen. Sie sind deshalb verboten. Als Richtlinien für alle Ballarbeit in der Halle wird etwa festgelegt:

1) Jedes hohe und starke Stossen des Balls, sei es mit Fuss, Kopf oder Faust ist untersagt.
2) Wettspiele und wettspielähnliche Uebungen finden in der Halle nicht statt. (Denn wenn die Spieler auch flach am Boden spielen, kommt es beim Angriff oft vor, dass der Ball abprallt, sich klemmt und in die Höhe spritzt).

3) Jedes Ueben mit dem Ball ist nur in Anwesenheit des Uebungsleiters gestattet. (Gewöhnlich verlangt die Turnhallenordnung schon, dass das Betreten der Halle nur unter Führung des Lehrers erlaubt sei.)

Unter Berücksichtigung dieser Einschränkungen gibt es kaum etwas auf dem Gebiet der Ballarbeit, was nicht für die Halle passen würde. (Ich beschränke mich auf eine Aufzählung der verschiedenen technischen Uebungen. Ihre theoretische Seite und Methodik sind anderwärts abzuhandeln.) Man kann mit dem normalen Ball oder mit einem leichten Gummiball üben, oder mit beiden. Die feinere Technik gewinnt man mit dem leichten Gummiball. Wichtig ist es für die geordnete Abwicklung des Hallentrainings, dass die individuelle Arbeit nie in ein **[27]** Chaos ausartet. Jeder Uebende übernimmt mit dem Ball eine gewisse Verantwortung. Wenn man aber Ordnung geschaffen hat, ist das umso höher zu bewerten. Denn schliesslich ist es keine Kunst, eine Anzahl Leute durch strenge Aufstellung und Kommando zusammenzuhalten. Viel schwerer und für die Erziehung wertvoller ist die Selbstdisziplin, die das individuelle Ueben in der Halle verlangt.

Immer und bei jedem Training werden die einzelnen Stossarten speziell geübt. Näheres über ihre Ausführungen enthält das Kapitel „Balltechnik“ einer „Theorie des Fussball“.

1) Riststoss. (Spannstoss)

a) gerader
Riststoss.
b) schräger

In den Turnschuhen ist das Strecken des Rists (Spannes) zu beobachten und zu zeigen. Um Verletzungen des Knöchelgelenks zu vermeiden, habe ich immer empfohlen, bei der Einführung mit schwachen, leichten Stössen zu beginnen. Hier trifft das noch mehr zu, weil der Turnschuh das Gelenk noch weniger schützt als der Fussballstiefel. Aber auch die äusseren Verhältnisse der Halle (Raumgrösse, Fenster und Beleuchtung) verlangen gebieterisch, dass nur leichte Stösse gemacht werden.

Flugbälle, d.h. Bälle, die in der Luft fliegend kommen und direkt weiter gespielt werden, dürfen in der Halle nicht geübt werden, ausgenommen am Fusspendel. Dasselbe gilt für Halbflugbälle. Direktes Abspiel kommt nur bei Bodenbällen vor. Im übrigen werden alle Bälle gestoppt. Bei direktem Abspiel muss besonders darauf geachtet werden, dass nur flach und leicht gespielt wird. Zuwiderhandelnde werden unter die Zuschauer versetzt. Nur so ist Ordnung zu halten.

2) Innenseitstoss.

3) Aussenseitstoss.

4) Spitzenstoss. **[28]**

5) Fersenstoss, Sohlenstoss, Kniestoss (Kunststösse).

Beim Ueben dieser Stösse stehen die Spieler am besten paarweise einander gegenüber. Bei grosser Beteiligung in beschränktem Raum empfiehlt sich die Aufstellung im Vieleck oder Kreis mit der Front nach innen.

6) Laufen mit dem Ball.

Zuerst wird gerade gelaufen und die Halle etwa der Länge nach durchmessen. Es ist darauf zu achten, dass der Ball bei jedem Schritt gespielt wird. Der Oberkörper soll möglichst dem Balle vorauseilen. Das Spielen des Balles erfolgt entweder mit der Innen- oder der Aussenseite des Fusses. Balltreiben mit Spitzenstoss ist schlecht. Zuerst ist Wert darauf zu legen, den Ball dicht am Körper zu führen, Schnelligkeit kommt erst in zweiter Linie. Mit der Zeit wird das Tempo beschleunigt. Dann folgt das Laufen in Kurven. Zu diesem Zweck kann man 6 Keulen im Vieleck aufstellen und der Spieler treibt den Ball aussen herum. Läuft der Spieler im Sinne des Uhrzeigers, so muss er den Ball entweder mit der Innenseite des linken Fusses oder der Aussenseite des rechten Fusses spielen; beim Lauf im anderen Sinne entsprechend umgekehrt. Der Spieler erkennt dabei die allgemeine Regel: Aussenseite des rechten Fusses und Innenseite des linken Fusses bewirken etwa dasselbe in Bezug auf Richtung und Drehung. Es kann also z.B. die Aufgabe gestellt werden: jeder Spieler läuft im Sinne des Uhrzeigers herum, der Ball wird nur mit der Innenseite des linken Fusses gespielt.

Dann erfolgt dieselbe Aufgabe mit der Pflicht, den Ball mit der Aussenseite des rechten Fusses zu spielen u.s.w.

Um Drehen und Wenden zu üben und die genaue Kontrolle des Balles zu steigern, kann man die Keulen in etwa 2 m Abstand in einer Linie aufstellen. Der Spieler erhält die Aufgabe, in Achterbahnen um die Keulen herumzulaufen. Das ist eine vorzügliche Vorübung für das Umspielen des Gegners. Natürlich ist das Umspielen des Gegners ungleich schwerer, weil **[29]** er sich nicht so passiv verhält wie die Keule. Auch hierbei kann eine Vorschrift gegeben werden, auf welche Weise der Ball zu führen ist.

7) Zuspiel (Passen).

Das Passen wird zweckmässig erst im Stehen geübt. Die Spieler stehen sich paarweise gegenüber und spielen sich den Ball mit leichten Stössen mit der Innen- oder Aussenseite des Fusses zu. Anfangs wird der Ball regelmässig zuerst gestoppt. Allmählich kann dann zum direkten Zuspiel fortgeschritten werden. Dann erfolgt die Aufstellung im Vieleck. Hierbei kommt als neue Schwierigkeit das Einnehmen der richtigen Front hinzu. Es muss nämlich der Spieler beim Stoppen oder Aufnehmen des Balles neue Front einnehmen. Es ist ein technischer Fehler, wenn der Spieler den Ball mit der falschen Front spielt oder wenn er beim Drehen des Körpers den Ball spielt. Die Folge ist in der Regel ein unreiner und schlechtgezielter Stoss.

Wenn das Zuspiel im Stehen mit Sicherheit beherrscht wird, erfolgt es in der Bewegung. Hier erfolgt zuerst paarweises Laufen mit Zuschieben des Balles im Zickzack. Zuerst mit Stoppen und dann auch mit direktem Abspiel. Bei Zickzackspiel wird als Vorschrift gegeben, dass der Spieler, der auf der linken Seite läuft, den Ball mit dem linken Fuss (Innenseite) und der Spieler auf der rechten Seite mit dem rechten Fuss (Innenseite), also jeder Spieler den Ball mit der Innenseite des äusseren Fusses, spielt. Dann erfolgt Zickzackspielen, wobei das Zuspiel mit der Aussenseite des inneren Fusses erfolgt.

8) Umspielen des Gegners. (Dribbeln)

Dabei operiert der Spieler mit einem wirklichen Gegner. Er soll lernen gerade zu dribbeln und durch Täuschen mit dem Oberkörper den Gegner aus dem Weg zu locken. Im Bogen um den Gegner herumzulaufen ist taktisch falsch, weil der auf der inneren Linie operierende Gegner im Vorteil ist und immer **[30]** wieder den Weg in der Richtung auf das Tor verlegen kann. Hier kann der Spieler auch lernen, wie man den Ball unter Druck des Gegners führt, nämlich mit dem Bein der dem Gegner abgewendeten Körperseite. Auch wie man den Körper benutzen kann, um den Gegner vom Ball wegzuhalten.

9) Einzelarbeit mit dem Ball. (Jonglieren mit Ball, Balltüpfeln).

Darunter verstehe ich – unter Anlehnung an Dr. Schwarz[7] – das Aufheben des Balles vom Boden mit dem Fuss und dann das Spielen des Balles mit leichten Riststössen, ohne dass der Ball wieder auf den Boden kommt. Der Stoss muss genau senkrecht von unten nach oben geführt werden. Der Spann ist getreckt. Die Uebung erfordert viel Gefühl und Körperbeherrschung. Durch Uebung kann man dazu kommen, den Ball 50- und mehrmals zu spielen, ohne dass er auf den Boden kommt. Innenseit-, Aussenseit-, Knie-, Fersen- und Kopfstösse können in eine solche Serie eingefügt werden.

10) Uebung am Fusspendel.

Für Flugbälle und zur Erlernung einer reinen Stosstechnik kann man ein Pendel (Fusspendel) verwenden. Dabei wird der Ball an einer kräftigen Schnur an der Decke aufgehängt. Die Aufhängevorrichtung muss so gefertigt sein, dass man den Ball hoch und tief (bis auf den Boden) hängen kann. Für die Einrichtung des Pendels ist nicht viel erforderlich. An der Decke werden 2-3 Ringe und an der Wand ein Ring notwendig. Durch die läuft die Schnur. Sie muss stark sein (Gardinenschnur). Das eine Ende der Schnur wird an der Wand befestigt, am anderen ist der Ball aufgehängt. Die Ringe sollen glatt sein, damit die Schnur gut läuft und nicht so stark abgenützt wird. Zum Durchziehen derselben durch die Ringe an der Decke braucht man eine Leiter, am besten eine Tapezierleiter. Die Länge der Schnur von der Decke bis zum Ball – also die Pendellänge – darf nicht zu lang und nicht zu kurz sein. In einem Fall schwingt der Ball zu langsam, im anderen zu schnell. **[31]** Eine gute Länge vom Deckenring bis zum Boden ist etwa 5-6 m. Bei den Uebungen am Fusspendel

---

7 SCHWARZ, A. M., *Wie trainiere ich Fussball*? Wien 1919.

wird natürlich auch nicht mit voller Kraft gespielt. Es kommt in der Hauptsache darauf an, die richtige Technik zu lernen. Der Schwung des Balles am Pendel verrät sofort jeden Fehler im Stoss. Alle Stossarten können hier geübt werden. Natürlich wird immer wieder kontrolliert und verbessert. Ein Mann kann nach vorhergehender Belehrung ganz allein üben. Beim Fusspendel wird der Ball zuerst so aufgehängt, dass er den Boden noch berührt. Dann können alle Höhen verwendet werden bis etwa zur Schulterhöhe. Das Pendel findet auch beim Platztraining Verwendung.

11) Uebungen an der Schiesswand.

Zur Erlangung eines reinen Stosses kann man auch eine senkrechte Wand verwenden. Die Turnhallenwand ist nicht immer geeignet. Es sollte eine besondere Vorrichtung getroffen werden, indem an irgendeiner passenden Stelle die Wand mit glatten, starken Brettern oder mit Kacheln oder Platten verkleidet wird. Es genügt, damit bis zur Höhe von etwa 2 1/2 Metern zu gehen. Auch an der Schiesswand wird nur leicht gearbeitet. Der Ball kann von dem Spieler in den verschiedensten Winkeln zur Wand gespielt werden. Er kommt immer wieder. Hier kann Stoppen, direktes Abspiel, Aufnehmen des Balls, Schiessen u.s.w. sehr gut geübt werden. Auch hier übt der Spieler für sich allein. Die Schiesswand eignet sich besonders gut zur Ausfeilung der Technik, weil in verhältnismässig kurzer Zeit sehr viel geübt werden kann. Hier kann der Spieler sich selbst gut beobachten und kontrollieren. Wenn der Ball senkrecht zur Wand gespielt wird, so prallt er auch senkrecht wieder zurück, vorausgesetzt, dass er keine Drehung beim Stoss mitbekommen hat. Trifft der Ball unter einem schiefen Winkel auf die Wand, dann springt er in demselben Winkel nach der anderen Seite. Erhält der Ball beim Stoss eine Drehung (Effet), so wird der Winkel wesentlich geändert. Die Schiesswand eignet sich beson- **[32]** ders gut dazu, den Stoss darauf zu untersuchen, ob unbeabsichtigt eine Drehung mitgegeben wurde. Ein Hauptsatz der Stosstechnik heisst: Der zentrische Stoss ist ökonomischer und genauer, daher ist er die Regel. Der Effetstoss ist komplizierter und unsicherer und daher mit Mass zu benutzen. Ganz zu vermeiden ist er nie. Das Ziel der Schulung in der Stosstechnik ist es, den Zögling dahin zu bringen, den reinen und den Effetstoss zu beherrschen. Möglichst wenig unabsichtliche Effetstösse.

Auch das Aufnehmen des Balles und die Zickzackkombination können an der Schiesswand sehr gut erlernt werden. Bei der Kombination vertritt die Wand den Partner. Auch halbhohes Spiel, direktes Abspiel aus der Luft und flach am Boden kann bis zur Vollendung ausgebildet werden. An der Schiesswand kann auch der Torwächter Fangen üben, indem er sich den Ball gegen die Wand wirft und den Zurückpraller fängt. Auch Fausten, Ueberlenken u.s.w. kann hier systematisch gelernt werden. Pendel und Schiesswand sind wertvoll für das Ueben eines Einzelnen.

12) Ballstoppen.

Es kann sehr gut in der Halle geübt werden. Zur Erklärung und Demonstration nimmt man am besten die ganze Abteilung zusammen. Man gibt die theoretische Erklärung und macht es vor. Dann lässt man einige Leute nachüben, und korrigiert die Fehler. Dann löst sich die Abteilung in Unterabteilungen auf, die dann weiter üben. Am Anfang kann sich jeder den Ball selbst werfen; später wirft man ihn sich gegenseitig zu. Nicht zu weit stehen! Sonst wird ungenau geworfen, und es geht viel Zeit verloren.

13) Kopfspiel.

Bis zur Kopfhöhe wird der Ball am Fusspendel in allen Höhen aufgehängt. Beim Kopfpendel beginnt man etwa mit Augenhöhe. Dann kommt Reichhöhe und dann noch etwas über Reichhöhe. Zu den Uebungen, die in die Kopfstosstechnik ein- **[33]** führen sollen, wird der Ball in Augenhöhe aufgehängt. Der Spieler stellt sich in leichter Grätschstellung so vor den Ball, dass er ihn mit der Stirne berührt. Dann beugt er den Körper im Kreuz zurück, gleichzeitig auch den Kopf im Nacken etwas zurücknehmend. Dann folgt ein schnelles Rumpfwerfen nach vorn. Daran schliesst sich am Ende der Rumpfbewegung ein kurzer, energischer Schlag aus dem Genick und der Kopf saust mit der Stirne gegen den Ball, denselben aus seiner Ruhelage stossend. Während der Ball den Pendelschwung ausführt, folgt der Spieler dem Ball mit den Augen. Dann beugt sich der Oberkörper wieder wie vorhin beschrieben wurde zurück und im Augenblick des Durchgangs des Balles durch die senkrechte Lage erfolgt ein neuer Stoss. Dies kann nun beliebig oft wiederholt werden. Es ist darauf zu achten:

dass der Spieler die Augen offen hält;
dass er den Ball mit der ebenen Fläche der Stirne – nicht etwa mit der Stirnkante oder der Nase oder dem Scheitel – stösst;
dass das Werfen des Kopfes in der senkrechten Ebene, die auch die Schwingungsebene des Pendels ist, erfolgt; dass der Kopf nach dem Stosse nicht weiter baumelt, sondern von Nackenmuskulatur gehalten wird;
dass der Stoss schnell und energisch erfolgt;
dass der Körperschwung und der Stoss aus dem Nacken so ineinander übergehen, dass auch der Schwung des Körpers ausgenutzt wird;
dass der Ball in der Mitte oder über der Mitte getroffen werden muss (wenn er unter der Mitte getroffen wird, zeigt sich das in einem unregelmässigen Schwingen des Balls an der Pendelschnur).

Anfänglich kann dazu „Hüfte fest“ genommen werden. Später lässt man dem Armspiel freien Raum und wirkt allmählich darauf hin, dass sich die Oberarme in Schulterhöhe heben bei nach **[34]** einwärts gewinkeltem Unterarm.

Zuerst wird der Ball immer in derselben Ebene senkrecht zur eigenen Schulterebene gestossen, also immer nach vorn. Später kann man, wenn die Stosstechnik an sich gut geworden ist, zu schwereren Uebungen fortschreiten.

1) Der Ball wird nach vorn gestossen; der von vorn kommende Ball wird, unter Beibehaltung der alten Grätschstellung, durch Drehen des Körpers in der Hüfte, mit der Stirne im rechten Winkel nach rechts gestossen. Der nun von rechts kommende Ball wird wieder mit der Stirne nach vorn dirigiert u.s.w.

2) Dasselbe von links.

3) Der Ball wird nach rechts gestossen. Der von rechts kommende Ball wird nach links schräg vorn gelenkt. Der zurückpendelnde Ball wird wieder nach rechts gestossen. Immer Stirnstösse.

4) Der Ball wird nach vorn gestossen. Der von vorn kommende Ball wird unter Abbeugen des Körpers nach vorn mit dem Hinterhaupt gespielt.

5) Stossübungen mit der Kopfseite rechts und links in den verschiedensten Abänderungen.

Der Ball wird nun etwa in Reichhöhe – eher eine Handbreit niedriger – gehängt. Dem Kopfstoss muss nun ein Sprung aus dem Stand vorhergehen. Mit kurzem Federn im Knie und Fussgelenk wird der Körper in die Höhe geschnellt, die Beine sind geschlossen, die Fusspitze gestreckt. Die Arme unterstützen die Sprungkraft der Beine durch einen Sprung. Wenn der Körper im Kulminationspunkt schwebt, erfolgt der Schlag aus Körper und Genick, wie er im Stand schon vorgeübt ist. Wenn der Ball im Pendelschwung wiederkommt, erfolgt ein neuer Sprung und Stoss u.s.w. Wesentlich ist, dass der Sprung gewissermassen unbekümmert um den Ball steil ausgeführt wird und dass als zweites Tempo der Stoss folgt. Also nicht schräg von vorn zum Ball springen. Es muss deutlich zu unterscheiden sein **[35]** zwischen Sprung und Stoss. Der gewöhnlichste Fehler ist, dass zu spät gesprungen wird. Die Folge ist dann, dass der Ball noch im aufsteigenden Teil des Sprungs getroffen wird. Das gibt aber keinen gezielten Stoss. Meist wird der Ball nicht hoch genug getroffen. Je höher der Ball getroffen wird, umso flacher fliegt er. Also hoch springen! Wer über gute Sprungkraft verfügt, kann früh springen. Er schwebt, wenn der Ball kommt im Kulminationspunkt seiner Sprungbahn und hat nun Zeit zum Zielen und Placieren des Balles. Auf die Armhaltung ist ebenfalls wieder zu achten. Sie ist dieselbe wie bei den Uebungen im Stand. Der Körper ist beim Sprung zum Kopfstoss von der Zehe bis zum Scheitel straff gespannt.

Wenn der einfache Stoss aus dem Standsprung einigermassen sitzt, folgen die Variationen, wie wir sie beim Kopfspiel aus dem Stand vorgenommen haben, auch aus dem Standsprung. Zuletzt wird der Ball reichhoch oder etwas über reichhoch gehängt. Es folgt dann das Stossen aus dem Anlaufsprung. Das Sprungbein schnellt den Körper hoch. Das andere Bein wird hochgezogen, die Arme arbeiten mit. Hier ist besonders wichtig den richtigen Augenblick des Anlaufs und Sprungs zu erfassen. Auch ist es von ausschlaggebender Bedeutung, am rechten Ort in die Höhe zu springen. Hier kommt eben noch als Drittes hinzu, den Punkt vorauszusehen, wo der Ball erreichbar ist. Das ist im Kampf die Hauptsache. Auch hier muss sich der Stoss deutlich vom Sprung absetzen. Die Beinarbeit ist ein Schrittsprung, d.h. ein Sprung, bei dem das eine Bein den Körper hochschnellt, das andere den fallenden Körper wieder auffängt. Wie bei den vorhergehenden Uebungen ist auf korrekte Ausführung des Stosses, der Körper- und Armarbeit zu achten. Es schliessen sich die verschiedenen Abänderungen im Bezug auf die Richtung des Balles wieder an.

Der nächste Schritt wäre die Loslösung vom Pendel und freies Kopfspiel. Auch hier beginnt man mit Uebungen im **[36]** Stand, damit die Körperarbeit ausgeprägter wird.

1) Man wirft sich gegenseitig den Ball zuerst zu und stösst ihn mit dem Kopf zurück. (Natürlich erfordert dies Disziplin der Leute, die immer sich bewusst sein müssen, dass sie in der Halle sind, wo Fenster, Lampen, Bilder u.s.w. leicht beschädigt werden können. Also keine wilden Stösse mit voller Kraft. Nur Ueben auf Technik.)

2) Zwei Spieler köpfen sich den Ball gegenseitig zu. Das bringt eine neue Schwierigkeit mit sich: Abmessung der Entfernung, abgepassten und genau placierten Stoss. Auch muss man kurz und schnell entschlossen sein, denn der verfehlte Ball kommt nicht wieder wie am Pendel.

3) Drei Spieler üben zusammen. Hier kommt noch das Drehen und Dirigieren des Balles nach der Seite hinzu. Ausserdem dürfen sich die Spieler gegenseitig nicht stören. Es muss sich einer nach dem anderen richten. Steht der Nachbar besser zum Ball, muss man ihm den Ball lassen und sich selbst so stellen, dass ein gutes Zuspiel möglich ist, und der Ball gut aufgenommen und weiter gegeben werden kann.

4) Eine beliebige Zahl Spieler, natürlich nur soweit es die Raumverhältnisse erlauben, üben zusammen. Hier kommen nun alle Möglichkeiten zur Geltung: Standstoss, Standsprung mit Stoss, Anlaufsprung mit Stoss, Stoss mit der Kopfseite, mit dem Hinterhaupt u.s.w.

5) Zuletzt käme das Ueben des Einzelnen, der – bei rückgebeugtem Kopf – den Ball möglichst oft mit der Stirne senkrecht in die Höhe stossen soll, ohne ihn auf den Boden zu lassen. Es entspricht das dem Jonglieren mit dem Ball bei der Fusstechnik. Dabei kann der Stoss aus dem Stand, dem Standsprung und dem Sprungschritt verwendet werden. Diese Einzelübung kann noch so abgeändert werden, dass nach einer bestimmten Anzahl von Einzelstössen der Ball an einen anderen weiter gegeben wird.

Ich behandle beim Wintertraining das Kopfspiel aus- **[37]** führlicher als die anderen Gebiete der Balltechnik. Das hat seinen Grund darin, dass man mit der Einführung in die Kopftechnik sehr gut in der Halle beginnen kann und dass auch das Kopfspiel im Hallentraining einen grossen Raum einnehmen kann. Wohl das beste, was ich über Kopfspiel gelesen habe, schreibt L.V. Lodge[8], Verteidiger des Corinthian Fussball-Clubs in den Jahren vor 1900. Er führt aus: „Wie beim Fussstoss, so ist auch beim Kopfstoss Gleichgewicht und Erfassen des richtigen Augenblicks das Geheimnis des Erfolges. Das Gleichgewicht hängt meist ganz von den Armen ab, die im Augenblick des Stosses waagerecht in Schulterhöhe ausgestreckt sind, die Unterarme einwärts genommen. Der Spieler muss springen, um den Ball zu treffen und dabei von den Zehen bis zum Kopf den Körper spannen, den Ball mit der Stirne empfangen, die Augen niemals wegnehmen. Es ist ein sehr häufiger Fehler junger Spieler, die Augen in dem Augenblick des Kopfstosses zu schliessen. Das ist der Grund für das Verfehlen des rechten Augenblicks. Ein wirklich erstklassiger Kopfspieler kann durch eine geschickte Bewegung mit dem Rücken, welche ihn befähigt, den Kopf gewissermassen an den Ball zu werfen, bei straffem Körper den Ball auf eine erstaunliche Entfernung stossen. Mit der Seite und dem Hinterkopf zu stossen, ist selten nötig. Wer den Stirnstoss gemeistert hat, wird bei diesen Abarten wenig Schwierigkeiten finden."

Noch einige Bemerkungen zum Kopfspiel: Bälle, die mit den Beinen nicht mehr erreichbar sind, können in vielen Fällen im Hochspringen mit dem Kopf gespielt werden. Kopfspiel ist aber nur als Ersatz, als Notbehelf zu betrachten. Wenn trotzdem in erstklassigen Spielen sehr viel mit dem Kopf gespielt wird, so kommt das daher, dass ein

[8] LODGE, Lewis Vaughan (1872 – 1916).

Spieler bei einem hohen Ball nur selten warten kann, bis er auf den Boden kommt. Dazu ist die Deckung durch den Gegner zu scharf. Wenn aber die Möglichkeit besteht, den Ball am Boden zu stoppen, so ist das vorzuziehen. Diese Möglichkeit besteht allerdings nur, wenn kein Gegner **[38]** direkt bedrängt, oder wenn man den Gegner vorher getäuscht hat. Es verrät geringe Erfahrung, wenn ein Spieler den Ball mit dem Fuss spielen will, während der Gegner denselben in der Höhe mit dem Kopf wegstösst.

Der Stirnstoss eignet sich vortrefflich zum kurzen und zum weiten Pass; ebenso auch zum Schuss.

Wer zuletzt springt, ist im Nachteil, weil er bei der Berührung mit dem Gegner, der schon oben ist, an Auftrieb verliert, und wenn er im Augenblick des Absprungs einen leichten Stoss bekommt, springt er fehl. Wer zuerst springt, schwebt in der Luft, wenn die anderen nachspringen. Stösse der anderen erschüttern ihn weniger. Wer zu früh springt, ist im entscheidenden Augenblick schon im Absteigen, verfehlt also den Ball, zumindest kann er keine Kraft in den Stoss hineinlegen.

In taktischer Beziehung ist von besonderer Bedeutung der befreiende Kopfstoss des Verteidigers. Er ist besonders angebracht, wenn der Ball sehr steil kommt, ein direkter Stoss daher schwer ist, ein „Kiste“ oder gar ein Fehlstoss aber gefährlich werden könnte.

Damit wäre das Gebiet der Ballbehandlung oder Balltechnik, soweit es im Wintertraining zur Anwendung gelangen kann, erledigt. Ich möchte nicht versäumen, darauf hinzuweisen, dass nach Möglichkeit im Winter freie Sonntage, Feiertage oder auch Samstag-Nachmittage zum Ueben mit dem Ball auf dem Platz benutzt werden können und sollen. Selbst am Samstag vor dem Spiel kann mit Vorsicht Ballarbeit auf dem Platz geübt werden. Oft hat das noch den besonderen Vorteil, dass sich die Spieler mit der Beschaffenheit des Platzes für den folgenden Tag vertraut machen und sich in Bezug auf das Schuhwerk entsprechend vorbereiten können. Natürlich darf dieses Ueben am Tage vor dem Spiel nicht zu lang ausgedehnt werden. Das richtige Mass einzuhalten, ist Sache des Sportlehrers oder Übungsleiters. **[39]**

C. Taktische Uebungen.

Die taktischen Uebungen gehören vorzugsweise aufs Spielfeld. Aber immerhin bietet auch die Halle die Möglichkeit, den Einzelnen und auch Gruppen von Spielern taktisch zu schulen.

Technik umfasst mehr die körperliche Seite des Spiels wie Laufen, Spielen des Balls, Rempeln u.s.w. Die mehr geistigen Tätigkeiten wie Angreifen, Freistellen, Decken, Einleiten eines Angriffs, das Schema der Zusammenarbeit u.s.w. sind dem Gebiet der Taktik zuzurechnen. Es sei hier aber nicht unterlassen, darauf hinzuweisen, dass Technik und Taktik sich nicht streng trennen lassen, sondern zahlreiche Nähte besitzen, wo es sehr schwer zu sagen ist, wo die Technik aufhört und die Taktik anfängt. Fast jede Handlung im Spiel kann von verschiedenen Gesichtspunkten aus betrachtet werden. Nehmen wir z.B. das Dribbeln. Es ist ein Laufen mit dem Ball mit gleichzeitigem Umspielen eines oder mehrerer Gegner. Lediglich so betrachtet gehört es in das Gebiet der Technik. Hat aber der Spieler – und jeder Denkende muss sie haben – die Absicht irgendeinen Gegner auf sich und damit aus seiner Position zu ziehen, so ist das taktisch zu werten. Nun noch eine kurze Bemerkung über Technik und Taktik in ihrem Verhältnis zu einander. Die Taktik ist der Technik übergeordnet. Die Technik ist gleichsam ein Werkzeug der Taktik. Welches technische Mittel in einer bestimmten Kampflage einzusetzen ist, das entscheidet die Taktik.

Der taktische Unterricht in der Halle muss auf manches verzichten, was man auf dem Uebungsfeld vornehmen kann. Das Uebungsspiel, der Flügelwechsel, Strafstösse, Eckstösse, Torabstösse mit ihrem taktischen Zubehör haben keinen Platz im Hallentraining, denn dazu ist der Raum zu klein. In diesen Dingen muss man sich im Winter auf theoretischen Unterricht und die wenigen Uebungstage auf dem Platz beschränken. Es kann aber **[40]** in der Halle sehr gut geübt werden:

1) Enge Kombinationen in den verschiedensten Abarten.
2) Angreifen.

3) Decken.
4) Freistellen.
5) Taktische Einzelheiten.

Kombination. Bei der Kombination ist eine gewisse Technik als Grundlage unbedingt nötig, sonst gelingen die Züge nur mangelhaft. Grundlegend ist, dass alles im Lauf geschieht. Zur Einführung kann die Uebung zwar im Stand probiert werden oder es kann das, was eigentlich gleichzeitig ablaufen soll, nacheinander gemacht werden, um Absicht und Zweck klarer herauszuarbeiten. Später erfolgt dann die Uebung im langsamen Lauf. Wenn dann die nötige Technik und das erforderliche Verständnis vorhanden sind, dann muss auf Schnelligkeit und Präzision geachtet werden. Bei den Kombinationsübungen sind möglichst wenig Leute zu verwenden. Anfangs arbeitet man ohne, später mit Gegner. Wenn alle Leute in kleinen Gruppen geübt haben, dann werden grössere Gruppen formiert, soweit es der Raum zulässt. Zum Uebungsspiel kann man allerdings in der Halle nicht fortschreiten.

Die wichtigsten Schemen der Kombination sind in den folgenden 5 Beispielen in Figur und Text erläutert. Die ausgezogenen Linien deuten den Weg des Balls an. Die punktierten Linien markieren den Weg, den die Spieler machen. + und o sind Zeichen für die verschiedenen Parteien.

Fig. 1: Zickzackspiel.

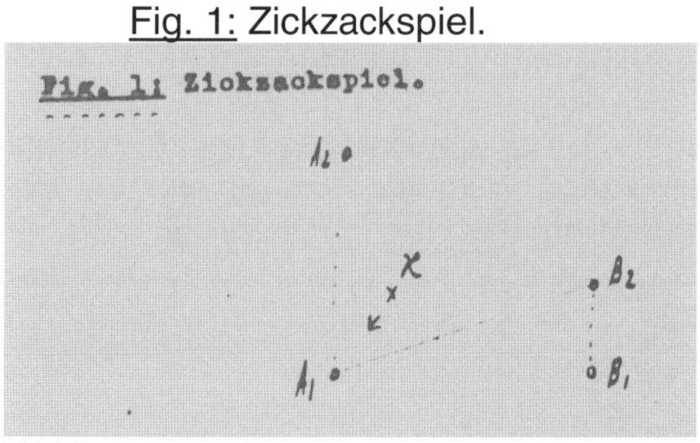

[41]

A. hat den Ball in Stellung; X. greift ihn an. A. spielt den Ball schräg nach rechts vorn. B. läuft aus Stellung 1 nach 2, spielt den Ball direkt nach links vorn, wo ihn A. in Pos. 2 empfängt. Der Ball macht, um X. zu umgehen, eine Zickzackbahn.

Fig. 2: Quer = mit folgendem Steilpass.

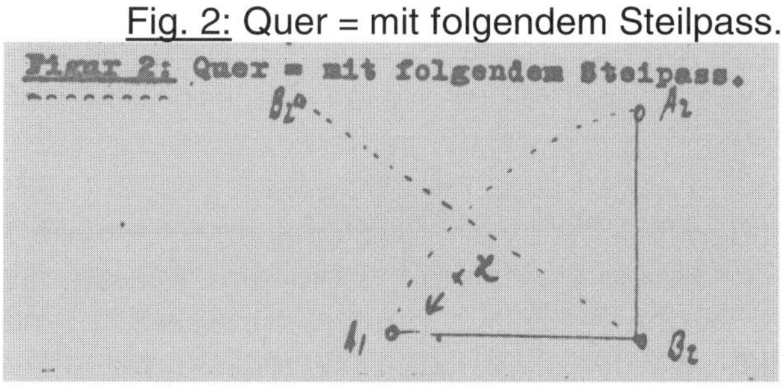

A. spielt den Ball mit einem Querpass zu B. Dieser spielt den Ball steil nach vorn. A. läuft von 1 nach 2. X. ist überspielt. B. läuft von 1 nach 2. Die Spieler haben so ihre Positionen getauscht.

Fig. 3: Steil = mit folgendem Querpass.

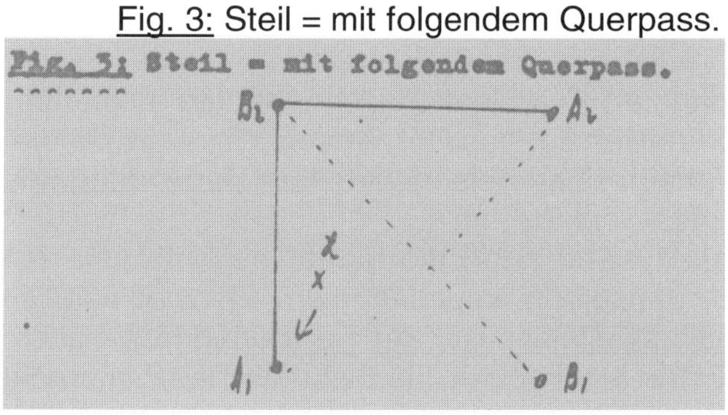

A. spielt den Ball steil nach vorn. B. läuft um X. herum von 1 nach 2. A. läuft ebenfalls von 1 nach 2 und empfängt den Ball durch einen Querpass von B. Auch haben die Spieler die Stellung gewechselt.

Fig. 4: Steilpassfolgen.

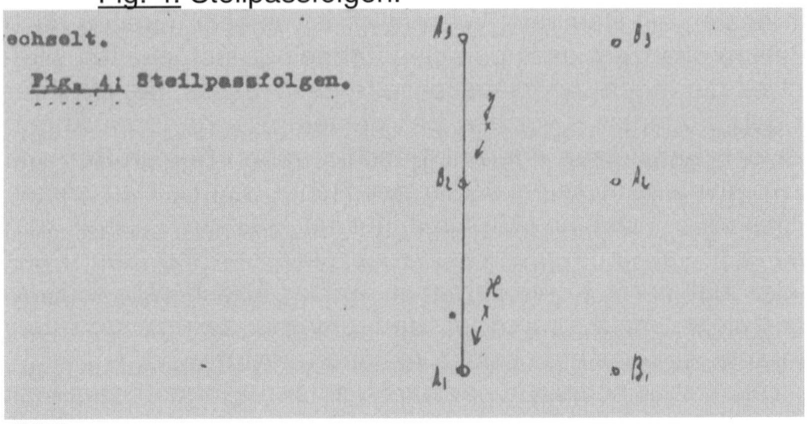

[42]
A. spielt den Ball steil nach vorn. B. läuft nach 2, A. ebenfalls von 1 nach 2. B. – von X. angegriffen – gibt nun wieder einen Steilpass. A. läuft von 2 nach 3, B. ebenfalls. Nun kann ein Schuss, eine Flanke, Zickzackkombination oder dergleichen sich anschliessen.

Fig. 5: Dreieckspiel.

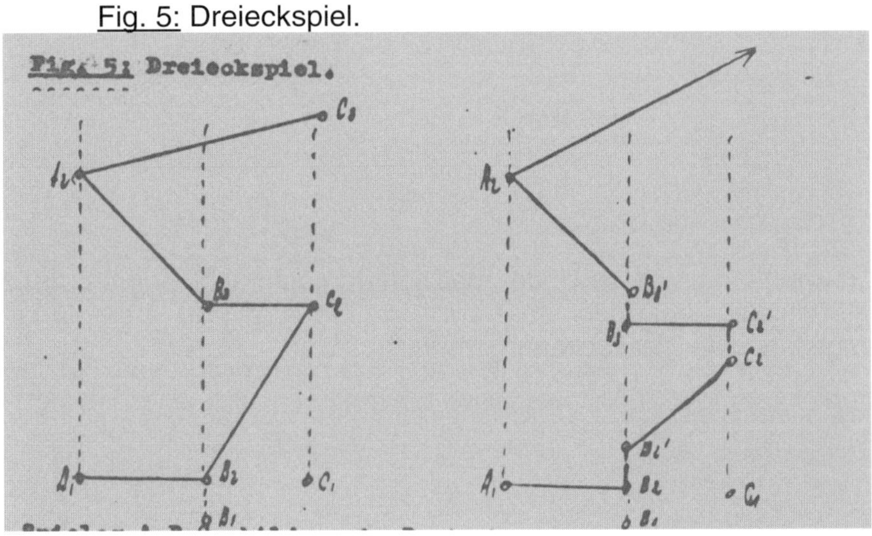

Drei Spieler A, B, C, bilden ein Dreieck. A spielt den Ball mit einem Querpass zu B, der von 1 nach 2 läuft. B gibt eine Steilvorlage zu C, der den Ball in 2 aufnimmt. C gibt einen Querpass zu B, der den Ball in 3 aufnimmt. B passt steil zu A, der den Ball in 2 aufnimmt. Anschließend können andere Kombinationszüge verwendet werden. Bei der Dreieckskombination bewegen sich die Spieler in etwa gleichbleibendem Abstand, in jeder Phase ein Dreieck bildend. Es ist dabei möglich, dass die einzelnen Spieler den Ball direkt weiter spielen oder einige Schritte mit ihm laufen, um den Gegner heranzuziehen. (Fig. 5a zeigt direktes Abspiel, 5b das Abspiel nach Laufen mit dem Ball). Alle 3 Spieler bewegen sich auf je einer Geraden. Die 3 Bahnen sind parallel. Die Wege B2-B2!, C2-C2!, B3-B3! in Fig. 5b werden mit dem Ball zurückgelegt.

Im Spiel gehen natürlich die verschiedensten Kombinationszüge ständig ineinander über und wechseln mit einander ab. Es ist aber notwendig, dass ihr Wesen, die zugrunde lie-
[43] gende Idee und ihre genaue Ausführung im einzelnen gelehrt wird. Ihre Verbindung und gegenseitige Durchdringung bringen das Uebungs- und Wettspiel.

Angreifen. Es sei hier damit die Tätigkeit bezeichnet, die darauf gerichtet ist, den Gegner, der den Ball hat, anzufallen und ihm denselben wegzunehmen. (Es gibt nämlich auch noch ein Angreifen der Mannschaft als ganzes. Beides ist streng auseinanderzuhalten. Ueber diese Dinge wird sich der Lehrer mit der Mannschaft im theoretischen Unterricht auseinandersetzen.) Das Angreifen ist eine Sache der Praxis, und die Erfahrung ist die beste Lehrmeisterin. Strenge, feste Regeln darüber kann man nicht aufstellen. Immerhin kann dem Anfänger eine gewisse Anleitung gegeben werden. Zum Beispiel der Einzelspieler, der gern dribbelt und den Ball lang hält, wird am besten direkt von vorn gepackt. Mit dem Greifen nach dem Ball verbindet man am besten ein Rempeln. Wesentlich ist es beim Greifen nach dem Ball den Fuss so vor den Ball zu pflanzen, dass derselbe unbedingt festgehalten wird. Kommt man von der Seite, so ist es die Innen- oder Aussenseite des Fusses, die mit ihrer grossen Fläche – nicht etwa mit dem Zehenteil – vor den Ball gestemmt wird. Beim Angriff von vorn kann man die Sohle vor den Ball setzen oder mit geschlossenen Beinen Ball und Gegner erwarten. Gegen einen Kombinationsspieler, der in der Regel den Ball an seinen Nebenmann abgibt, greift man mit einer Finte an. Man rechnet mit seinem Zuspiel zum Nebenmann, bewegt sich direkt auf ihn zu, um plötzlich abzubiegen und den Pass abzufangen. Gegen Spieler, die den Ball gut in Kontrolle haben, ist der Angriff sehr schwer. Hier genügt es für den Abwehrspieler meist, wenn er den Gegner zwingt, den Ball abzuspielen oder wenn er ihn bedrängt, so dass er in seinen Aktionen gestört wird.

Decken. Decken ist die Tätigkeit, die darauf gerichtet ist, den Gegner daran zu hindern, den Pass seines Mitspie- **[44]** lers aufzunehmen und zu verwerten. Wer deckt? Jeder Spieler der Partei, die nicht am Ball ist. Wie deckt man? Eine strenge Regel gibt es nicht, aber im allgemeinen kann man sagen, dass der Deckende hinter seinem Gegner steht, so dass er ihn beobachten kann, er selbst aber nicht beobachtet ist. Hinter dem Gegner! Das soll heissen, die Spieler der Ball-Partei müssen sich so drehen, dass sie die Front zum Ball haben. Die deckenden Gegner stehen nun in ihrem Rücken.

Figur:

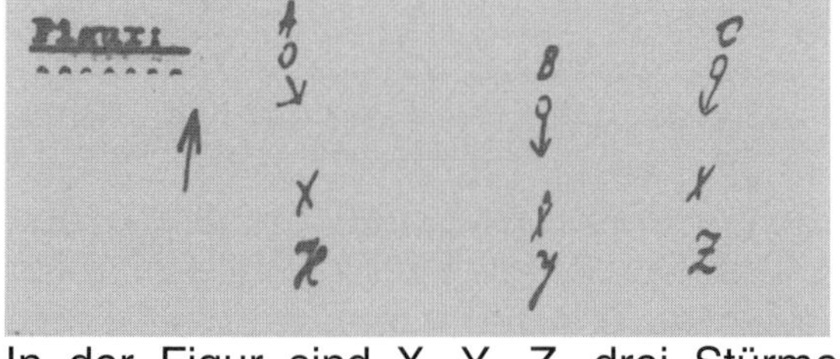

In der Figur sind X, Y, Z, drei Stürmer (Mittelstürmer und linker Flügel). A, B, C sind Deckungsspieler der Gegenpartei. Y hat den Ball. B greift ihn an. C deckt aussen. A placiert sich schräg hinter X, so dass er imstande ist, bei einem Pass von Y zu X im letzten Augenblick unbeachtet vorzurücken und den Ball wegzuschnappen.

Figur:

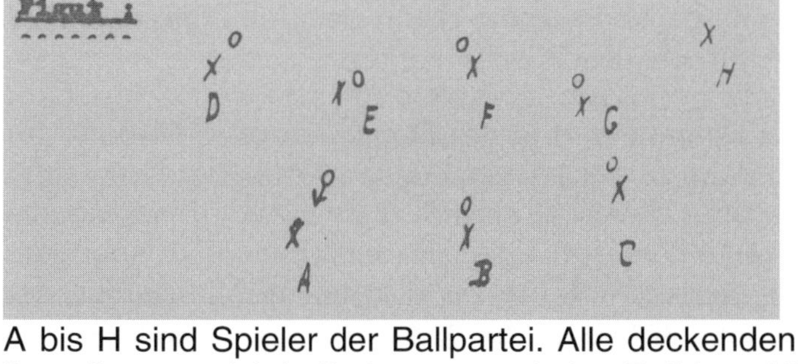

A bis H sind Spieler der Ballpartei. Alle deckenden Gegner stehen so, dass sie im Rücken ihrer Gegner sich befinden, wenn A den Ball hat. Alle Stürmer von D bis H haben ihr Gesicht zu A zurückgewendet, um dem Ball zu folgen. Sie drehen ihren Gegnern den Rücken zu. Die Verteidigung steht gut, denn ihre Gegner müssen, selbst wenn es ihnen gelingt, den Ball aufzunehmen, bei ihrem weiteren Vorgehen die Verteidiger passieren.

Für das Decken ist wesentlich, dass man nahe ge- **[45]** nug bei seinem Gegner steht. Wie weit ich mich von dem zu deckenden Gegner entfernen kann, hängt von verschiedenen Umständen ab. Ist ein kurzer Pass zu erwarten, so muss man dicht beim Gegner stehen. Bei weiten Zuspiel kann man dem Gegner mehr Luft lassen.

Es gibt auch Fälle, wo man sich vor den Gegner, den man deckt, placieren kann. Ich verzichte aber darauf, dies hier näher auszuführen.

Freistellen. Die Idee des Freistellens sei hier kurz auseinander gesetzt. Sie verlangt, dass man sich von seinem Gegner loslöst und so in Stellung geht, dass der Mitspieler leicht zuspielen kann. Freistellen könnte man auch definieren: Placieren in dem freien Raum. Es wäre nun die Frage zu beantworten, was ist freier Raum? Diese Fragen gehören in den theoretischen Unterricht. Allerdings muss auch beim Ueben die Theorie oft einfliessen und Klarheit schaffen. Wenn z.B. ein Spieler sich über die theoretische Grundlage des Freistellens nicht klar ist, dann kann er sich nie richtig freistellen. Er kann vielleicht bis zu einem gewissen Grade abgerichtet werden, aber Freistellen verlangt Denkarbeit. Wer stellt sich frei? Jeder Spieler der Partei, die gerade am Ball ist. Wie das im einzelnen zu geschehen hat, kann nur in der Praxis gezeigt werden. Es genügt nicht, sich etwa irgendwo in den freien Raum zu stellen, sondern man muss sich dort aufstellen oder dorthin bewegen, wo es das Interesse der eigenen Partei mit Rücksicht auf den Erfolg verlangt. Freistellen übt man am besten in einem Spiel ein, bei dem drei Spieler gegen einen stehen. Die drei sind die ballbesitzende Partei und der eine ist ihr Gegner. Sie formieren ein Dreieck, das sich ständig mit jedem Zug des Balles verschiebt. Massgebend ist immer der Gegner. **[46]**

Figur:

In Figur A steht C falsch. Er ist durch X gedeckt.

In beiden Figuren deckt X den schattierten Kreisausschnitt. Der Rest der Kreisfläche ist „freier Raum".

Beim Ueben ist Wert darauf zu legen, dass bei dieser einfachen grundlegenden Uebung nicht gedribbelt oder mit dem Ball gelaufen wird. Das Zuspiel erfolgt auf den freien Raum. Sobald in schnellem Lauf der Ball aufgenommen ist, überzeugt man sich mit einem kurzen Blick von der Lage, automatisch erfolgt die körperliche Einstellung zum Stoss und es wird abgespielt. Nun kommt das Wesentliche. Meistens sind die Spieler der Meinung, dass wenn sie den Ball gut abgespielt haben, dass sie dann fertig seien. Nein! Sofort wieder in Stellung laufen. Also der Ruf: Stellung! gilt für jeden und muss bei dieser Uebung sehr oft erschallen. Abspielen und laufen. Durch solches Zurufen geht man, besonders bei trägen Spielern, auf die Nerven. Aber ohne das geht es eben nicht. Wenn der Uebungsleiter nicht mehr Energie als seine Leute hat, wird er nicht erfolgreich sein.

Taktische Einzelheiten, die in der Halle geübt werden können.

a) Einwurf und seine Stellung: Der Einwurf wird in der Regel von dem Flügelläufer ausgeführt. Die Regel verlangt, dass er mit beiden Füssen hinter der Linie steht und den Ball mit beiden Händen über den Kopf einwirft. Zum Einwurf müssen alle Spieler derselben Seite in Wurfweite kommen, also z.B. beim Einwurf des rechten Läufers haben sich freizustellen; der rech- **[47]** te Verteidiger, der Mittelläufer, der Halbrechte, der Rechtsaussen und der Mittelstürmer. Wenn der Halblinke ein vorzüglicher Spieler ist und über genügend Ausdauer verfügt, ist es zweckmässig, dass auch er noch in Wurfweite sich aufstellt. Die Spieler werde natürlich vom Gegner gedeckt. In dem Augenblick, wo der Werfer sich zum Wurfe anschickt, laufen die Spieler aus ihrer Deckung weg, um in der Lage zu sein, den Ball frei vom Gegner aufzunehmen. Es ist vorteilhaft, den Ball nicht immer der Linie entlang zu werfen. Wenn irgend möglich, sollte der Mittelläufer den Ball bekommen. Er kann dann entweder beide Flügel oder die Mitte bedienen. Natürlich darf das nicht einseitig werden, sonst wird der Gegner bald das Spiel durchschauen und durchkreuzen. Die Stürmer müssen darauf achten, dass es beim Einwurf kein Abseits gibt. Nur um Zeit zu gewinnen oder den Läufer zu schonen, kann es manchmal vorteilhaft sein, wenn ein anderer Spieler als der Flügelläufer einwirft.

Figur:

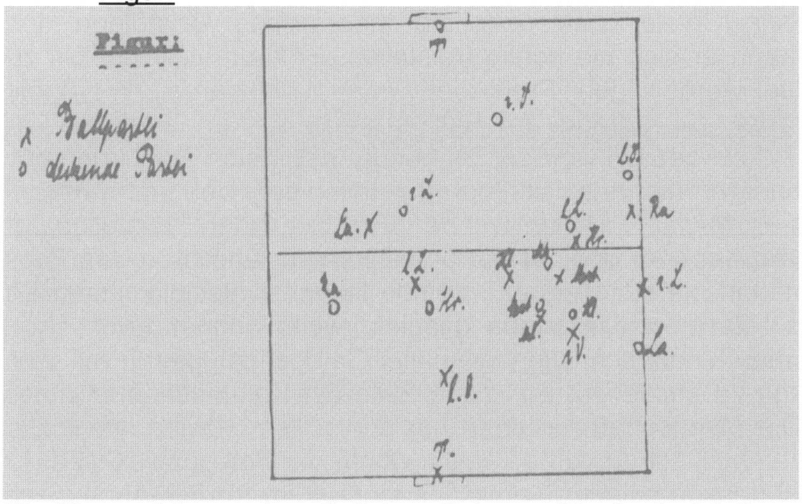

Die Figur gibt uns ein mögliches Schema für die Aufstellung einer Mannschaft beim Einwurf durch den rechten Läufer.

b) Freispielen eines Mannes. Der Spieler, der den Ball führt, kann mit Absicht den Ball so lange halten, bis er von einem Gegner angegriffen wird. Der Halbrechte z.B. läuft mit dem Ball. Sein Flügelstürmer ist gedeckt. Er bewegt sich mit **[48]** dem Ball mehr der Mitte zu und zwingt so den gegnerischen Läufer, den Flügelstürmer draussen an der Linie loszulassen. Wenn der Flügelläufer sich zum Angriff nach einwärts bewegt, spielt der Halbrechte den Ball nach aussen. Denselben taktischen Zug kann man natürlich auch in jeder anderen Position und Situation anwenden.

Figur:

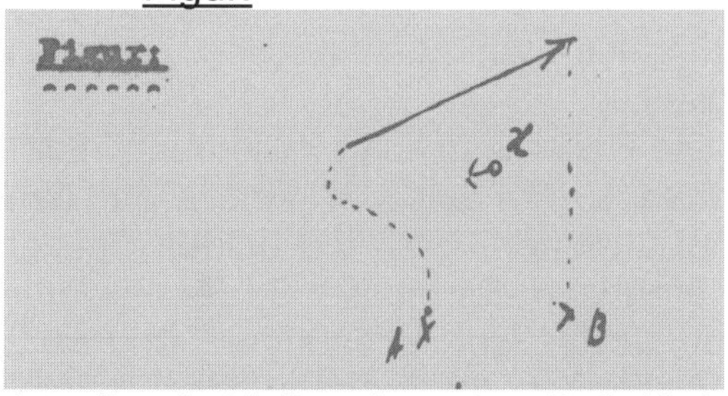

A treibt als Halbrechter den Ball. X deckt den Flügel B. Um X von B abzuziehen, läuft A mit dem Ball mehr nach links. X muss folgen und B loslassen. Jetzt ist der Augenblick für einen Pass hinter X durch zu B.

c) Zuspiel in taktischer Beziehung. Wann ist das Zuspiel in den Fuss, wann auf den freien Raum auszuführen? Das sind zwei sehr wesentliche Dinge. Wenn ein Spieler den Ball führt, und es ist im Augenblick jeder seiner Mitspieler gedeckt, so ist es durch genaues Passen trotzdem möglich, einem seiner Leute zuzuspielen. Dieses Zuspiel muss natürlich direkt an den Fuss erfolgen. Dabei wird erwartet, dass der Spieler, der den Ball bekommt, ihn direkt weiter spielt, sodass sein deckender Gegner keine Möglichkeit des Eingreifens hat. Der Flügelstürmer A z.B. kann nicht zu seinem Flügelstürmer C passen, da er gedeckt ist. Er passt deshalb seinem Halbstürmer B in den Fuss, der den Ball direkt dem Flügel vorlegt. Siehe Figur:

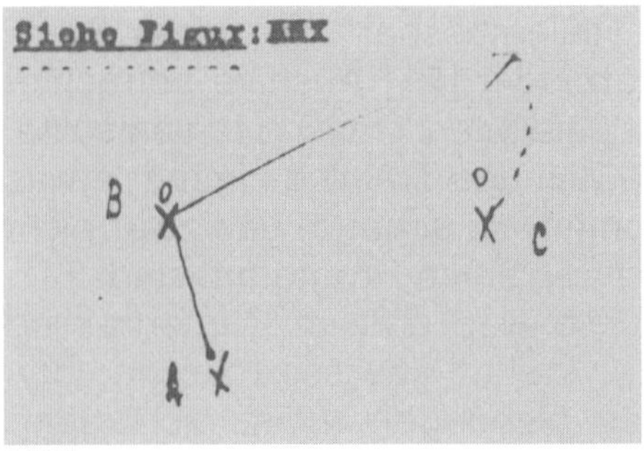

[49]

Dann kann ein Spieler dem anderen in einer ganz bestimmten Absicht in den Fuss spielen. Bei der Zickzackkombination benutzt man z.B. seinen Nebenspieler gleichsam als Reflexionswand. Auf den freien Raum wird meistens gespielt, wenn man möglichst viel Raum gewinnen will, oder wenn man einem schnellen Mitspieler Gelegenheit geben will, sich durch schnellen Lauf der Deckung zu entziehen. Für diese Fälle der Kombination ist gutes Sichverstehen Voraussetzung. Die Mannschaft hat dann nur den vollen Gewinn, wenn der Mitspieler, der den Ball bekommen soll, schon vorher weiss, wohin der Ball gespielt wird. Er startet dann vorher und ist infolgedessen seinem Gegner gegenüber im Vorteil. Auch wenn man Spieler, die sehr schnell, aber in Bezug auf Ballbehandlung nicht gerade hervorragend sind, bedient, verwendet man zweckmässig die Steilvorlage in den freien Raum.

d) Wann ist Zurückspielen am Platz? Steht ein Spieler mit dem Gesicht zum eigenen Tor, so spielt er, wenn er vom Gegner bedrängt wird, den Ball mit Vorteil rückwärts. Der Spieler, zu dem es passt, hat die richtige Front, übersieht die Lange gut und kann direkt, ohne Drehung und frei vom Gegner nach vorn abspielen. Es wäre in vielen Fällen verkehrt, sich unter dem Druck des Gegners mit dem Ball wenden zu wollen. Der Rückwärtspass ist auch dann angebracht, wenn ein Spieler den Ball im Zurücklaufen erreicht und nun vom Gegner bedrängt wird. Ein Rückpass mit anschliessendem Steilpass in den freien Raum spart Kraft und gewinnt Raum. Auch das Tempo braucht dadurch keine Verzögerung zu erleiden. Aber nur wenn es taktisch einen Vorteil bringt, sollte man zurückpassen. Lediglich technisch zu glänzen und zu kombinieren hat keinen Zweck.

e) Zusammenarbeit der Verteidiger und Läufer. Die Rollenverteilung kann auch in der Halle geübt werden. Es greift z.B. der Läufer den Innenstürmer und der Verteidiger den Aussenstürmer an. Oder umgekehrt. Es ist Wert darauf zu legen, dass die beiden Spieler erlernen, sich gegenseitig zu unterstützen und **[50]** zu ergänzen. Es muss z.B. der Läufer – ganz abgesehen vom Schema – auch einmal für den Verteidiger einspringen, und kurz entschlossen übernimmt dann selbstverständlich der Verteidiger die Aufgabe des Läufers. Der Läufer greift an und sperrt, der Verteidiger schlägt den Ball weg.

Auch die Staffelstellung der Verteidiger kann in der Halle gezeigt werden. Ebenso kann klar gemacht werden, wie der vordere Verteidiger den Mittelläufer deckt und wie er seinerseits wieder von dem hinteren Verteidiger gedeckt wird.

f) Die Stellung des Tormanns. Wie sich der Tormann bei den Schüssen aus den verschiedensten Winkeln zu stellen hat, wie weit er und wann herauslaufen muss, kann er auch in der Halle lernen. Im übrigen ist es klar, dass das Spezialtraining des Tormanns auf dem Platz stattfindet. Aber es ist falsch zu glauben, dass es genügt, so und so oft im Tor zu stehen und die Bälle abzuwehren. Der Torhüter muss auch die Theorie des Torspiels kennen und die verschiedensten Möglichkeiten erprobt haben, und diese Theorie kann sehr gut auch in der Halle praktisch veranschaulicht werden.

D. Gymnastik.

Wie schon in der Einleitung erwähnt, wird bei uns – wenn überhaupt – Gymnastik nur im Hallentraining betrieben. Das kommt daher, weil nur den Wenigsten die ungemein wichtige Bedeutung derselben klar ist. Infolgedessen ist die Sachlage meist so, dass man Gymnastik nur treibt, weil man mit der Halle sonst nichts anzufangen weiss. Dass man die Halle aber auch speziell fussballerisch verwerten kann, ist nicht allzuweiten Kreisen bekannt. Der Zweck meiner Zeilen soll nun aber nicht sein, dass die „Fussballer mit Scheuklappen" nun die Gymnastik wieder auf die Seite schieben und „Hallenfussball" an deren Stelle setzen, sondern ich will, dass die Gymnastik nicht als Ersatz oder **[51]** Aushilfe betrachtet wird. Sie hat in sich so grosse Werte, dass sie in keinem gut geleiteten Training fehlen sollte. Da unsere Spieler nur nach Feierabend üben können, ist die Zeit des Trainings immer etwas kurz. Wenn dann im Sommer die Gymnastik etwas kurz kommt, so schadet das zwar nicht allzuviel, sofern sie nicht ganz wegfällt, und Seilspringen und Laufen im Programm sind.

Tritt nun im Sommer die Gymnastik etwas zurück, so wird das im Wintertraining dadurch ausgeglichen, dass sie hier an erster Stelle steht, gewissermassen den Uebungskern bildet. Die Spieler lieben die gymnastischen Uebungen meist nicht sehr. Besonders dann nicht, wenn sie einen Ball in der Halle wissen. Mit dem Ball spielen wäre doch schöner und interessanter! Es ist daher darauf zu achten, dass kein Spieler zu den Ballübungen zugelassen wird, der sich nicht vorher am Laufen, Seilspringen und an den allgemeinen Körperübungen beteiligt hätte. Nur so wird eine gleichmässige und gute Allgemeinausbildung erreicht. Wer die Gymnastik nicht liebt, hat sie meistens am nötigsten. Beginnt das Training mit Ballspiel, so ist das Augenmerk darauf zu richten, dass sich nicht Einzelne vor der Gymnastik unter irgendwelchen faulen Vorwänden davonschleichen. Sollte das der Fall sein, dann muss man sich das für das nächste Mal merken und bei der Einteilung zu den Uebungen am Ball berücksichtigen.

Da die Gymnastik vorwiegend dem Wintertraining angehört, wird sie in diesem Abschnitt ausführlicher behandelt.

Die Gymnastik hat im allgemeinen den Zweck, Kraft und Gewandtheit zu erzeugen und insofern braucht jeder Mensch Gymnastik. Dazu erfordert das Fussballspiel noch eine besondere Art der Gewandtheit, die wesentlich mit der Arbeit am Ball zusammenhängt. Weiter können viele Tätigkeiten am Ball in ihrer rein körperlichen Seite durch eine Art Spezialturnen vorgeführt und mechanisiert werden, sodass bei der eigentlichen Ballarbeit nicht ganz von vorn angefangen werden muss, sondern der Körper schon das nötige Gefühl mitbringt und nur das rein Balltechni-**[52]** sche als Neues hinzukommt. Des weiteren werden bestimmte Muskelgruppen beim Spiel und der direkt vorbereitenden Gymnastik nicht genügend oder nicht in der für das Spiel gewünschten Weise ausgebildet. Da uns aber die Ausbildung des harmonischen Menschen vorschweben muss, ist eine Ausgleichsgymnastik zweckmässig. Sie ist vielleicht als Spezialgruppe überflüssig, wenn bei der Grundgymnastik umfassend genug vorgegangen wird. Für diesen Fall wäre unsere Gymnastik etwa zu gliedern in

I. „Allgemeine Gymnastik" und
II. „Spezielle Fussballgymnastik".

I. Allgemeine Grundgymnastik. Das Laufen, das man ja auch zur Gymnastik rechnen kann, ist mit Rücksicht auf seine grosse Bedeutung, speziell für Fussball in einem früheren Kapitel bearbeitet. Auch empfiehlt sich diese Trennung, weil das Laufen nicht an die Halle gebunden ist. In der Halle tritt besonders bei schlechtem Wetter Seilspringen an die Stelle des Laufens. Wenn der Boden der Halle nicht zu glatt ist, können auch Startübungen gemacht werden. Auch Stilübungen, um den Lauf zu verbessern, können eingefügt werden. Die folgenden Uebungen der allgemeinen Grundgymnastik entstammen den verschiedensten Systemen. Deutsches, Schwedisches, Dänisches und Militärisches Turnen haben den Stoff geliefert. Auch die Zimmergymnastiksysteme wie Müller, Proschek u.a. bleiben nicht ungerupft. Es ist das ganze nur eine Zusammenstellung geeigneter Uebungen. Sie kann natürlich hier nicht erschöpfend sein. Die bestehenden Systeme bergen in sich eine solche Fülle guten und zweckmässigen Uebungsstoffs, dass es nur nötig ist, sachgemäss auszuwählen. Schliesslich ist es die Hauptsache, dass überhaupt geübt wird und dass physiologisch richtig geübt wird. Man kann fast mit jedem Turn- oder Gymnastiksystem eine Fussballmannschaft körperlich gut ausbilden, wenn nur der Uebungsleiter das Ziel und die Mittel **[53]** kennt. Ob er das Mittel „Schwedische Gymnastik", „Niels Bukhs Grundgymnastik", „turnerische Freiübungen" oder „leichtathletische vorbereitende Uebungen" benutzt, ist letzten Ende einerlei. Er muss die Uebungen aber richtig, d.h. zweckentsprechend auswählen. Um das zu können, muss er die verschiedensten Systeme beherrschen und die Uebungen auf ihren Wert beurteilen können. Er muss auch wissen, was das Ziel seiner

Gymnastik ist, denn nur so kann er die Auswahl richtig treffen. Es gibt viele Uebungen, die an sich und für einen bestimmten Zweck sehr gut, aber für unser Training Gift sein können. So werden z.B. schwere Stemmübungen bestimmt nicht angetan sein, Schnelligkeit zu entwickeln. Es ist aber bekannt, dass Stemmübungen einen guten Wachstumsreiz für die Muskulatur abgeben können und für das Training besonders leichter Leute vorteilhaft sein können. Aber regelmässiges, ausgedehntes Stemmen grosser Gewichte macht schwerfällig und das ist das, was wir nicht nur vermeiden, sondern sogar wegbringen wollen. Ebenso könnte noch eine Anzahl anderer Beispiele von falscher Verwendung an sich guter Uebungen angeführt werden.

Die Beine und die inneren Hauptorgane (Herz und Lungen) werden bei den Laufübungen schon ziemlich stark beansprucht. Ebenso ist es vorwiegend die Beinmuskulatur, die bei den Uebungen mit dem Ball entwickelt wird. Infolgedessen hat sich die allgemeine Grundgymnastik mehr auf die übrig bleibenden Partien des Körpers, also auf Vorderseite, Flanken und Rückseite des Rumpfes und die Arme zu beschränken. Es gibt über Gymnastik eine ziemlich umfangreiche gute Literatur, in der sich jeder Uebungsleiter leicht gründlich orientieren kann. Es ist natürlich nötig, dass man die Uebungen genau kann und kennt, d.h. nicht nur weiss, wie sie ausgeführt werden sollen, sondern dass man sie auch selbst schon gefühlt hat. Das ist nicht nur wegen der Auswahl, sondern auch mit Rücksicht auf das Uebungs- **[54]** mass erforderlich. Auch kann man die Uebungen nur dann richtig überwachen, wenn man weiss, worauf es ankommt, wo die Schwierigkeiten liegen u.s.w. Ein Uebungsleiter muss aus der Fülle des Stoffes schöpfen können. Zwar muss er sich bei jedem Uebungstage auf verhältnismässig wenig Uebungen beschränken, aber es ist vorteilhaft, wenn man eine gewisse Abwechslung in das Ueben bringen kann. Neue Uebungen haben wieder mehr Reiz, sie bieten gewissermassen dieselbe Arbeit in neuem Gewande. Bei den Professionals in England werden nur wenig Uebungen gemacht und immer dieselben. Diese Uebungen sind natürlich gut ausgewählt und erfüllen den gewünschten Zweck. Bei Amateuren, besonders aber bei der Jugend, muss man sich bemühen, im Uebungsbetrieb Freude zu entwickeln, sonst bleiben die Jungens dem Training fern. Darum müssen wir hier andere Wege gehen als die Trainer der Berufsspieler. Dort ist das Training ein Teil der Berufspflicht, hier ist es Abwechslung und Ausgleich zur Berufsarbeit und soll eine Quelle der Freude sein. Man darf es sich aber nicht leicht vorstellen, bei einer Jugendabteilung ein geordnetes Hallentraining durchzuführen. Es soll doch der Lehrzweck erreicht werden, andererseits will doch die Jugend spielen und tollen. Hier entscheidet die Persönlichkeit und die Autorität des Lehrers. Wenn er der Jugend zu sehr nachgibt, wird er am Ende seines Lateins sein und ausserdem wird er keinen Erfolg haben. Wer zu starr, trocken und lehrhaft ist, wird die Jugend auch nicht begeistern können. Zu dem Schulmeister im üblen Sinne kommen sie nur ein oder zwei Male, und dann steht er allein in der Halle. Also bringt Abwechslung in den Jugendbetrieb! Umkleidet den trockenen und herben Lehrstoff mit munterem Spiel und Lehrer und Spieler finden im Training das, was sie wollen. Immer und überall aber gibt es Leute, die sich nicht in die Ordnung fügen können. Sie rechtzeitig zu erkennen, ist wesentlich. Ihnen sind gleich von vornherein eiserne Schranken zu setzen. Lieber verzichte man auf ihre Mit- **[55]** wirkung, auch wenn sie starke Talente sind. Sie taugen auch in keine Mannschaft!

Unser Sport verlangt nach gesunden Organen und guten Beinen besonders lockere Hüften und Schultern. Im Fussballtraining spielen daher Uebungen, die die Geschmeidigkeit der Hüften und Schultern steigern, eine hervorragende Rolle. Die englischen Professionals üben täglich etwa folgende Uebungen: Keulenschwingen, Ballboxen, am Doppelendball und am Plattformball, Gymnastikübungen in der Rücken- und Bauchlage, Uebungen an schwedischen Widerstandsapparaten. Dazu kommt dann natürlich Laufen, Ballarbeit und manchmal auch Uebungsspiel oder sonstige taktische Uebungen.

Ich gebe hier eine Auswahl von Uebungen, die ich bei meinem Wintertraining angewendet habe. Man könnte ebenso gut andere wählen. Im übrigen verweise ich auf das Literaturverzeichnis am Ende!

1) Keulenschwingen. Die Uebungen werden meist in der Grundstellung ausgeführt. Da die Beine feststehen, müssen bei den verschiedenen Kreisen die Hüften und die

Schultern stark mitarbeiten. Besonders ist das der Fall bei den grossen Kreisen mit gestreckten Armen. Die Handkreise entwickeln mehr nur die Armmuskulatur.

a) Aus der Hochhalte Kreisen des rechten gestreckten Armes nach vorn und des gestreckten linken Armes nach hinten. Die Keulen sind in der Verlängerung der Arme. Es werden ganze Kreise um das Schultergelenk als Mittelpunkt ausgeführt. Die Keulen begegnen sich immer in der Hochhalte. Die Knie bleiben gestreckt und die Beine geschlossen.

b) Aus der Hochhalte Auswärtskreisen vor dem Körper.

c) Aus der Hochhalte Einwärtskreisen vor dem Körper.

d) In der Beugehalte beider Arme Handkreise vorwärts, rückwärts, einwärts, auswärts. **[56]**

e) Hand- und Armkreise im Wechsel.

2) Ballboxen. Sowohl am Doppelendball wie am Plattformball kann geübt werden. Zum Ballboxen braucht man Handschuhe, am besten Ballhandschuhe, sonst verletzt man sich leicht die Haut an den Fingerknöcheln und kann dann nicht mehr weiter üben. Am Doppelendball können alle Arten des Stosses geübt werden. Diese Uebungen machen besonders Schulter und Hüfte geschmeidig. Auch die Armmuskulatur wird ausgebildet. Diese Uebungen sind ausserdem Schnelligkeitsübungen und schulen auch das Auge. Man lernt dabei beobachten und blitzschnell reagieren, was für den Kampf ungemein wertvoll ist. Jeder Spieler sollte pro Uebungsabend etwa 5 Minuten am Ball boxen. Am Plattformball kommt es mehr auf Erlernung des Rhythmus des Balles an. Auch hier kann auf Schnelligkeit und Ausdauer geübt werden.

Kampfboxen. An sich ist Kampfboxen nicht notwendig, aber wenn eine Mannschaft auch wirklich boxen lernt, so wird das für ihre Härte, Kampfkraft und ihren Kampfgeist von grossem Vorteil sein.

Die Arbeit am Sandsack ist eine vorteilhafte Vorübung für den Kampf am Ball. Mann gegen Mann. Hier kann man lernen, den Körper einzustellen gegen das Rempeln u.s.w. Auch gewöhnt man sich dabei an den Druck des gegnerischen Körpers. Insofern hat das Ueben am Sandsack für den Fussballer fast dieselbe Bedeutung wie für den Boxer.

3) Uebungen an der schwedischen Sprossenwand.

a) Hang rücklings an der obersten Sprosse. Knieheben und -senken im Wechsel. Die Oberschenkel werden soweit gehoben, dass sie waagerecht sind. Während das rechte Bein gebeugt wird, streckt sich das linke und umgekehrt. Der Unterschenkel ist dabei etwa senkrecht, auf das Strecken des Fussgelenks ist besonders zu achten. **[57]**

b) Hang rücklings. Heben eines gestreckten Beines bis zur Waagrechten, Senken des gebeugten Beines und gleichzeitiges Heben des anderen u.s.w.

c) Hang rücklings. Heben beider Beine zur Vorhebhalte. Einen Augenblick verharrt man in dieser Stellung und senkt die Beine wieder. Mit der Zeit sollen die Leute imstande sein, die Beine so hoch zu führen, dass der Rist bis zu den Händen hinauf kommt (Sturzhang). Anfangs kann man erlauben, dass der Uebende das Heben der Beine mit einem kleinen Schwung einleitet, was die Uebung wesentlich erleichtert.

4) Uebungen in der Rückenlage am Boden. Dieselben drei Uebungen (a, b, c), wie wir sie an der Sprossenwand ausführen, können auch im Liegen am Boden gemacht werden. Dazu kommt noch

d) Seitspreizen der Beine nach beiden Seiten. Man kann langsam oder ruckartig üben. Diese Spreizübungen dehnen die Sehnen, und es wird mit der Zeit eine grössere Spreizweite erzielt.

5) Uebungen in der Bauchlage.

a) Hohes Rumpfbeugen rückwärts. Je 2 Leute üben zusammen. Der eine übt, der andere hält die Beine des Uebenden am Boden fest.

b) Die Brücke. Hierzu sollte man eine Matte haben. Man kann auf verschiedene Arten in die Brücke kommen, entweder durch Ueberschlag aus dem Kopfstand oder durch Rumpfbeugen rückwärts aus dem Grätschstand oder aus der Rückenlage. Anfangs genügt es, wenn die Leute die Brücke eine Zeitlang frei halten können. Später kann sie durch einen Kameraden belastet werden.

6) Sonstige zweckmässige Uebungen.

a) Mühlschwung. Im engen Grätschstand Armkreisen senkrecht zur Schulterachse. Der eine Arm eilt dem anderen um einen halben Kreis voraus. Die Uebung kann vorwärts und rückwärts ausgeführt werden. Es ist vorteilhaft, wenn sie anfangs langsam geübt wird. Später soll die Bewegung schneller, flüssig und rund werden. **[58]**

b) Im breiten Grätschstand Beugen und Strecken der Knie. Die Hände können entweder die Beine am Fussgelenk umfassen oder sich auf den Boden stützen.

c) Rumpfdrehen mit Armschwung. Aus dem Grätschstand Rumpfsenken, Arme in Seithalte, Kopf in Verlängerung des Rückens, Rumpfdrehen mit Armschwung. Beim Rumpfdrehen links schwingt der linke Arm möglichst hoch, während der rechte Arm zur linken Fusspitze schwingt. Dann Rumpfdrehen rechts mit entgegengesetztem Armschwung. Anfangs langsam üben, später auch schnell. Am Ende jeden Schwungs sollte die Schulterachse eine Grade bilden. Dieselbe Uebung kann man auch im Sitzen mit gespreizten Beinen machen.

d) Rumpfseitbeugen. Bei geschlossenen Beinen und gestreckten Knien. Hierbei kann man die Arme hängen lassen oder aber man übt mit „Hüften fest". Auf genaues Seitbeugen auf den Hüftknochen ist zu achten.

e) Rumpfwerfen nach der Seite möglichst schnell.

7) Seilspringen. Es soll so gesprungen werden, dass das Seil abwechselnd unter dem rechten und linken Bein durchschwingt. Das Seil soll etwa die Dicke des kleinen Fingers haben und etwa 2 1/2 m lang sein. Die Enden müssen gut abgebunden sein.

Seilspringen ist ein guter Ersatz für Laufen und besonders auch geeignet, den Laufstil zu verbessern. Es soll beim Springen das Seil nicht auf den Boden schlagen oder auch nur streifen. Der Schwung des Seils erfolgt aus den Handgelenken bei fast ruhigen Armen.

a) Seilspringen auf Ausdauer. Hierbei wird in mässigem Tempo und mit hohen Knieheben gesprungen. Es werden einige Hundert Sprünge verlangt.

b) Seilspringen auf Schnelligkeit. Mit grösster Schnelligkeit werden 10-20 Sprünge ausgeführt. Gewöhnlich ist es infolge der grossen Geschwindigkeit nicht möglich, mehr als 20 Sprünge **[59]** auszuführen, ohne einen Fehler zu machen. Nach einer kleinen Pause wird dasselbe wiederholt. Es entspricht dieses Springen etwa einem Start oder einem kurzen Sprint.

Das Seilspringen verlangt Rhythmusgefühl, verbessert den Laufstil, gibt Schnelligkeit und Ausdauer. Man kann mit hohen Knieheben springen oder mit gestreckten Knien, nur aus dem Fussgelenk heraus.

8) Standsprung. Beim Kopfspiel ist der Standsprung wesentlich. Um die Muskulatur zu kräftigen, kann man im Training Serien von Standsprüngen einfügen. Man beginnt mit halben Kniebeugen und lässt den Körper in die Höhe schnellen. Der fallende Körper wird in der halben Kniebeuge wieder aufgefangen und sofort wieder hochgeschnellt. 20-50 Sprünge können verlangt werden. Möglichst hoch springen! Die Beine sind geschlossen und der ganze Körper straff.

9) Hochsprung mit Anlauf. Um die Sprungkraft, die besonders beim Kopfspiel und beim Angriff nötig ist, zu steigern, ist der Hochsprung mit Anlauf eine wertvolle Uebung. Zuerst wird auf Technik, dann auf Leistung gesprungen. Wettspringen erhöht den Reiz. Die Leute sollen lernen, möglichst mit jedem Bein abzuspringen, also nicht nur rechts oder links. Auch das Ueben der verschiedensten Sprungstile ist zweckmässig, denn das fördert das Gefühl für Gleichgewicht, den Muskelsinn, erfordert Gewandtheit und bringt Abwechslung in das Ueben.

10) Uebungen an den Ringen.

a) Schaukeln im Streckhang.
b) Schaukeln mit Klimmziehen am Ende des Rückschaukelns und Senken am Ende des Vorschaukelns.
c) Schaukeln mit Wechsel von Streck- und Sturzhang.
d) Zugstemme (mit Ballengriff).
e) Rumpfkreisen im Streckhang.
f) Klimmziehen. **[60]**

II. Spezielle Fussballgymnastik.

Sie hat, wie oben erwähnt, die Aufgabe, die körperliche Seite der Ballarbeit vorzuüben und zu mechanisieren. Sie ist sehr wertvoll und dient dazu, die Bewegungen im Spiel flüssiger und gefälliger zu machen. Das Spiel umfasst nämlich, besonders bei der Ballarbeit, Bewegungen, die durch die gewöhnlichen Uebungen der verschiedenen Systeme kaum vorgeübt werden. Hier muss die spezielle Fussballgymnastik einsetzen. Die Uebungen sind zu diesem Zweck besonders ausgewählt.

Sehr oft sieht man bei Spielern Fehler bei der Ballbehandlung, die nicht direkt mit dem Stoss zusammenhängen, sondern mit Vorbereitung desselben. So ist z.B. ein Spieler nicht imstande, seinen Körper bei einem Linksstoss vollständig frei und sicher auf dem rechten Bein zu balancieren. Ein anderer streckt beim Spannstoss den Fuss nicht. Dies kann Schwäche des Fussgelenks sein, aber auch Ungeschicklichkeit. Ist es Schwäche, so muss durch geeignete Uebungen das Fussgelenk gekräftigt, und die Sehnen und Bänder müssen gedehnt werden, so dass sie eine gute Streckung zu lassen, andererseits aber auch bei einem Spannstoss die Wucht des Stosses gut aushalten. Ausserdem werden durch solche Uebungen die Nerven entsprechend geschult, so dass die Einstellung mit der Zeit unwillkürlich erfolgt. Wieder ein anderer kann bei einem Stoss mit der Innenseite des Fusses die Fusspitze nicht anziehen u.s.w. Diese Fehler können durch Uebungen dieser Bewegungen für sich ohne Ball ausgemerzt werden. Dabei kann auf den richtigen Ablauf der Bewegungen mehr Acht gegeben werden als beim Stoss mit dem Ball. Die Uebungen, die der Verbesserung der Stosstechnik dienen sollen, sind in der Hauptsache Gleichgewichts- und Dehnübungen. Andere Uebungen wie die Vorübungen zum Kopfspiel sind mehr körperbildender Natur, sind eine spezielle Art von Rumpf-, Hals- und Beinarbeit. Wieder andere, wie die Uebungen zur Stärkung der Gelenke, sind mehr **[61]** Kraftübungen.

1) Uebungen für das Fussgelenk.

a) Fersenheben. In der Grundstellung und mit „Hüften fest“ Fersen heben und senken. Langsam und schnell. Diese Uebung ist besonders auch heilgymnastisch bei leichteren Zerrungen der Sehnen und Bänder des Fussgelenks zu verwenden. Sie ist für Fussballer von grosser Bedeutung, weil das Fussgelenk beim Stoss besonders beansprucht wird und oft sehr starke Dehnungen auszuhalten hat. (Besonders bei direkten Spannstössen mit einem nassen schweren Ball, oder bei Zusammenstössen mit dem Gegner am Ball.) Je kräftiger natürlich das Fussgelenk ist, umsoweniger leidet es Schaden.
b) Seilspringen mit gestreckten Knien, wobei der Körper nur durch die Arbeit im Fussgelenk in die Höhe geworfen und wieder aufgefangen wird. Diese Uebung bewirkt dasselbe wie Uebung a, bietet aber mehr Abwechslung und macht elastischer.
c) Im Kniestand mit gestrecktem Spann Niedersitzen auf die Ferse.
d) Dasselbe mit Rumpfbeugen rückwärts.
e) Sitz auf einer niederen Bank, vor der Schwedischen Sprossenwand, Hände am Hinterkopf. Die Fusspitzen werden unter die unterste Sprosse gestemmt. In dieser Stellung erfolgt Rumpfrückbeugen bis der Kopf den Boden berührt. Das Fussgelenk wird stark gestreckt. Die Uebung ist gleichzeitig eine Uebung für die Bauchmuskulatur.
f) Fussrollen.

Die Uebungen a) und f) belasten die inneren Organe nicht stark. Sie werden daher zweckmässig als Einlagen nach anstrengenderen Uebungen verwendet.

2) Lockerungsübungen im Hüftgelenk.

Das Kniegelenk ist ein Scharniergelenk, d.h. es lässt nur Beugung und Streckung zu. Ausserdem sind je nach der Stellung kleine Rotationsbewegungen möglich. Es spielt daher bei der Arbeit am Ball keine **[62]** allzugroße Rolle. Die Stossbewegung erfolgt in der Hauptsache aus der Hüfte. Die Direktion des Balles geschieht durch den Fuss. Das Fussgelenk ist ausschlaggebend für die gefühlvolle Ballarbeit. Das Knie kommt in der Hauptsache nur als Verstärker in Frage. Ein Innenseitstoss z.B., der aus dem Knie heraus erfolgt, kann kein rechter Stoss sein. Immer wird der Ball Drehung haben, und die Zielsicherheit ist äusserst mangelhaft. Wenn wir das Bein zum Innen- oder Aussenseitstoss einstellen, so erfolgt das nie im Knie, sondern im Hüftgelenk. Beim Innenseitstoss wird das Bein im Hüftgelenk nach aussen gerollt, dann zeigt die Fusspitze nach aussen und die Ferse kommt nach vorn (innen). Beim Aussenseitstoss wird das Bein im Hüftgelenk nach innen gerollt. Die Fusspitze zeigt schräg nach vorn (innen), die Ferse kommt nach vorn (aussen). Wenn wir beim gestreckten Knie diese Rollbewegungen machen, so dreht sich das ganze Bein einfach um seine Längsachse. Für einen Stoss wird dabei nicht viel gewonnen. Erfolgt die Rollbewegung aber, wenn das Knie stark gebeugt ist, so kann der Fuss etwa einen Viertelkreis – mit dem Unterschenkel als Radius und der Oberschenkel-Längsachse als Drehachse – beschreiben. Durch Uebung ist hier eine wirksame und ausgiebige Stossbewegung zu erzielen, die beim Pass, sei er flach oder halbhoch, sehr wertvoll ist. Um diese Bewegung zu mechanisieren, machen wir folgende Uebungen:

a) Trichterkreisen des Unterschenkels. Stand auf einem Bein. Das andere Knie ist hochgezogen, so dass der Oberschenkel waagerecht steht, der Unterschenkel hängt. Nun erfolgt durch Beugen im Knie und Rollen im Hüftgelenk ein Trichterkreisen des Unterschenkels, wobei das Knie an der Spitze, der Fuss an der Basis des Trichters liegt. Der Fuss beschreibt einen waagerechten Kreis. Die Arme arbeiten zwanglos mit und helfen das Gleichgewicht halten.

b) Pendeln des Unterschenkels. Ausgangsstellung wie bei **[63]** No. 1. Einwärts- und Auswärtsrollen des Oberschenkels im Hüftgelenk. Der Unterschenkel macht eine Pendelbewegung. Das Auswärtsrollen ist das Ausholen, das Einwärtsrollen die eigentliche Stossbewegung. Letzteres soll daher wurfartig ausgeführt werden. Der Fuss wird dabei senkrecht zum Unterschenkel eingestellt.

c) Vorübung für den Innenseitstoss. Das Standbein zeigt mit der Fusspitze nach vorn. Das Stossbein wird im Hüftgelenk nach aussen gerollt, so dass der Fuss des Standbeins und der des Stossbeins etwa einen rechten Winkel bilden. Beim Ausholen nach hinten wird die Hüfte mitgenommen, so dass die Körperseite des Standbeins nach vorn zeigt. Das Ausholen ist beinahe eine reine Abduktion des nach aussen gerollten Oberschenkels im Hüftgelenk, die Stossbewegung die Adduktion. Das Knie kann mehr oder weniger gebeugt sein; gestreckt soll es aber nicht sein. Die Fusspitze ist ausgezogen, so dass sich die Fussohle etwa parallel am Boden bewegt. Um einen flachen Stoss zu erzielen, gibt man ausserdem im Knie des Standbeins etwas nach.

d) Vorübung zum Spannstoss. Stand auf einem Bein. Schwung des Stossbeins wie zum Spannstoss. Der Fuss ist gestreckt. Langsam ausholen, das Bein wird schnell nach vorn geworfen. Bei der eigentlichen Stossbewegung eilt der Oberschenkel voraus, und wenn er kurz vor der Endstellung angelangt ist, wird das Knie wurfartig durchgezogen. Wesentlich ist das Feststehen auf einem Bein und zwanglose Armarbeit. Nach einer Serie von Schwüngen mit dem rechten Bein lässt man einen Wechsel eintreten. Wenn die Bewegung einigermassen beherrscht wird, achte man darauf, dass das Standbein während des Stosses sich auf den Fussballen erhebt, so dass der Stoss aus dem Zehenstand erfolgt. Später kann auch das Ausholen kurz und scharf wie bei der eigentlichen Ballarbeit ausgeführt werden.

e) Beinspreizen nach vorn mit gebeugtem Bein und angezogener Fusspitze. Oberschenkel und Knie sollen bis zur Brust herankommen. Der Fuss mindestens bis in Kopfhöhe gebracht werden. **[64]** Es kann dabei die Fusspitze angezogen oder gestreckt sein. Es ist dies eine Vorübung für das Ueberdenkopfziehen des Balles.

f) Spreizen nach vorn und nach der Seite mit gestrecktem Knie. (Bein)

3) Vorübungen zum Kopfspiel.

a) Im Grätschstand Rumpfwerfen nach vorn mit anschliessendem Kopfwerfen nach vorn. Im Rumpfwerfen geht ein leichtes Rückbeugen voraus.

b) Standsprung mit Rumpf- und Kopfwerfen nach vorn und Armschwung wie zum Kopfspiel.

c) Anlaufsprung und im übrigen Bewegung wie in No. 2.

Bei den Sprungübungen zum Kopfspiel ist darauf zu achten, dass Sprung und Stoss sich zeitlich folgen, d.h. wenn der Sprung im Höhepunkt ist, erfolgt der Stoss. Das kann beim Ueben gut kontrolliert werden.

E. Bad, Massage und Erste Hilfe.

Den Abschluss eine jeden Trainings sollte ein Bad bilden. Die englischen Fussballvereine sind in dieser Beziehung ganz ausgezeichnet eingerichtet. Wannen-, Dusch- und Mannschaftsbad sind überall vorhanden. Das Mannschaftsbad hat eine Grösse von etwa 3 x 3 m und ist vertieft angelegt. Je nach dem Zweck wird es kalt oder warm gefüllt.

Nach der anstrengenden Arbeit des Uebens ist ein warmes, ja heisses Bad am zweckmässigsten. Bei uns sind nur wenige Vereine in der glücklichen Lage, eine Badeeinrichtung mit Warmwasserversorgung zu besitzen. Es sollten aber die Vereinsleitungen mit aller Energie daran gehen, eine solche Einrichtung zu schaffen. Sie erhöht die Kondition der Leute wesentlich, und ausserdem gehen die Leute viel lieber zum Ueben, wenn sie **[65]** sich anschliessend warm baden können. Natürlich folgt auf das warme Bad eine kühlere Dusche. Ob eine Massage erforderlich ist, muss von Fall zu Fall entschieden werden. Bei den englischen Professionals wird verhältnismässig wenig massiert, obwohl die Trainer gerade hierin alte und tüchtige Praktiker sind. Dagegen wird nie versäumt, die Leute nach dem Bad kräftig abzufrottieren. Massiert werden in der Regel nur ausgesprochene Ueberanstrengungen und Verletzungen. Wenn massiert wird, so sollte das vor dem Bad geschehen, weil die Einwirkung des Wassers die Haut zur Massage ungeeignet macht. Der Schweiss kann ja durch trockenes Abreiben mit dem Handtuch entfernt werden.

Ich selbst schätze die Massage sehr hoch und bin der Meinung, dass wenn ein Verein es sich leisten kann, einen Masseur zu halten, das unbedingt zu empfehlen ist. Aber natürlich muss auch der Sportlehrer die Massage beherrschen. Denn bei akuten Verletzungen ist er der Masseur. Wenigstens sollte er es sein. Auch muss er dem Masseur seine Anweisungen geben können und ein Urteil über dessen Fähigkeiten haben. Das kann er nur aus eigener Erfahrung heraus.

Jeder Spieler sollte selbst die wichtigsten Massagegriffe erlernen, damit er im Notfall sich selbst oder einen Kameraden massieren kann. Manchmal kann man mit ausdauernder Selbstmassage mehr erreichen, als wenn man vom Masseur nur ein paar Minuten massiert wird. Auch muss der Spieler wissen, dass nicht in jedem Fall Massage am Platze ist, sondern dass es Fälle gibt, wie z.B. bei Muskelrissen, bei denen Massage nur schadet. Es muss also eine gründliche Untersuchung stattfinden, und dann erst wird entschieden, was zu geschehen hat.

Alle Spezialisten der Massage sind sich einig, dass nur gründliche Massage einen Zweck hat. Die Massage eines verletzten Gelenkes beansprucht nach Dr. Kirchberg etwa 15 Minuten, eine Ganzmassage 30-60 Minuten. In der Pause eines Wett- **[66]** spiels kann also die Massage keine allzu grosse Rolle spielen, d.h. es kann nicht etwa die ganze Mannschaft massiert werden. Dazu ist keine Zeit. Etwas anderes ist es, den einen oder anderen Verletzten zu behandeln. So viel Zeit ist wohl vorhanden. Vielleicht ist in der Pause eine Selbstmassage der Waden und Schenkel das beste, und nur besondere Fälle werden vom Masseur behandelt. Sehr gut bewährt sich auch das Abwaschen des Oberkörpers und kräftiges Frottieren in der Pause.

Auf Reisen ist die Massage nach der Eisenbahnfahrt sehr wertvoll. Gesäss, Kreuz und Rücken sind hierbei besonders vorzunehmen.

Es sei hier noch erwähnt, dass nicht alle Leute gleichmässig auf die Massage reagieren und dass man deshalb niemand das Massieren aufzwingen soll. Auf die Massage näher einzugehen, ist hier nicht der Raum. Das ist Spezialwerken vorbehalten.

Wenn ein Verein keine Badeeinrichtung in direkter Verbindung mit der Uebungsstätte hat, so ist es zweckmässig, überanstrengten oder verletzten Leuten ein Bad in öffentlichen Bädern zu verschreiben. Auch sollte dann 2 Tage vor dem Spiel die ganze Mannschaft geschlossen zum Baden gehen. Hier werden die Leute nochmals gründlich gepflegt und in Ordnung gebracht.

Für die Vorbereitungs- und Halbzeitmassage ist unbedingt ein Masseur nötig, denn der Sportlehrer hat mit den technischen Dingen vor und während des Spiels viel zu viel zu tun, als dass er eine Mannschaft durchmassieren könnte.

Trotzdem ich ein Anhänger der Massage bin, möchte ich doch vor Ueberschätzung warnen. Vielfach ist die Meinung verbreitet, dass Massage das Training ersetzen könnte. Das ist keineswegs der Fall. Nichts kann die aktive Arbeit der Organe ersetzen.

Fussballverletzungen. Es lässt sich beim Uebungs- und Wettspielbetrieb nicht vermeiden, dass man sich beim Stürzen **[67]** die Haut am Arm oder Knie abschürft. Auch beim Kampf mit dem Gegner geht es oft ohne Schrammen nicht ab. Endlich kommt es vor, dass der Stiefel an den Zehen, den Hacken oder über dem Spann reibt. Diese Hautverletzungen sind vorsichtig zu behandeln, damit grössere Eiterungen vermieden werden. Denn diese können einen Mann evtl. zum Aussetzen zwingen. am besten ist hier eine Pinselung mit Jodtinktur. Auch Nagelverletzungen an den Zehen werden mit Jod behandelt. Im übrigen stören solche kleinere Verletzungen das Training keineswegs. Um äussere Verletzungen am Schienbein möglichst zu vermeiden, sind die Spieler anzuhalten, Schienbeinschützer zu tragen.

Muskelprellungen mit Blutergüssen sind ebenfalls nicht selten. Ein im Training befindlicher Mann überwindet leichtere Fälle von selbst. Bei schwereren Ergüssen – besonders unter die Schenkelbinde – lässt man einige Tage Ruhe, bis die Adern verklebt sind. Dann kann man durch Massage und warme Bäder die Aufsaugung des Ergusses beschleunigen. Leichtes Training wirkt ebenfalls bei der Heilung mit.

Langwieriger sind Gelenkverletzungen. Am häufigsten sind Verstauchungen und Zerrungen des Fuss- und Kniegelenkes. Bei diesen Verletzungen erfolgt meist ein Erguss in die Gelenkkapsel. Bis dieser absorbiert oder entfernt ist, muss Ruhe verordnet werden. Dann erfolgen Massage, Bäder, leichte Gymnastik bis zur Heilung. Heissluft wirkt noch besser als Behandlung mit heissem Wasser. Eine Zeitlang werden auch zweckmässig noch Bandagen getragen. Wesentlich ist bei allen Verletzungen die aktive Mitarbeit des Verletzten. Immer wieder kommen die Leute mit leichten Verletzungen und wollen nun absolut nichts mehr tun. Sie bedenken dabei nicht, dass diese längere Untätigkeit ein Schwinden der Muskulatur und evtl. auch ein Schrumpfen der Gelenkkapsel zur Folge hat. Gewiss einige Tage Ruhe! Dann aber setzt die Bewegung ein. Vorsichtig und leicht. Schon im Liegen **[68]** beginnt man mit leichten Uebungen. Aktiv und passiv. Allmähliche Steigerung bringt die normale Leistungsfähigkeit wieder. Meine Leute lachen schon, wenn irgendeiner der Spieler mit einer Verletzung kommt und fragt, was zu tun sei. Da in der Regel die Antwort lautet: „Trainieren", gibt es meist ein langes Gesicht beim Verletzten und Lachsalven bei den anderen. Natürlich spielt die Menschenkenntnis wesentlich bei der Diagnose mit. Bei Fussgelenkverletzungen sind Seilspringen, Fersenheben u.a. vorteilhafte Uebungen. Bei Knieverletzungen ist die Behandlung der Streckmuskulatur des Oberschenkels von der allergrössten Bedeutung, denn sie schwindet sehr rasch. Dabei hat sie so wichtige Funktionen in Bezug auf den Gelenkmechanismus, dass man von vorn herein Wert darauf legen muss, dass sie nicht allzu sehr schwindet und möglichst bald und vollkommen regeneriere.

Kaltes Bad. Nach Spiel oder Training ist ein kaltes Bad nicht zu empfehlen. Wenn man nur kaltes Wasser hat, dann sollte man sich mit einer Waschung begnügen, die nicht so sehr in die Tiefe geht. Dies kann etwa in der Weise geschehen, dass man sich entweder mit einem nassen Handtuch abklatscht oder den Körper mit nassen Händen abreibt. Hernach wird die Haut tüchtig trocken gerieben. Dagegen halte ich das kalte Bad am Morgen nach dem Aufstehen für sehr wertvoll.

Wer viel badet, sollte nicht zu viel mit der Seife hantieren, da der Haut durch sie zu viel Fett entzogen wird. Eine leichte Selbstmassage gibt auf jeden Fall der Haut das nötige Fett wieder. Dr. Kirchberg u.a. verwerfen die Verwendung von Oel und Fetten, empfehlen dagegen die Benutzung von Bienenwachs oder von Wachspräparaten.

Fusspflege. Sehr wichtig ist auch eine gründliche Fusspflege. Hühneraugen und Hornhaut sind besonders bei gut sitzenden Stiefeln eine Qual. Ganz abgesehen von den Schmerzen bei Tritten auf die Hühneraugen. Unter der Hornhaut gibt es **[69]** leicht Blutblasen. Lange ungepflegte Nägel werden beim Stossen des Balles oder bei Zusammenstössen mit dem Gegner leicht verletzt. Beschnittene kurze Nägel sind weniger empfindlich. Von grosser Wichtigkeit ist es, das Nagelbett rein zu halten, sonst gibt es leicht Eiterungen, die zu längerem Brachliegen führen. (Aston Villa, einer der hervorragendsten englischen Professionalvereine, hat für die Fusspflege einen Spezialisten verpflichtet, der monatlich einmal Visite bei der Mannschaft macht und die Füsse in Ordnung bringt. Ausserdem greift er natürlich bei akuten Verletzungen ein.)

F. Theoretischer Unterricht.

Zuerst wollen wir die Frage untersuchen: Ist eine Theorie des Fussballs überhaupt möglich und welches sind ihre Grenzen!

Fussball ist eine Kunst, d.h. das Können ist das Wesentliche. Jede Kunst braucht aber eine theoretische Grundlage. Diese ist natürlich noch nicht die Kunst. Erst wenn sich zum Wissen das Können hinzugesellt, haben wir das Ganze. Hier können wir uns nur mit der Theorie beschäftigen. Die Kunst selbst braucht die Trainingshalle und den Sportplatz. Wenn auch die Praxis überwiegt, so ist doch die Theorie unentbehrlich. Sie hilft uns wesentlich bei der Ausübung der Kunst und lehrt uns Fehler und Irrwege vermeiden.

Es ist unmöglich, ein positives Lehrgebäude zu errichten, welches dem Handeln überall und in allem einen festen Anhalt gewährt. Die Eigentümlichkeit im Geist und Gemüt des Handelnden sind von einem hohen Einfluss. Aus der Mannigfaltigkeit der geistigen Individualitäten, die sich bei grossen Talenten vorzüglich findet, folgt eine grosse Mannigfaltigkeit der Wege, die zum Ziele führen. **[70]**
Dazu kommt die Reaktion des Gegners. Die Wirkung, die irgend eine Massregel bei dem Gegner hervorruft, ist äusserst verschieden. Die vielen individuellen Möglichkeiten können selbstverständlich nicht alle erwähnt und in eine Lehre eingefügt werden. Diese kann nur generalisieren. Es bleibt daher dem Talent Spielraum, die Lehre auf den einzelnen Fall anzuwenden. Die Theorie kann demnach eigentlich nur eine Betrachtung und keine strenge Lehre sein, d.h. sie soll dem Schüler keine strikte Anweisung für sein Handeln sein, sondern soll ihm eine genaue Kenntnis des Stoffes vermitteln. Sie untersucht den Gegenstand analytisch und führt zu seiner genauen Bekanntschaft und zur Vertrautheit mit ihm. Sie muss sich aber hüten, sich von der Praxis loszulösen und zu einem Gebilde der Phantasie zu werden.

Wenn man als Spieler und dann als Lehrer viele Jahre darauf verwendet hat, alles mit unserem Sport Zusammenhängende zu studieren, so wird man natürlich weiter kommen, als die, welche sich nur kurz mit der Sache beschäftigen. Ich kann aus eigener Erfahrung sagen, dass ich vielleicht ein halbes Dutzend mal umlernen musste. Diese Umwege und Schwierigkeiten kosten Arbeit und Zeit. Sie können wir durch eine gute Theorie abkürzen. Die Lehrpraxis zeigt u.a. auch die Tatsache, dass man in einem gewissen Alter einfach nicht mehr imstande ist umzulernen. Wenn wir also die Jugend frühzeitig erfassen und ihr eine gediegene Grundlage geben, dann werden die Gipfelleistungen erstaunlich werden.

Wenn die theoretische Untersuchung und Betrachtung die Bildung von Grundsätzen und Regeln zur Folge haben, so ist das kein Widerspruch mit dem oben Gesagten. Denn manches, aber nicht alles lässt sich in Formen giessen, und ausserdem gibt es in den verschiedenen Situationen die verschiedensten Möglichkeiten. Die Regeln sollen nur Anhaltspunkte sein, kein fest vorgezeichneter Weg. So sehen wir, dass unter diesem Gesichtspunkte **[71]** eine befriedigende Theorie des Fussballs möglich ist. Befriedigend ist sie nur dann, wenn sie nicht mit der Wirklichkeit im Widerspruch steht. Zu häufig hört man von einem Widerstreit zwischen Theorie und Praxis reden. Das ist an sich unlogisch. Der gesunde Menschenverstand wir nur eine Theorie aufbauen, die mit der Praxis harmoniert.

Der theoretische Unterricht wird zweckmässig auf den Winter verlegt, wenigstens der Schwerpunkt desselben. Der lange Winterabend ist viel besser hierzu geeignet als die Sommerzeit. Die kurze Zeit der langen hellen Tage muss zum praktischen Ueben auf dem Platz ausgenutzt werden. Da ist keine oder nur wenig Zeit und Neigung zu Sitzungen im geschlossenen Raum. Natürlich werden auch im praktischen Unterricht theoretische Dinge eingeflochten, aber zu eigentlichen Lehrstunden in der Theorie und Taktik wird man im Sommer selten kommen. Die theoretischen Grundsätze können dem Einzelnen nicht gründlich genug eingeprägt werden. Erst wenn sie so fest sitzen, dass das sich aus ihnen ergebende Handeln sich rein mechanisch zu vollziehen scheint, erst dann ist der Zweck erreicht.

Die Theorie betrachtet die Mittel und den Zweck. Die Mittel beim Spiel sind die Leute, die das Spiel auszutragen haben. Der Zweck ist einwandfreier Sport, gekrönt durch den Sieg. Da eine Mannschaft aus 11 Spielern besteht, die in Gruppen angeordnet sind, von denen fast jeder Einzelne wieder eine andere Funktion hat, so muss sich die Theorie damit beschäftigen, wie der einzelne Spieler auf seinem bestimmten Posten sich zu verhalten hat und wie er zweckentsprechend handle. Sodann wird sie die Zusammenarbeit der Gruppen und der ganzen Mannschaft untersuchen u.s.w.

Da es gewisse Umstände gibt, welche das Spiel immerwährend begleiten und mehr oder weniger Einfluss auf dasselbe haben, so müssen diese bei der Anwendung der Mittel, also der **[72]** Mannschaft, mit in Betracht gezogen werden. Solche Umstände sind: Gelände, Tageszeit und Wetter. Das Gelände ist in seinen Ausmassen und in seiner Beschaffenheit durch die Regel bestimmt. Aber innerhalb der durch die Regel gezogenen Grenzen sind noch soviel Variationen möglich, dass sie das Spiel wesentlich beeinflussen. Der Boden kann mehr oder weniger eben sein. Er kann einen fetten Rasen tragen oder mehr sandig sein. Der Grund kann lose oder fest sein. Hier ist die Oberfläche weich und elastisch – das Ideal – dort ist sie hart und steinig. Auch die Bestandteile des Bodens sind nicht ohne Einfluss. Hierher gehört auch die Betrachtung, wie sich die verschiedenen Stilarten des Spiels mit den Bodenverhältnissen abfinden, welche Stilart den verschiedenen Bodenverhältnissen am entsprechendsten ist. Lehm gibt eine ebene und elastische Fläche mit guter Grasnarbe. Bei Regen wird sie schnell zu weich und schlüpfrig; bei Trockenheit wird sie steinhart und rissig. Ist der Untergrund zu hart, dann wird die Grasnarbe sehr rasch abgespielt. Infolgedessen ist reiner Lehmboden für ein Fussballfeld nicht günstig. Sand ist bei nassem Wetter gut, bei trocknem Wetter staubt er sehr. Der Graswuchs ist spärlich und bald abgespielt. Ein gemischter Boden ist das beste. Er gibt dem Gras genügend Nahrung und bleibt immer verhältnismässig elastisch. Kommt noch eine gute Drainage hinzu, so ist das Fussballfeld fast immer spielbar. Die Ausmasse liegen zwischen gewissen Grenzen. Der Spielraum ist aber so gross, dass der Charakter des Spiels wesentlich beeinflusst wird. Bei abnormen Verhältnissen kommt es sogar vor, dass eine Mannschaft auf ihrem eigenen Gelände kaum zu schlagen ist, während sie auf fremdem, normalen Boden keinen ernsthaften Gegner abzugeben vermag.

Die Tageszeit ist auch von wesentlichem Einfluss. Die Erfahrung zeigt, dass Spiele am Vormittag nie solche Leistungen zeigen als am Nachmittag. Dasselbe gilt für Abendspiele. Im **[73]** Sommer spielt die Tageszeit natürlich wegen der hohen Temperaturen noch eine grössere Rolle. Selten wird an heissen Tagen gut gespielt. Es zeigt sich eben, dass Fussball kein Spiel für den Sommer ist. Nachmittags ist es zu heiss, und abends haben die Leute nicht mehr die Frische.

Das Wetter ist ebenfalls ein bedeutender Faktor. Regen, Schnee, Nebel, Sonne, Kälte beeinflussen nicht nur die körperliche Disposition der Spieler, sondern auch die äusseren Umstände wie Bodenbeschaffenheit, Sicht und anderes. Der Wind stört die physikalischen Grundlagen des Spiels, indem er den Flug des Balles verändert. Solche Umstände zwingen oft eine Mannschaft, ihre Taktik zu ändern und eine solche anzuwenden, die den äusseren Umständen am angemessensten ist. Damit aber eine Mannschaft dazu imstande ist, muss sie eben gut geschult sein.

Auch die Zuschauer sind ein nicht zu vernachlässigender Umstand. Sie wirken auf die moralischen Kräfte der Mannschaften steigernd oder zermürbend, je nach der Einstellung. Und da die moralischen Qualitäten fast entscheidend sind, geht daraus hervor, wie wichtig und bedeutend der Einfluss der Zuschauer sein kann. Häufiges Spielen vor grossen Zuschauermassen, auch in fremden Städten und Ländern, dient dazu, eine Mannschaft gegen diese Einflüsse weniger empfindlich zu machen.

Innerhalb der theoretischen Unterweisungen spielt die Kritik eine wesentliche Rolle. Sie bringt die Theorie dem Leben näher und gewöhnt durch die immerwährende Wiederkehr ihrer Anwendung den Verstand an diese Wahrheiten. Die Kritik setzt eine gute Theorie voraus, denn bei der Prüfung irgend einer Sache müssen wir doch die Theorie zu Hilfe nehmen. Können wir das nicht, so ist die Untersuchung sehr beschränkt und erschwert. Sie kann uns ins hundertste und tausendste führen. Andererseits darf man nicht so optimistisch sein und glauben, dass es eine Theorie gäbe, überhaupt geben könne, die auf jeden Fall passt **[74]** und die man gewissermassen nur wie einen Meter an den Stoff an die einzelnen Fakta anzulegen brauche. Vielmehr wird die gesunde Kritik immer forschend tätig sein und auch immer neues Licht in die Theorie bringen.

Die Kritik soll Ursache und Wirkung erforschen. Bei Abweichungen von der Theorie, die ja auch möglich und zu rechtfertigen sind, soll sie die Gründe untersuchen und feststellen, ob sie stichhaltig und zureichend sind. Weiter soll die Kritik untersuchen, ob die angewandten Mittel ihren Zweck erfüllt haben, ob zu einem bestimmten Zweck die richtigen Mittel gewählt wurden. So sagt z.B die Theorie, dass Flügelspiel im allgemeinen erfolgreicher sei als Innenspiel. Werden nun durch Flügelspiel wirklich die meisten Tore erzielt, so ist das eine Bestätigung des theoretischen Grundsatzes. Natürlich kann auch durch Innenspiel ein Erfolg erreicht werden. In diesem Fall untersuchen wir, warum die Mannschaft oder der Einzelne von der allgemeinen Anweisung des Flügelspiels abgewichen ist. Der Erfolg gab ihnen Recht.

Werden aber keine Erfolge erzielt, so ist auch hier eine Prüfung am Platz. Oder der Gegner war erfolgreich. Das kann er ja eigentlich nur sein bei idealem Zusammenspiel seinerseits oder bei Fehlern unsererseits. Auch hier greift die Kritik an.

Die kritische Betrachtung bleibt aber nicht dabei, dass sie einen viel objektiveren Standpunkt der Sache gegenüber einnehmen kann und muss, dass sie – als aussenstehende Beobachterin – mehr sieht und weiss als der im Kampf Stehende. Auch sie hat den Vorteil, dass sie in Aktion tritt, wenn die Angelegenheit **[75]** abgeschlossen ist und Erfolg oder Misserfolg gewissermassen schon ihr Urteil gesprochen haben. Aus diesem höheren Standpunkt und dem verschiedenen Zeitpunkt des Einsetzens geht hervor, dass irgend jemand Kritiker sein kann, ohne selbst sein guter Spieler zu sein oder gewesen zu sein. Natürlich ist es wertvoll, wenn er selbst aktiv war oder noch ist. Es geht weiter daraus hervor, dass Spieler, die durch die Kritik verärgert sind, häufig im Unrecht sind. Im allgemeinen kann man sagen, dass man als Spieler sehr gut weiss, ob man gut, weniger gut oder gar schlecht gespielt hat. Man kann also einer Kritik ruhig entgegensehen. Auch wo sie Fehler macht, sogar ungerecht wird, braucht man sich nicht aufzuregen. Nur ein Hohlkopf kann sich über gute Kritik freuen, wenn er selbst im Grunde seines Herzens weiss, dass sie unverdient und Schmeichelei ist. Und umgekehrt muss es doch ebenso sein.

Das Aussprechen von Lob und Tadel, überhaupt die Beurteilung, will ja nicht etwa heissen, dass der Kritiker es selbst besser gemacht hätte. Das ist ein grundlegender Irrtum unserer Aktiven, die die Kritik meist so auffassen. Sie sind der Meinung und besonders am Biertisch wird sie verfochten, dass nur, wer besser spielt als sie selbst, berechtigt sei, sie zu kritisieren. Dazu kommt oft eine primadonnenhafte Empfindlichkeit. Wer aber in der Oeffentlichkeit steht, muss sich Kritik gefallen lassen. Die Kritik wagt sich auf allen Gebieten, auch an die grössten Genies heran und weist ihnen Fehler nach. Denn am Ende sind auch die Genies eben doch keine Götter. Es wird aber dadurch der Kritiker noch lange kein Goethe oder Michelangelo, dass er ihnen Fehler oder Unebenheiten nachweisen kann. Denn zur Ausübung einer Kunst gehört eine ausgebildete, natürliche Anlage. Diese Anlage muss da sein. Und sie muss ausgebildet werden. <u>Der Kritiker und der Lehrer braucht wieder ein anderes Talent als der Spieler</u>. **[76]** Und sofern er dieses Talent hat, ist er zum Lehren und zur Kritik berechtigt. Alles andere scheidet aus. Einer der bedeutendsten Trainer im englischen Fussballsport äusserte mir gegenüber in einer Unterhaltung über dieses Thema etwa folgendes: „Ein guter Spieler ist fast niemals ein guter Trainer, denn er weiss ja gar nicht, was er macht und wie er es macht und warum er es macht. Er handelt rein aus dem Instinkt. Anders steht es mit dem mittelmässigen Spieler. Der arbeitet mehr mit dem Verstand und gleicht dadurch seine schwächere Veranlagung aus. Er wird besser zum Lehrer und Trainer geeignet sein. Aus diesem Grunde gibt es auch kaum ein gutes Buch über Fussball. Diejenigen, die etwas vom Spiel verstehen, können kein Buch schreiben. Und wenn einer, der nichts versteht, ein Buch schreibt, dann taugt es eben nichts. Dass es keine guten Bücher gibt, ist aber auch gar nicht so tragisch, denn Fussball kann man nicht aus Büchern lernen.“ Ich stimme mit diesen Ausführungen <u>nicht</u> überein. Aber ein guter Kern steckt doch darin, und darum habe ich sie hierhergesetzt.

Also der Spieler, der den Kritiker ablehnt, weil er kein guter Spieler ist oder war, ist im Unrecht. Meist ist die Ursache verletzte Eitelkeit. Beim Aussprechen von Lob und Tadel muss der Kritiker bestrebt sein, sich auf den objektiven Standpunkt der Wissenschaft zu stellen und seine Meinung ohne Leidenschaft und vollkommen unpersönlich vorzutragen. Auch soll er sich in die Lage des Handelnden versetzen können. Dann wird das Urteil gerechter sein und nicht verletzen. Aber das muss sich jeder Sportlehrer merken: Eitelkeit und Selbstliebe sind nicht ganz auszurotten. Immer wieder wird es bei der Kritik Zusammenstösse geben. Davor darf man aber nicht zurückschrecken. Im Gegenteil! Leute, die keine Kritik ertragen können, fügen sich schlecht in der Regel auch in das Mann- **[77]** schaftsgefüge ein. Und noch eins: Manche von den Spielern, die ich im Laufe meiner Tätigkeit als Sportlehrer durch bessere ersetzen musste, nahmen mir diese Massnahme persönlich krumm. Ihre Einbildung liess es nicht zu, sie von der Richtigkeit zu überzeugen. Es wäre aber verkehrt, aus solchen Gründen davor zurückzuschrecken, das Notwendige zu tun.

Noch eine Frage! Ist das Urteil nach dem Erfolg berechtigt? Alles Handeln im Spiel ist auf wahrscheinliche Erfolge gerichtet. Wir beobachten den Gegner, ziehen daraus Schlüsse und handeln danach. Es kann nun sein, dass unsere Schlüsse zutreffen und unserem Handeln Erfolg beschieden ist. Andererseits können wir uns auch täuschen, denn die zukünftigen Aktionen des Gegners können eben nur vermutet werden. Täuschen wir uns, dann ist unser Schluss ein Trugschluss, und wir werden verkehrt handeln. Haben wir richtig geurteilt, und schlägt unser Handeln ein, dann werden wir erfolgreich sein. Der Erfolg gibt uns in diesem Fall Recht, wie uns vorher der Misserfolg Unrecht gegeben hat.

Oft tut man etwas verkehrtes und doch klappt es! Man hat Glück. Dieses Glück darf man nicht Übersehen und mit ihm darf und muss man auch bis zu einem gewissen Grade rechnen. Glück am Anfang eines Spiels auf der einen Seite und Pech auf der anderen, hat schon oft ein Spiel auf den Kopf gestellt. Es wäre aber ungerecht, immer nur nach Erfolg oder Misserfolg zu urteilen. Wenn ich den Eindruck habe, dass irgend eine Handlung gut eingeleitet und durchgeführt wurde, so wird meine Kritik das berücksichtigen, ob der Erfolg damit verbunden war oder nicht. Und umgekehrt werde ich nicht versäumen, eine schlechte aber glückliche Leistung richtig zu bezeichnen.

So sehen wir, dass bei der Kritik der Erfolg mit- aber schliesslich nicht allein spricht. Denn am Ende ist die Kritik zur Belehrung da, und da muss eben die objektive Wahr- **[78]** heit möglichst zum Vorschein kommen.

In technischen Dingen, also in der Frage der Ballbehandlung gibt es einen viel festeren Masstab als in der Taktik. In der Technik ist bei richtiger Ausführung der Erfolg sicher.

Zusammenfassend möchte ich sagen: die Kritik soll

1) sachlich und unpersönlich,
2) positiv und belehrend,
3) bei aller Schonung doch wieder rücksichtslos und
4) gerecht sein.

Die Vorbesprechung des nächsten Spiels ist das dritte Glied in der Kette des theoretischen Unterrichts. Diese Vorbesprechung wird mehr oder weniger gründlich sein können, je nachdem man den Gegner, die Platzverhältnisse, das Wetter, das Publikum u.s.w. kennt. Einzelheiten seien hier vermieden. Es sei aber darauf hingewiesen, dass je eingehender die Besprechung sein kann, man sich umso mehr Erfolg versprechen kann. Ich glaube zur Behauptung berechtigt zu sein, dass meine Mannschaften manches Spiel durch sie gewonnen haben.

[79]

Literatur – Nachweis.

Bei den Vorarbeiten zu dieser Arbeit wurden benutzt:

Dr. A.M. Schwarz: „Wie trainiere ich Fussball“.[9]
B.O. Corbett: „Annals of the Corinthian F.C.“[10]
Dr. Franz Kirchberg: „Sportmassage“.[11]
Niels Bukh: „Grundgymnastik“.[12]

Weitere empfehlenswerte Bücher sind:

Dr. Willy Meisl: „Fussball“.[13]
K. Koppehel: „Der Fussball-Schiedsrichter“.[14]
Willy Knesebeck: „Schule des Fussballspiels“.[15]
„Wie wird Fussball gespielt“.[16]
Hans Suren: „Deutsche Gymnastik“.[17]
Hofschneider u. Rosenberger: „Der Schiedsrichter“.[18]
A. Fendrich u. G.P. Blaschke: „Fussball“.[19]

---

9 SCHWARZ, A. M., *Wie trainiere ich Fussball? Ein Lehrbuch der Technik, Taktik und körperlicher Ausbildung im Fußballsport*, Wien 1919, 148 S.

10 CORBETT, Bertie Oswald., *Annals of the Corinthian F.C.*, London 1906.

11 KIRCHBERG, Franz, *Sportmassage*, Berlin 1924, 289 S. (*Handbuch der Leibesübungen* Bd. 5).
KIRCHBERG, Franz, Dr. med., seit 1920 Lehrer für Hygiene und Sportmassage an der DHfL.

12 BUKH, Niels, *Grundgymnastik*, Leipzig / Berlin 1923, 123 S. (bis 7. Auflage, 1927, 170 S.).

13 MEISL, Willy, *Fussball der Weltsport*, Zürich / Leipzig 1930, 16 S.
MEISL, Willy (1893-1968), Dr. jur., Journalist beim *Ullstein-Verlag*, Sportredakteur bei der *BZ am Mittag* und der *Vossischen Zeitung*, Buchautor, emigrierte, weil er als Jude verfolgt wurde, 1934 nach England.

14 KOPPEHEL, Carl, *Der Fussball-Schiedsrichter und seine Organisation*, Leipzig / Zürich 1930.

15 KNESEBECK, Willy, *Schule des Fussballspiels*, Stuttgart / Berlin / Leipzig o. J. 94 S.

16 KNESEBECK, Willy, *Wie wird Fussball gespielt? Die Technik des Fußballspiels in Wort und Bild*, Stuttgart 1923, 31 S. u. 42 Bildertafeln.

17 SURÉN, Hans, *Deutsche Gymnastik*, Oldenburg / Berlin 1922, 84 S. (bis 50. Auflage 1925, 291 S.).
SURÈN, Hans (1885-19**??**), Major a.D., Vertreter eines rassisch geprägten deutschen Gymnastiksystems, zahlreiche Schriften dazu mit vielen Auflagen, nach 1933 Oberstarbeitsführer, Inspekteur für Leibeserziehung des *Deutschen Arbeitsdienstes*.

18 HOFSCHNEIDER, U. / ROSENBERGER, S. *Der Schiedsrichter. Eine Erläuterung der Fußball-Spielregeln für Schiedsrichter, Fußballspieler und Zuschauer*, Stuttgart 1922, 119 S. (bis 22. Auflage 1930, 204 S.).

19 FENDRICH, Anton / BLASCHKE, Georg P., *Fussball*, Stuttgart 1922, 119 S.
BLASCHKE, Georg (1876-1929), 1915-1928 ehrenamtlicher Geschäftsführer des DFB.

2.3. Analyse und Bewertung

Die insgesamt 79 Seiten umfassende Arbeit wurde im Juni 1925 von Otto NERZ (vgl. Abb. 40) beendet. Grundlage seiner Ausführungen sind seine eigenen Erfahrungen als aktiver Spieler, Trainer und Turnlehrer in der Schule sowie seine Tätigkeit als Student und Dozent an der DHfL in Berlin sowie private Studienreisen nach England. Lediglich in seinem Kapitel über die Gymnastik bezieht er sich vorwiegend auf die Schriften des Schweden Nils BUKH.
Mit dem Thema „Wintertraining“ greift er einen Bereich auf, der zur damaligen Zeit noch kaum bzw. überhaupt keine Beachtung fand. Eine Trainingsperiodisierung, wie wir sie heute kennen, - mit mindestens fünf Phasen - fand noch nicht statt. Lediglich die Differenzierung in Sommer- und Wintertraining war durch die äußeren Gegebenheiten vorgegeben. Eine einmonatige Pause im Sommer galt als kurze Regenerationszeit ohne Fußballtraining mit leichtem Laufen und Gymnastik sowie – wenn möglich – mit viel Schwimmen.
Seine methodische Vorgehensweise war rein deduktiv, indem er klar formulierte: *„Das Ziel bestimmt den Weg!*“ Als Prinzip der Trainingsgestaltung galt für ihn: „[...] *nur große Reize sind Wachstumsreize*“. Vielleicht mag diese Form des intensiven Trainings auch eine Erklärung dafür sein, dass er bei den Spielern als eisenharter Trainer galt. Allerdings ist seine Forderung nach zweimaligem Training pro Woche eher moderat und gilt trainingswissenschaftlich als längst überholt.
Insgesamt wird in vielen Bereichen vorrangig nach einzelnen Gesichtspunkten, wie z.B. Technik, Taktik, „Lauf“ (Kondition), oder nach Spielpositionen trainiert. Ein „übergreifendes“ spielerisches Training findet nur im Wettkampfspiel statt. Auch wird vielmehr auf eine theoretische Ausbildung der Spieler wert gelegt, denn nur *„wenn er weiß, was sein Nebenmann weiß und will, dann wird die Mannschaft ein Ganzes.*“ *„Fußball ist eine Kunst, d.h. das Können ist das Wesentliche. Jede Kunst braucht aber eine theoretische Grundlage.*“ So sind rund 10% der gesamten Arbeit der Theoriebildung der Spieler gewidmet – ein Ansatz, über den sich nachzudenken lohnt! Aus dieser Sicht ist es auch verständlich, wenn der Trainer als „Fußball-Lehrer“ bezeichnet wird. Dieser Begriff wird bis heute nur für die Trainer benutzt, welche die höchste Lizenz des DFB erworben haben.

Umfang:	79 Seiten (DIN A4)
Abgabe der Arbeit:	Juni 1925
Inhalt / Schwerpunkte:	Periodisierung („Wintertraining“), Konditionstraining („Ausdauer“, „Schnelligkeit“), individual- und gruppentaktische Übungs- / Spielformen, Taktiktraining (Theorie / Praxis), „Gesundheitserziehung“
Gliederung:	Vorwort Allgemeines über Wintertraining A) Laufen B) Balltechnik C) Taktische Übungen D) Gymnastik I. Allgemeine Grundgymnastik II. Spezielle Fußballgymnastik E) Bad, Massage und Erste Hilfe F) Theoretischer Unterricht Literaturnachweis

Tab. 5 : Diplomarbeit im Überblick

Der Hauptteil ist in sechs Bereiche gegliedert, wobei nur der Punkt „*D) Gymnastik*“ weiter ausdifferenziert wird (vgl. Tab. 5).
Am umfangreichsten - mit 16 Seiten - ist das Techniktraining beschrieben, dann folgen die taktischen Übungen (14 Seiten) und am Schluß stehen die Hinweise zur „*Ersten Hilfe, Bad, Massage*“ (5 Seiten).
Seine allgemeinen Aussagen über das „*Wintertraining*“ könnten auch für die Trainingsgestaltung insgesamt stehen, abgesehen von den organisatorischen Hinweisen zur Ausstattung von Hallen und Plätzen mit Notbeleuchtung. So kritisiert er, daß meistens im Training „nur“ gespielt wird! Zu einer guten Ausbildung eines Spielers gehören aber eine umfangreiche technische und taktische Ausbildung, sowie eine „*zweckentsprechende Lebensweise*“ - frei von allen Extremen - u.a. wenig rauchen, ab und zu ein Glas Bier.

Abb. 40 Otto Nerz

So muß jeder Spieler immer weiter trainieren – auch das größte Talent. Die Entwicklung einer Mannschaft vergleicht er mit der eines Künstlers: zunächst planlos, dann wird studiert (trainiert) und am Schluß wird das Talent zum Künstler („Topspieler“)! Besonderer Wert wird neben der intensiven Ballschule der Gymnastik beigemessen. Sie soll Kraft und Gewandtheit erzeugen. „*Wer die Gymnastik nicht liebt, hat sie meistens am nötigsten!*“ postuliert NERZ. Neben der „*Allgemeinen Gymnastik*“ beschreibt er eine „*Spezielle Fußballgymnastik*“, u.a. für die Fuß- und Hüftgelenke. Interessant sind dabei die Ausführungen über das „*Ball- und Kampfboxen*“. Hier sollen Härte und Kampfkraft geübt werden, um den Körper gegen das Rempeln und den gegnerischen Druck einzustellen.
Elemente des Taktiktrainings - Angreifen, Freistellen, Decken, Einleiten eines Angriffs, Schema der Zusammenarbeit - dürfen auch in keinem Training fehlen. Dabei sieht er die Taktik der Technik übergeordnet: „*Technik ist das Werkzeug der Taktik*“.
Insgesamt gesehen ist seine „*Fußball-Lehre*“ sicherlich weder vollkommen noch detailliert genug beschrieben und unter trainingswissenschaftlichen Gesichtspunkten auch teilweise überholt. Aber die grundlegende Forderung nach mehr Training sowohl in der Praxis als auch in der Theorie sind wegweisend bis in die heutige Zeit. Die umfangreiche Einbindung von gymnastischen Übungen in das Training sowie die geforderten Kenntnisse zur Hygiene und Gesundheitserziehung der Fußballspieler sind für viele Spieler und Trainer bis heute noch lange nicht erreicht.

3. Sepp Herberger

3.1. Biographische Skizze

Als Sepp HERBERGER (vgl. Abb. 41) im Jahr 1997 hundert Jahre alt geworden wäre, erschienen drei insgesamt sehr ausführliche und fast alle Stationen seines Lebens beleuchtende Biographien.[1] Ein Bereich wurde allerdings sehr zurückhaltend und knapp beschrieben, seine akademische Karriere. Dies war Anlaß, daß Mitarbeiter der *Deutschen Sporthochschule Köln*, an der Herberger seit 1947 hauptamtlich und einige Jahre später nebenamtlich tätig gewesen war, eine kommentierte Dokumentation[2] über diese Zeit vorlegten. Wenn in diesem Band die Diplomarbeiten von NERZ und HERBERGER als Quelle zur Geschichte der deutschen Trainerausbildung vorgelegt werden, ist es sinnvoll, auch einige biographische Skizzen zum Leben der beiden voranzustellen. Bei Herberger genügt, weil - siehe oben - das meiste schon geschrieben wurde, eine tabellarische Zusammenstellung der wichtigsten Lebensdaten (vgl. Tab. 6). Etwas genauer soll auf die Studienzeit eingegangen werden.

Abb. 41: Sepp HERBERGER ca. 1930

1897 März 28	Geburt als viertes Kind des Ehepaars Josef (16.10.1856 - 21.8.1909) und Lina HERBERGER (16.5.1858 - 30.9.1936) in Waldhof/Mannheim
1903 - 1907	Besuch der Volksschule Waldhof
1908 - 1911	Besuch der "Bürgerschule" (heute etwa mit der Realschule vergleichbar)
1911 - 1916	Hilfsarbeiter auf dem Bau, danach in der Metallverarbeitung als "Büroarbeiter"
1914 Januar 1	Erstes Spiel in der Seniorenmannschaft des *SV Waldhof* (Mannheim) des knapp 17jährigen
1916 März 9	Einberufung zum Militär, Ausbildung als Infanterist, Granatwerfer, Funker, Kraftfahrer und Nahkämpfer
1917 April	Erster Fronteinsatz
1919 Januar 4	Heimkehr aus dem Ersten Weltkrieg
1919 Januar bis	Spieler des *SV Waldhof* (vgl. Abb. 42, 43 und 44), dabei Berufung in die "Süddeutsche Auswahl" (10.4.1921) und in die Nationalmannschaft (18.9.1921 in Helsinki)
1921 April 30	Heirat mit Eva MÜLLER (11.12.1896 - 27.04.1989) aus Weinheim
1921 Oktober bis	Spieler für den VfR Mannheim (vgl. Abb. 45) - in dieser Zeit ein Jahr Sperre

1 KEHL, Anton, *„Ich war ein Besessener..." Sepp Herberger in Bildern und Dokumenten*, München/Leipzig 1997.
LEINEMANN, Jürgen, *Sepp Herberger. Ein Leben, eine Legende*, Berlin 1997.
SCHWARZ-PICH, Karl-Heinz, *Der Ball ist rund. Eine Seppl Herberger Biographie*, Ubstadt-Weiher 1996.

2 BUSCHMANN, Jürgen / LENNARTZ, Karl / STEINKEMPER, Hans Günter, *Sepp Herberger und die Sporthochschule Köln*, Sankt Augustin 1997.

1926 September 19	wegen eines Verstoßes gegen den Amateurstatus. Danach noch zwei Spiele in der Nationalmannschaft (1924 gegen Italien - 0:1 verloren und 1925 gegen Holland - 1:2 verloren)
1921 November	Anstellung bei der *Dresdner Bank* in Mannheim
1926 August 1	Anstellung beim *Bankhaus Fürstenberg & Klocke* in Berlin
1926 September 26 bis 1930 Januar 30	Spieler für *Tennis Borussia Berlin* (vgl. Abb. 46, 47, 48 und 49)
1927 Oktober	Aufnahme des Studiums im WS 1927/28 an der *Deutschen Hochschule für Leibesübungen* in Berlin (vgl. Abb. 50, 51, 52 und 53)
1930 Januar	Diplomarbeit mit dem Thema: *Der Weg zur Höchstleistung im Fussballsport*
1930 Juli	Prüfung als Diplom Turn- und Sportlehrer und Auszeichnung als Jahrgangsbester mit der *August-Bier-Plakette*
1930 September bis 1932 Juli	Trainer von *Tennis Borussia Berlin*
1932 September 1	Verbands-Sportlehrer beim *Westdeutschen Spielverband* in Duisburg (vgl. Abb. 54)
1936 Oktober 24	*Reichstrainer des Fachamtes Fußball*, offiziell behält NERZ die Verantwortung für die Nationalmannschaft bis zum 12. Mai 1938 (vgl. Abb. 55, 56 und 57)
1936 November 15	1. Länderspiel (vgl. Abb. 58) als Alleinverantwortlicher gegen Italien (2:2) - NERZ stellte aber die Mannschaft auf (vgl. Abb. 59)
1937 Mai	Umzug von Duisburg nach Berlin
1939 November 9	Alleinige Vollmacht für die Nationalmannschaft erteilt durch von TSCHAMMER und OSTEN (vgl. Abb. 60)
1943/44	"Truppenbetreuung" u.a. in Dänemark und Norwegen nach Einstellung des Länderspielbetriebs (20.2.43)
1944 September 25	Einberufung zur Wehrmacht, nach fünf Tagen krankheitshalber entlassen
1945 März	Arbeitslos in Weinheim
1947 Mai 15 bis 1956 (ca.)	Dozent an der Sporthochschule Köln
1947 Juli 7	Unterrichtsbeginn als "Fußball-Lehrer"
1947 November 1 bis 1948 August 21	Leitung des 1. Fußball-Lehrer-Lehrgangs in Köln
1949 Oktober 2	Inoffizielle Berufung Herbergers zum Bundestrainer durch den *Deutschen Fußball-Ausschuß*, ab 31. Januar 1950 offiziell ernannt
1954 Juli 4	Fußball-Weltmeister mit der deutschen Nationalmannschaft in Bern (Endspiel 3:2 gegen Ungarn)
1964 Juni 7	Rücktritt als Bundestrainer, letztes Länderspiel gegen Finnland (4:1-Sieg). Insgesamt 162 Länderspiele unter seiner Leitung: 92 gewonnen, 26 unentschieden, 44 Niederlagen
1977 April 28	Einen Monat nach seinem 80. Geburtstag stirbt HERBERGER in einem Mannheimer Krankenhaus

Tab. 6: Biographie HERBERGERS im Überblick

Abb. 42: Herberger untere Reihe 2. von links

Abb. 43: Herberger 5. von rechts

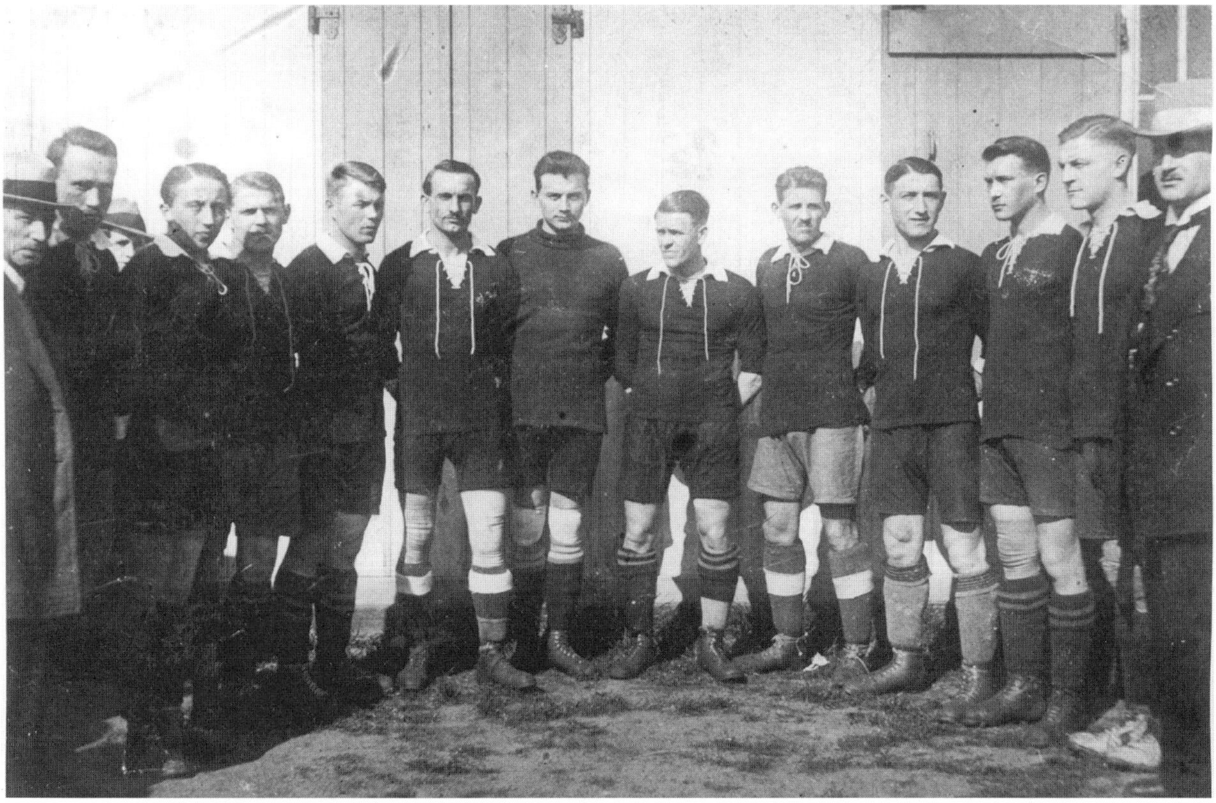

Abb. 44: Herberger als Spieler von *SV Waldhof,* 6.von links

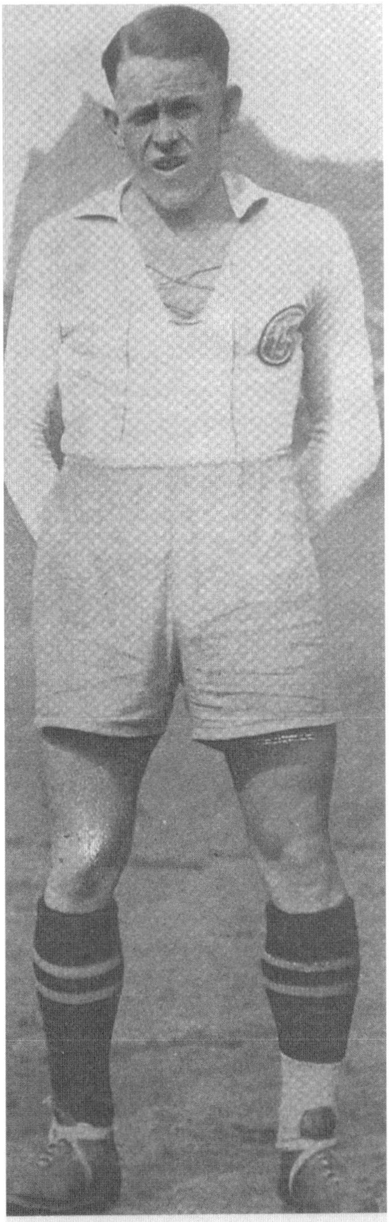

Abb. 46: HERBERGER mit guter Körper- und Ballbeherrschung als Spieler von *Tennis-Borussia Berlin*

Abb. 45: HERBERGER als Spieler des *VfR Mannheim* (1925)

Abb. 47: HERBERGER (unten rechts) als Spieler von *Tennis-Borussia Berlin*

Abb. 48: HERBERGER scheitert als Stürmer von *Tennis-Borussia Berlin* bei einem Spiel gegen *Hertha BSC* an Torwart GEHLHAAR

Abb. 49: Sammelbild von HERBERGER als Spieler von *Tennis-Borussia Berlin*

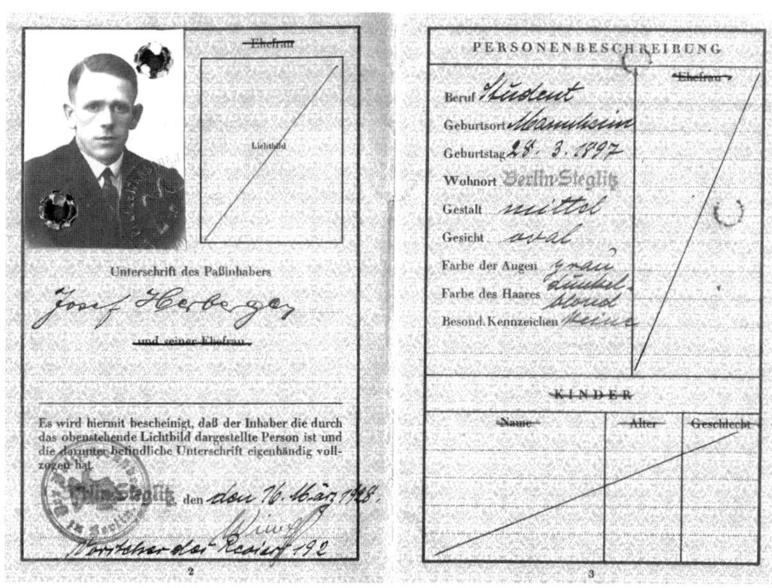

Ehefrau

Lichtbild

Unterschrift des Paßinhabers

Josef Herberger

und seiner Ehefrau

Es wird hiermit bescheinigt, daß der Inhaber die durch das obenstehende Lichtbild dargestellte Person ist und die darunter befindliche Unterschrift eigenhändig vollzogen hat.

Steglitz, den 16. März 1928

2

PERSONENBESCHREIBUNG

Ehefrau

Beruf Student

Geburtsort Mannheim

Geburtstag 28. 3. 1897

Wohnort Berlin-Steglitz

Gestalt mittel

Gesicht oval

Farbe der Augen grau

Farbe des Haares dunkelblond

Besond. Kennzeichen keine

KINDER

Name	Alter	Geschlecht

3

Abb. 50: Auszug aus dem Reisepaß von HERBERGER

Abb. 51: HERBERGER mit Studenten der DHfL im Wintersemester 1927 (neunter von rechts mit farbigem Pullover)

Abb. 52: HERBERGER im Fußballdreß der DHfL

Abb. 53: HERBERGER als Sportstudent
Die Studenten der *Deutschen Hochschule für Leibesübungen* sollten bei den praktischen Übungen den offiziellen Sportdreß tragen. Das Abzeichen wurde 1924 aufgrund eines Preisausschreibens von einem Studenten entworfen. Es stellt das Symbol eines antiken Tempels dar und ist nach dem Zweiten Weltkrieg auch das Abzeichen der Sporthochschule in Köln geworden. Auf dem festgegründeten Fundament erheben sich die vier Säulen, die das Starke, Wahre, Gute und Schöne verkörpern sollen. Sie tragen das schützende Dach der Wissenschaft

Abb. 54: VerbandsSportlehrer HERBERGER bei einem Lehrgang des WSV 1932 in Duisburg

Abb. 55: HERBERGER (obere reihe 3. von rechts) bei einem Vorbereitungslehrgang zur WM 1938

Abb. 56: **HERBERGER hatte den Befehl aus den Spielern der deutschen und ehemaligen österreichischen Nationalmannschaft ein Team für die WM – 1938 zusammenzustellen, bei der Spieler beider Verbände – trotz unterschiedlicher Spielsysteme- ungefähr gleich vertreten sein sollten. Zur Vorbereitung diente am 3.4.1938 in Wien ein Spiel „Ostmark gegen Altreich“**

Abb 57:
HERBERGER 1938
Appell bei einem
Lehrgang des WSV
in Duisburg

Abb. 58: HERBERGER im Gespräch mit Otto SIFFLING vor dem Länderspiel am 15.11.1936 gegen Italien (2:2)

Abb. 59: Die Breslauer Elf, die Mannschaft, die am 26. Mai 1937 in Breslau gegen Dänemark mit 8:0 gewann, von links, Fritz SZEPAN, Hans JAKOB, Rudolf GELLESCH, Ernst LEHNER, Reinhold MÜNZENBERG, Ludwig GOLDBRUNNER, Paul JANES, Otto SIFFLING, Adolf URBAN, Anderl KUPFER, Albin KITZINGER

Abb. 60: HERBERGER bei einem Nachwuchslehrgang 1940

HERBERGER kam aus einer Arbeiterfamilie. Er besuchte zunächst die Volksschule in Waldhof, dann die Bürgerschule in Mannheim, eine Art Realschule. Als sein Vater 1909 starb, konnte das Schulgeld nicht mehr bezahlt werden und er mußte zurück auf die Volksschule. HERBERGER wollte Lehrer werden. Aufgrund seiner Leistungen versuchten seine Lehrer, ihm ein Stipendium zu besorgen, leider vergeblich. Er arbeitete kurze Zeit als Hilfsarbeiter, später war er in einer metallverarbeitenden größeren Firma Werkstattschreiber. Bald begann seine Karriere als Fußballspieler. Er wurde dreimal in die Nationalmannschaft berufen.
Im Frühjahr 1925 wollte HERBERGER, der schon länger an einer Ausbildung zum Trainer interessiert war, an einem Trainerlehrgang an der *Deutschen Hochschule für Leibesübungen* in Berlin unter Leitung von Otto NERZ teilnehmen. Da NERZ kurz vor Beginn schwer erkrankte, bestimmte kurzerhand Felix LINNEMANN, der Vorsitzende des *DFB*, HERBERGER zum Leiter des Lehrgangs, den HERBERGER dann auch vom 6. bis 30. April durchführte. Am Ende wurde selbstverständlich auch ihm die „Trainerlizenz" erteilt. Carl DIEM, damals Generalsekretär des *Deutschen Reichsausschusses für Leibesübungen* und Prorektor der Hochschule, war vom Lehrgeschick des Autodidakten HERBERGER so beeindruckt, daß er ihm das Angebot machte, mit einer Sondergenehmigung für Nichtabiturienten an der Hochschule ein Studium aufzunehmen.

HERBERGER zog mit seiner Frau nach Berlin und spielte ab der Saison 1925/26 für *Tennis Borussia*. Anfangs hatte er einige Probleme, sich in dem neuen Verein zurechtzufinden. Bald gehörte er auch in Berlin zu den besten Spielern und wurde mehrfach in die Berliner Stadtauswahl berufen. Da es in dieser Zeit nur wenig Länderkämpfe gab, hatten die sog. Regionalauswahlspiele einen hohen Stellenwert. Für die Nationalmannschaft kam HERBERGER sowieso nicht mehr in Frage, da der 1926 neuernannte Bundes-Fußballehrer NERZ diese für die Olympischen Spiele 1928 in Amsterdam vorbereiten mußte. Aufgrund eines Verstoßes gegen den Amateurparagraphen und einer einjährigen Sperre 1922/23 war HERBERGER olympisch nicht mehr spielberechtigt. In Berlin erhielt HERBERGER eine Anstellung bei einem Bankhaus und soll 350 Mark im Monat verdient haben. Andere Quellen sprechen davon, daß die Familie mit 200 Mark im Monat auskommen mußte. HERBERGER selbst berichtete mehrfach, daß diese Jahre für ihn und seine Frau wirtschaftlich sehr schwierig waren. Er war jedenfalls gezwungen, zusätzlich noch einige kleinere Berliner Fußballvereine zu trainieren. In den nächsten beiden Jahren bereitete er sich auf sein Sportstudium vor, das er nach bestandener Aufnahmeprüfung mit der oben erwähnten Sondergenehmigung im Wintersemester 1927/28 beginnen konnte. Er erhielt die Nr. 267 (vgl. Abb.61). HERBERGER war inzwischen 30 Jahre alt und der älteste Student. Die vielen theoretischen Fächer und auch die vielen Sportarten, in denen er ausgebildet wurde, bereiteten ihm große Mühe. Mit Fleiß, Energie und Zähigkeit biß er sich aber durch.

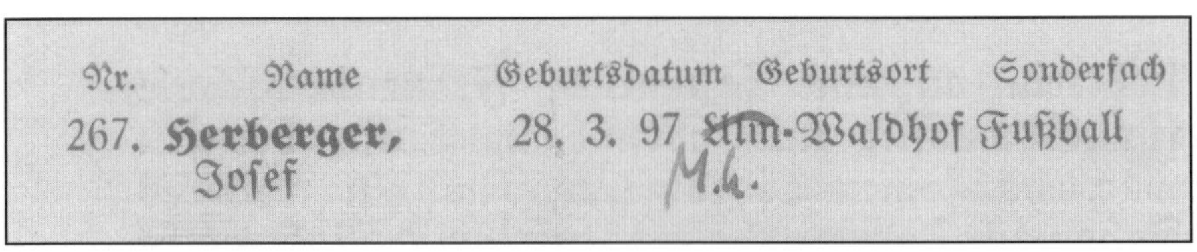

Nr.	Name	Geburtsdatum	Geburtsort	Sonderfach
267.	**Herberger,** Josef	28. 3. 97	~~Mm~~-Waldhof M.h.	Fußball

Abb. 61: HERBERGER im Jahresbericht der DHfL

Im Januar 1930 reichte HERBERGER seine Diplomarbeit ein: *Der Weg zur Höchstleistung im Fussballsport*. Für die beste Prüfungsleistung wurde ihm vom Senat der Hochschule für das Sommersemester 1930 die *August-Bier-Plakette* zuerkannt. Diese Auszeichnung wurde an der Hochschule in Berlin von 1922 bis 1933 und wird an der *Deutschen Sporthochschule Köln* von 1949 bis heute verliehen.
Böse Zungen behaupteten, NERZ hätte die Arbeit verfaßt. Dies scheint kaum glaubhaft. Es paßt gar nicht in das Bild, das wir von HERBERGER haben. Sein Selbstverständnis hätte so etwas nie zugelassen. Hätte NERZ überhaupt die Zeit gehabt, einen so umfangreichen Text zu verfassen? Später war das Verhältnis zwischen beiden so gespannt, daß sich dies nicht mehr hätte verheimlichen lassen. Leider sind sowohl die Arbeit als auch das Originalzeugnis während des Krieges verlorengegangen.

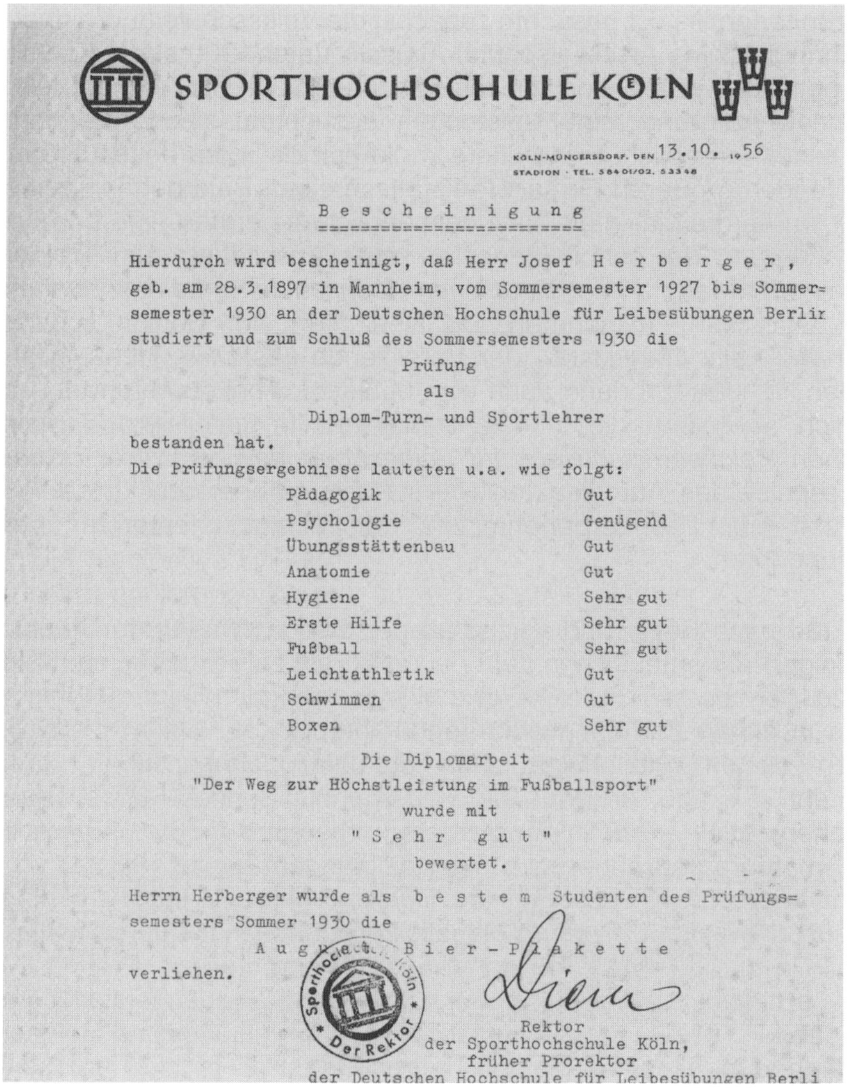

SPORTHOCHSCHULE KÖLN

KÖLN-MÜNGERSDORF, DEN 13.10. 1956
STADION · TEL. 58401/02. 53348

Bescheinigung

Hierdurch wird bescheinigt, daß Herr Josef Herberger, geb. am 28.3.1897 in Mannheim, vom Sommersemester 1927 bis Sommersemester 1930 an der Deutschen Hochschule für Leibesübungen Berlin studiert und zum Schluß des Sommersemesters 1930 die

Prüfung
als
Diplom-Turn- und Sportlehrer

bestanden hat.

Die Prüfungsergebnisse lauteten u.a. wie folgt:

Pädagogik	Gut
Psychologie	Genügend
Übungsstättenbau	Gut
Anatomie	Gut
Hygiene	Sehr gut
Erste Hilfe	Sehr gut
Fußball	Sehr gut
Leichtathletik	Gut
Schwimmen	Gut
Boxen	Sehr gut

Die Diplomarbeit
"Der Weg zur Höchstleistung im Fußballsport"
wurde mit
"Sehr gut"
bewertet.

Herrn Herberger wurde als bestem Studenten des Prüfungssemesters Sommer 1930 die
August-Bier-Plakette
verliehen.

Diem
Rektor
der Sporthochschule Köln,
früher Prorektor
der Deutschen Hochschule für Leibesübungen Berli

Abb. 62: HERBERGERS Diplom-Zeugnis
Das Original ging während des Krieges verloren. Als HERBERGER 1956 endgültig die Sporthochschule als Fußballdozent verließ, ließ er sich diese Bescheinigung von DIEM ausstellen.

Abb. 63: Carl DIEM (Bildmitte) als Delegationsleiter einer Fußball-Auswahlmannschaft (6 Spieler von *Admira Wien*, sieben Anwärter für die Nationalmannschaft) mit Sepp HERBERGER (2. von rechts) in der Türkei 1942

Vom Zeugnis gibt es aber eine Abschrift (vgl. Abb. 62), beglaubigt von der Sporthochschule Köln bzw. von deren Rektor DIEM (vgl. Abb. 63 und 64). HERBERGER hatte in allen Prüfungsfächern die Noten *„Gut“* oder *„Sehr Gut“*, lediglich in Psychologie ein *„Genügend“*. Dies hatte einen Grund. Wie erwähnt, mußte HERBERGER, um seinen Lebensunterhalt

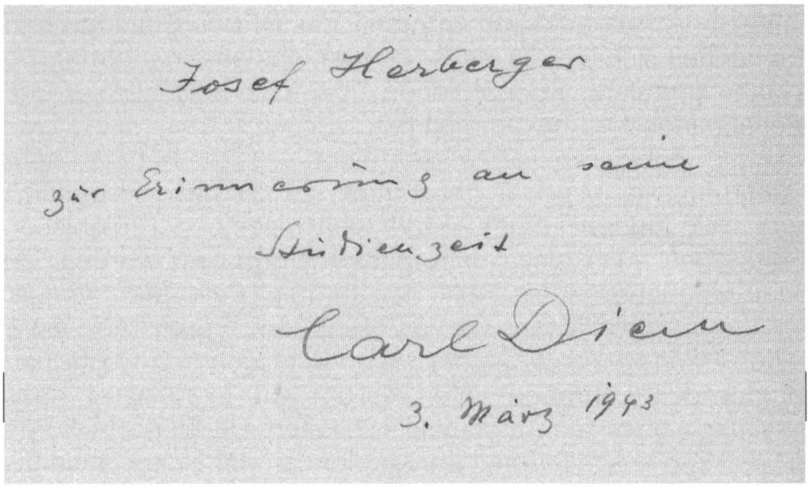

während des Studiums finanzieren zu können, Fußballvereine trainieren. Bei einer Prüfung in Sportpsychologie bei Hanns SIPPEL[3] fiel er durch. Er hatte die Vorlesungen nicht besuchen können, weil er genau an diesen Abenden als Trainer tätig war. Der große Fußballpsychologe HERBERGER bestand die Prüfung in Psychologie nicht! In der Wiederholung bekam er ein *„Genügend“*. SIPPEL, der bis 1984 lebte, bewies später Humor und Größe. Er gratulierte HERBERGER, als dieser 1954 Weltmeister geworden war, lobte sein gutes psychologisches Einfühlungsvermögen und meinte, vielleicht sei er gerade deshalb so erfolgreich, weil er in seinen Veranstaltungen gefehlt hatte.

[3] SIPPEL, Hanns (1892-1984), 1925 bis 1931 Leiter des *Sportpsychologischen Instituts* der DHfL, gründete 1928 die *Wissenschaftliche Gesellschaft für Körperliche Erziehung.*

3.2. „Meine Sternstunde“

Vorbemerkung

Bei der Abfassung dieser Schrift haben die Autoren auch im Archiv des DFB in Frankfurt den Herberger-Nachlaß „gesichtet“. Es handelt sich um die vielen Ordner, das sogenannte große „Notizbuch“, indem HERBERGER Jahrzehntelang Informationen über das Fußballspiel und insbesondere die Spieler der Nationalmannschaft gesammelt hat.
HERBERGER hatte wohl vor, eine Autobiographie zu schreiben. Dazu hat er sehr umfangreiche Vorarbeiten geleistet und viel Material gesammelt. Er ist dabei eigentlich ziemlich umständlich vorgegangen. Wir fanden immer wieder von einzelnen Ereignissen zahlreiche Entwürfe. Hin und wieder sind auch einzelne Kapitel ausformuliert worden. Zu unserer großen Freude entdeckten wir dabei einen Text, den er mit „*Eine Sternstunde*“ bezeichnet hatte. Dort beschreibt er detailliert, wie er 1925 in Berlin an einer Trainerausbildung an der *Deutschen Hochschule für Leibesübungen* teilnehmen wollte und durch die Krankheit von NERZ, der den Lehrgang leiten sollte, von LINNEMANN dazu aufgefordert wurde, diese Veranstaltung - quasi als Autodidakt - zu leiten. HERBERGER wurde dabei von Carl DIEM „begutachtet“, der ihm anschließend das Studium an der Hochschule als Nichtabiturient ermöglichte. Der Text, in dem sich noch viele „Tippfehler“ befinden und der noch zahlreiche grammatikalische und sprachliche Unrichtigkeiten aufweist, wäre sicher noch von Herberger überarbeitet und in eine korrektere Form gebracht worden. Wir haben ihn aber weitgehend unkorrigiert gelassen, um HERBERGERs lebendige Diktion – wie er den Text einfach niedergeschrieben hat, wie er auch sprach – dem Leser zugänglich zu machen.

Wir haben zwei weitere Dokument für abdruckenswert gehalten. Das erste trägt die Überschrift „*Disposition für Berliner Zeit*“ (vgl. Abb. 65). Darin hat er stichwortartig einige Überlegungen zu seinem Studium geäußert. Genauso interessant erschienen uns die kurzen kritischen Ausführungen über „*Otto Nerz und sein Trainingsprogramm*“ (vgl. Abb. 66).

Die Anmerkungen zu den Texten wurden von den Verfassern zum besseren Verständnis hinzugefügt.

Meine Sternstunde

Tagsdarauf fuhr ich von Hamburg nach Berlin. Diese Reise war von vornherein eingeplant und abgesprochen. Um ganz ehrlich zu sein, muss ich gestehen, dass es mein alter Wunschtraum war, der mir zu dieser Reise riet. Auf irgend eine Weise hatte ich nämlich erfahren, dass in allernächste Zukunft an der Deutschen Hochschule für Leibesübungen in Berlin unter der Leitung des Deutschen Fussball Bundes ein vierwöchiger Lehrgang für Fussball-Übungsleiter durchgeführt werden sollte. Diese Kunde hatte die in all den zurückliegenden Jahren immer schwelend vorhandenen Wünsche hellwach gerüttelt. Da bot sich an, was ich schon so lange wollte.
Um diesen Punkt kreisten meine Gedanken und Wünsche, als ich auf dem Weg nach Berlin war. In meiner Begleitung fuhr Alfred Birlem[1], der grosse Berliner Schiedsrichter unserer Generation, der auch gestern unser Spiel geleitet hatte. Er wusste als Geschäftsführer des Berliner Verbandes auch von diesem Lehrgang, womit für eine lange Strecke unserer Fahrt das Thema gegeben war.
Nach allem stand für mich fest, dass ich während meines Aufenthaltes in Berlin auch zu einem Besuch bei Felix Linnemann kommen musste. Aber wie? Er hatte mir ja einmal

---

1 BIRLEM, Alfred (*1888), *Berliner FC Viktoria 89*, mit seinem Verein 1908 Deutscher Meister, nach dem *Ersten Weltkrieg* Schiedsrichter, leitete 18 Länderspiele, zwischen 1932 und und 1937 fünf von sechs Endspielen um die Deutsche Meisterschaft, Obmann des Schiedsrichterausschusses des *Berliner Fußballverbandes*, und des DFB-Schiedsrichterausschusses, 1950 Leiter des Berliner Verbandsheimes in Berlin-Wannsee.

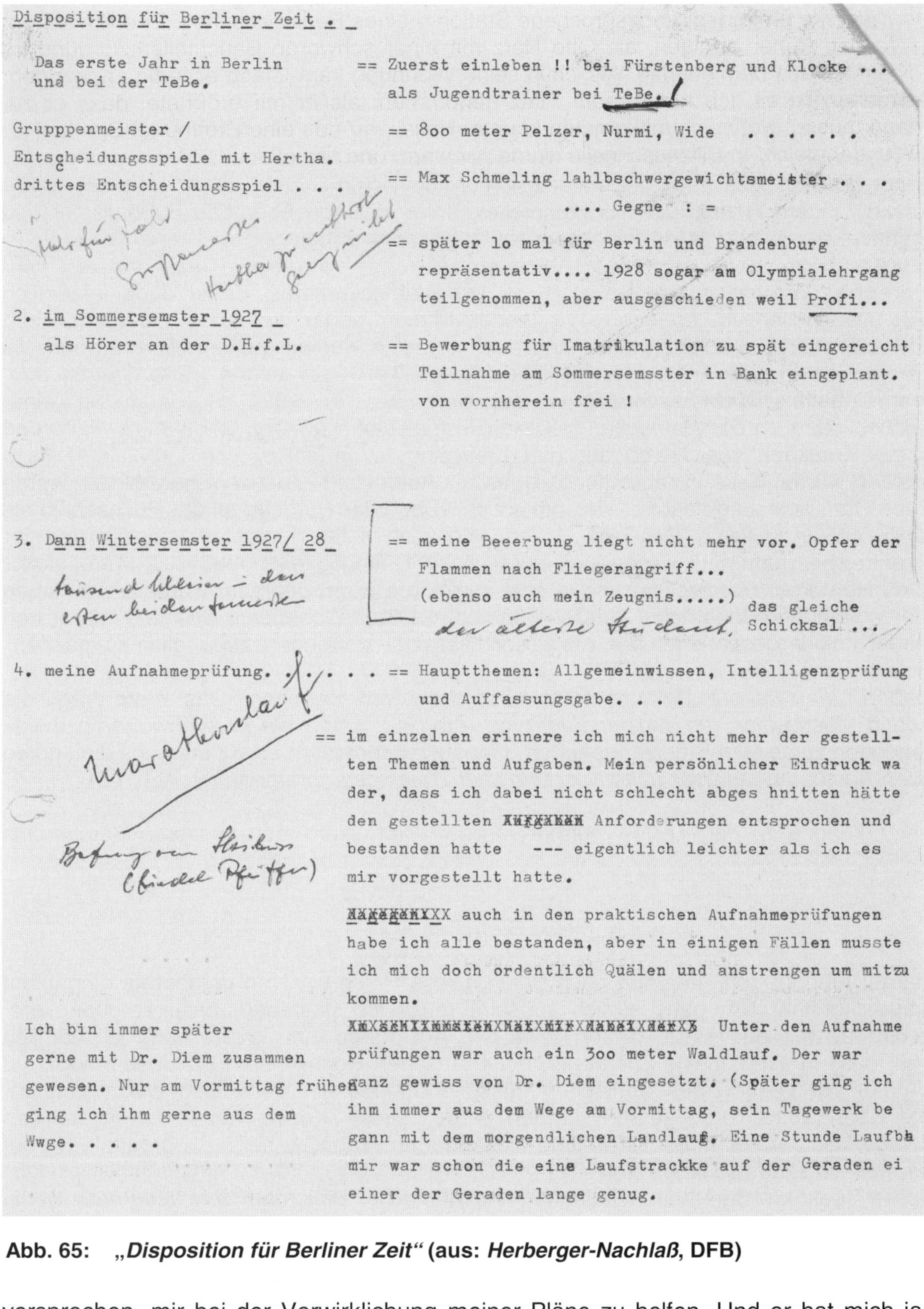

Disposition für Berliner Zeit . _

Das erste Jahr in Berlin und bei der TeBe. == Zuerst einleben !! bei Fürstenberg und Klocke ... als Jugendtrainer bei TeBe.

Grupppenmeister / == 8oo meter Pelzer, Nurmi, Wide . . . . . .

Entscheidungsspiele mit Hertha. drittes Entscheidungsspiel . . . == Max Schmeling lahlbschwergewichtsmeister . . . . Gegne : =

== später lo mal für Berlin und Brandenburg repräsentativ.... 1928 sogar am Olympialehrgang teilgenommen, aber ausgeschieden weil Profi...

2. im Sommersemster 1927 _ als Hörer an der D.H.f.L. == Bewerbung für Imatrikulation zu spät eingereicht Teilnahme am Sommersemsster in Bank eingeplant. von vornherein frei !

3. Dann Wintersemster 1927/ 28 == meine Beeerbung liegt nicht mehr vor. Opfer der Flammen nach Fliegerangriff... (ebenso auch mein Zeugnis.....) das gleiche Schicksal ...

4. meine Aufnahmeprüfung. . . . == Hauptthemen: Allgemeinwissen, Intelligenzprüfung und Auffassungsgabe. . . .

== im einzelnen erinnere ich mich nicht mehr der gestellten Themen und Aufgaben. Mein persönlicher Eindruck wa der, dass ich dabei nicht schlecht abges hnitten hätte den gestellten XXXXXXX Anforderungen entsprochen und bestanden hatte --- eigentlich leichter als ich es mir vorgestellt hatte.

XXXXXXXXXX auch in den praktischen Aufnahmeprüfungen habe ich alle bestanden, aber in einigen Fällen musste ich mich doch ordentlich Quälen und anstrengen um mitzu kommen.

Ich bin immer später gerne mit Dr. Diem zusammen gewesen. Nur am Vormittag frühe ging ich ihm gerne aus dem Wwge. . . . .

XXXXXXXXXXXXXXXXXXXXXXXXXXXXXXXXXXX Unter den Aufnahme prüfungen war auch ein 3oo meter Waldlauf. Der war ganz gewiss von Dr. Diem eingesetzt. (Später ging ich ihm immer aus dem Wege am Vormittag, sein Tagewerk be gann mit dem morgendlichen Landlauf. Eine Stunde Laufbh mir war schon die eine Laufstrackke auf der Geraden ei einer der Geraden lange genug.

Abb. 65: ***„Disposition für Berliner Zeit“*** **(aus:** ***Herberger-Nachlaß*****, DFB)**

versprochen, mir bei der Verwirklichung meiner Pläne zu helfen. Und er hat mich ja auch später wissen lassen, dass er nach wie vor zu diesem Versprechen stehe. Meine Berufung in die Süddeutsche und die Fussball-Nationalmannschaft durfte ich als ein Zeichen dafür sehen, dass Vergangenes vergessen war.[2] Also..., so dachte ich, „Auf zu Linnemann!“ Über das Wie, war ich mir allerdings noch nicht klar.

2 Gemeint ist wohl HERBERGERS Verstoß gegen die Amateurregel.

Otto Nerz war die erste, fest abgesprochene Station meines Berlinbesuches. Er sollte schon einige Wochen früher erfolgen, als Otto Nerz mit einer schweren Bauchfellentzündung in einem Krankenhaus darniederlag. Als ich in seine Wohnung kam, stand er fertig angezogen zum Ausgehen bereit. Ich hatte kaum Platz genommen, als er mir eröffnete, dass er zu Linnemann müsse, wohin ich mitkommen könnte. Heija, war das eine Eröffnung! Sie kam ja einem Wunder gleich! In Blitzesschnelle wurde mir warm und heiss!!

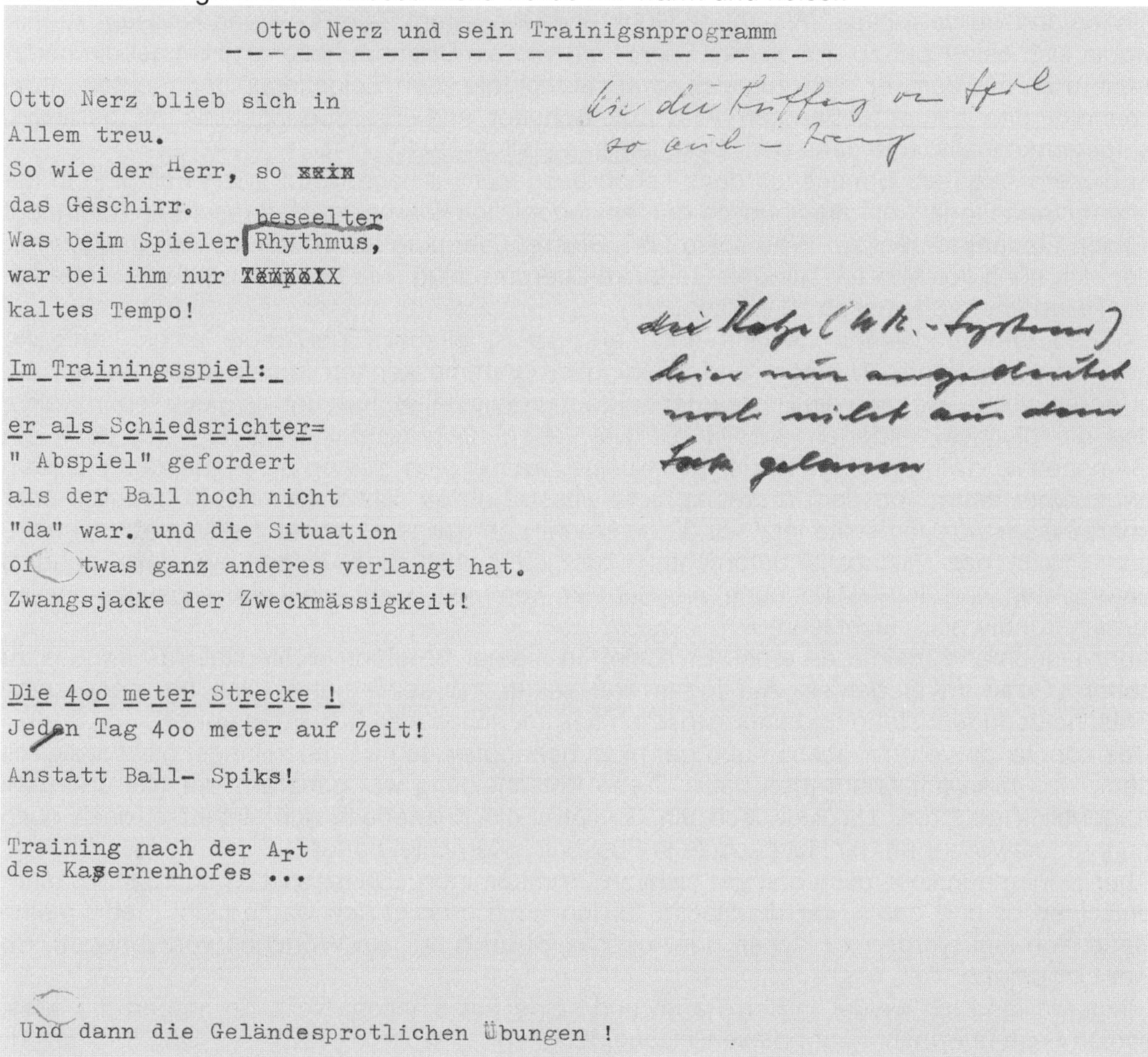

Otto Nerz und sein Trainigsnprogramm

Otto Nerz blieb sich in
Allem treu.
So wie der Herr, so xxix
das Geschirr.
Was beim Spieler beseelter Rhythmus,
war bei ihm nur Xxxxxxx
kaltes Tempo!

Im Trainingsspiel:

er als Schiedsrichter=
" Abspiel" gefordert
als der Ball noch nicht
"da" war. und die Situation
oft etwas ganz anderes verlangt hat.
Zwangsjacke der Zweckmässigkeit!

Die 4oo meter Strecke !
Jeden Tag 4oo meter auf Zeit!

Anstatt Ball- Spiks!

Training nach der Art
des Kasernenhofes ...

Und dann die Geländesprotlichen Übungen !

Abb. 66: Herbergers Auffassung über das WM-System und Nerz (aus: *Herberger-Nachlaß*, DFB)

Aber die kalte Dusche folgte prompt, als Nerz fortfuhr: „Ich bin nämlich gesundheitlich noch nicht so weit, dass ich den kommenden Lehrgang leiten könnte. Die Ärzte haben mir dazu ein striktes Verbot gegeben. Ich muss absagen!“

Das war ein Sturz aus höchsten himmlischen Höhen in einen tiefen, kalten Abgrund.

Es ging zu Linnemann. Hauptthema auf dem Weg zu diesem war die gerade überstandene Krankheit. Daneben kreisten und drängten sich an der Bewusstseinsschwelle die Gedanken über das, was bei Linnemann anstand.

Dann war es soweit. Linnemanns Amtssitz war im Polizeipräsidium am Alexanderplatz. Wir hatten ihm gegenüber am Schreibtisch seines Arbeitszimmers Platz genommen.

Linnemann hatte das Temperament eines Cholerikers. Als Nerz davon anfing, von der Notwendigkeit seiner Absage zu sprechen, blieb dieser zunächst überrascht und sichtlich erschreckt einmal stumm. Dann begann es in seinem Gesicht zu arbeiten. Linnemann trug ein kleines Knebelbärtchen, das einen kleinen Raum unterhalb der Unterlippe beschlagnahmt hatte. Das begann langsam auf und ab zu tanzen, wobei sein Kopf sich

vorneigte, um Nerz über die oberen Ränder seiner Brille stark und starr anzufixieren. Dann brach es plötzlich aus ihm heraus: „Das geht nicht! Das geht einfach nicht! Die Einladungen sind längst ergangen. Die Teilnehmer haben ihren Jahresurlaub genommen. Es geht nicht!!“
Meine Hoffnungen und Wünsche erhielten neue Nahrung!
Aber Nerz blieb kühl bis ans Herz: „Es geht nicht, Herr Linnemann, es geht beim besten Willen nicht!“
Linnemann wurde ruhiger. Was nun? Ruhe und Überlegen! Sein Blick fand langsam zu mir, wobei sich sein Kopf zu mir drehte. Dann kam wie ein Blitz aus heiterem Himmel ein neuer Ausbruch, mit dem er sich zugleich straff aufrichtete, den Zeigefinger der rechten Hand spannte, den bisher gebeugten Arm aus Schulter und Ellenbogengelenk mir geradezu entgegenschnellte und dann rief: „Den Lehrgang leitest Du!!!“
In diesem Augenblick muss ich ganz schön ausgeschaut haben! Auf jeden Fall ging in mir und meinen Gedanken alles hübsch durcheinander. Ich konnte vor Überraschung überhaupt keinen Gedanken fassen. Was sollte ich? Diesen Lehrgang leiten. Ich als Lehrgangsleiter, der sich noch vor Minuten mit den Gedanken herumschlug, wie ich es anstellen könnte, um als Teilnehmer zugelassen zu werden.
Ich und Lehrgangsleiter, der ich doch erst selbst einmal Einblicke in einen Lehrgang gewinnen, Lehrstoff-, Übungs- und Trainingsprogramme kennen lernen wolle; sehen und erfahren wollte, wie man ein Programm aufbaut und gestaltet. Kurzum, all das erleben wollte, das ein blutiger Anfänger, wie ich es war, eben noch nicht kannte. Ich war doch ein Grünspecht, völlig unerfahren, der nur wusste, was er sich bislang als Autodidakt mühsam angeeignet hatte, von dem er selbst nicht wusste, ob es richtig oder falsch, tauglich oder unbrauchbar war. Ich sollte jetzt vor 30 und mehr Lehrgangsteilnehmer treten und in Theorie und Praxis des Fussballs unterrichten, der ich selbst doch bisher nur ganz spärlich unterrichtet war. Ich wollte doch als Schüler kommen, nicht als Lehrgangsleiter; wollte lernen, konnte doch nicht lehren.
Aber Linnemann meinte es ernst. Er schien in meiner Berufung nichts Überraschendes zu sehen. Ganz im Gegenteil. Auf jeden Fall zeigte mir seine ganze Haltung, dass seine Entscheidung fest stehe und unumstösslich sei. Ja, schon war er frei und gelöst.
Das konnte ich von mir absolut und gar nicht behaupten. Ich war noch längst nicht fertig mit dem, was man mir übertragen hatte. Diese Entscheidung war ganz aus der Not und dem Augenblick geboren. Da war doch ein Girulatis, ein Knesebeck und sicherlich doch noch andere, die vorher an der Hochschule in Fussball unterrichtet hatten.
Aber Linnemann liess mich erst gar nicht zu Wort kommen. „Du machst es und damit basta!“ entschied er und damit war die Sache für ihn auch erledigt. Ich wagte nicht mehr, meine Bedenken laut werden zu lassen oder überhaupt auch nur ein Wörtchen vorzubringen. So war Linnemann.
Langsam fand ich wieder in den Raum und seine Einzelheiten. Nerz, der neben mir sass, schien auch überrascht über diese Entscheidung.
Dieser Lehrgang war vom 8. April bis 5. Mai[3] angesetzt. Also vier volle Wochen. Vier volle Wochen und täglich ein volles Programm, dem ich vorzustehen und das ich durchzuführen hatte. Das konnte ja herrlich werden; ich als blutiger Anfänger.
Auf dem Nachhauseweg war es zunächst still. Ich hatte erst einmal nach dem soeben Erlebten und dem mir Aufgetragenen innerlich aufzuräumen, zu ordnen und mir einigermassen klar zu werden. Mit diesen Aufräumungsarbeiten und der gewonnenen Übersicht stellte[n][4] sich auch mehr und mehr der Stolz über die mir zuteil gewordene Auszeichnung, die Freude über die wiedergewonnene Wertschätzung und im Anmarsch damit auch der feste Wille [ein], den Beweis der Eignung und der Fähigkeit für die mir gestellte Aufgabe zu erbringen.
Nerz war mir in den Wochen vor dem Lehrgang Berater, Helfer und Freund. Er als Mann mit grosser Erfahrung in der Programmierung und Durchführung solcher Lehrgänge und als Lehrer für Fussball an der D.H.f.L war mir Halt und Stütze. Sein Lehrprogramm war die

---

3 Von HERBERGER mit Bleistift unterstrichen.
4 In eckigen Klammern Ergänzungen der Verfasser.

Grundlage für den Aufbau meines Programmes. Mein Lehrgangsprogramm war Tag und Nacht bei und in mir.
[Ergänzung am linken Rand]
Die Tage und Stunden vor der Eröffnung des Lehrganges, Ehrgeiz und Wille - Unsicherheit und Zweifel rauften sich miteinander! Lampenfieber!!
Weiche Knie, während und nach der Eröffnung, die Li[nnemann] vornahm. Diese selbst erlebte ich wie in einem Traum, erinnere mich heute nicht mehr an Einzelheiten, was er sagte.
[Ende der Ergänzung]
Und dann war es soweit. Die Stunde der Lehrgangseröffnung im Beisein von Linnemann, Prof. Dr. Carl Diem und Otto Nerz wird mir für alle Zeiten unvergesslich bleiben. Ich stellte in jenen Minuten fest, dass das Herz eine druckvolle Pumpe ist, der Kreislauf in den den Schläfen naheliegenden Gefässen äusserst eng sein kann und auch der Schweissausbruch Anteil an diesem quälenden Gesamteindruck hat. Aber meine einführende Rede hatte ich gründlich vorbereitet und geübt. Und zwar langsam, aber doch sicher gewann ich meine Ruhe und Sicherheit, wurde ich dieser inneren Unruhe und Aufregung Herr. Von da an hatte ich gewonnen. In der Praxis - im Zeigen und Erklären - konnte mir ja nichts passieren. Aber auch in der Theorie wollte ich schon meinen Mann stellen. Es konnte losgehen!
[Ergänzung am linken Rand]
Als es endlich soweit war, dass es zum Platz ging, war ich zwar nicht frei von Nervosität, aber es war mir doch wohler?
Dann bange Minuten vor dem Start, als ich arbeiten konnte, stellte ich meinen Mann (Beispiel Zahnarzt).
[Ende der Ergänzung]
Und es ging dann auch los. Und gut. Ich war bald selbst überrascht, wie glatt, reibungslos, einfach und überzeugend alles für Lehrer und Schüler über die Bühne ging.
[Ergänzung am linken Rand]
Ich hatte in den gerade zurückliegenden Wochen zweimal für Süddeutschland und wieder in der N[ational]M[annschaft] gespielt (29.3.25 Holland).[5]
[Ende der Ergänzung]
Neben der Lehrgangsarbeit gab es in den vier Wochen seines Ablaufes noch andere herrliche Aufgaben. Mein Verein, der VfR Mannheim, stand in den Spielen um die süddeutsche Meisterschaft. Ich war der Mittelstürmer seines Angriffsspiels. Ich wollte für mich persönlich mit besten Leistungen bestehen und zugleich dem Verein und seinem Anhang für die Treue und das Verständnis in Bezug meinen Dank abstatten.
So fuhr ich also an jedem Wochenende dieses Lehrganges mit dem Nachtzug nach Mannheim (oder an den Spielort), traf am Sonntag dort ein, fuhr im Anschluss an das Spiel wieder zurück nach Berlin und war am Montag früh, direkt vom Nachtzug kommend, mit meinem Lehrgang auf der Laufbahn des alten Olympiastadions zu Berlin. An einem solchen Abend brachten mir die Anhänger des VfR auf den Bahnsteigen und aus den Sonderzügen im Frankfurter Hauptbahnhof ein Abschiedsständchen. Während ich berlinwärts fuhr, brausten auf den Nebengleisen die Sonderzüge in Richtung Mannheim, wo es zu feiern galt: Wir hatten am Nachmittag für unseren Verein mit einem Sieg von 2:0 über den Fussballsportverein Frankfurt gegen den Nürnberger Club und Wiesbaden die Süddeutsche Meisterschaft errungen und [diese] zum ersten Male in der Geschichte des Mannheimer Fussballs in unsere Vaterstadt geholt. Zu einem Zeitpunkt wo man in Mannheim noch dieses Ereignis feste feierte, war ich bereits wohlgemut, stolz und froh - meinem Lehrgang voraus - auf der Laufbahn. Das war eine herrliche Glückssträhne, die mir Tüchtigkeit und Glück bescherte.
In meinem Lehrgang waren neben Linnemann und Nerz auch öfters Prof. Dr. Carl Diem zu Gast. Letzterer neben den Besuchen meiner praktischen Stunden auffallend häufig - weit mehr als mir auf meinen Anfängerbeinen lieb war - als Gast in meiner Theorie.
Warum er dies tat, wurde mir dann am Ende meines Lehrganges bekannt...

---

[5] HERBERGERs drittes und letztes Länderspiel: Deutschland verlor in Amsterdam mit 1:2.

Der Lehrgang ging seinem Ende zu. Die letzte der vier Wochen stand im Zeichen der Prüfungen. Wer sie bestand, wurde sogenannter „Wanderlehrer des DFB“, die dieser auf Wunsch und Ersuchen seinen Vereinen in den Wochen der Sommerspielpause den Vereinen zur Verfügung stellte.
Als Lehrgangsleiter gehörte ich auch der Prüfungskommission an. Und nun kam der Clou des Ganzen: Als Lehrgangsleiter und Mitglied der Prüfungskommission stand mir natürlich auch die Anerkennung als DFB-Lehrer zu. Das alles war nach meinen vorausgegangenen Bestellungen eine folgerichtige und selbstverständliche Massnahme. So war ich, der noch vor kurzem die Teilnahme an einem solchen Lehrgang als einen besonderen Glücksfall betrachtet und angestrebt hatte, am Ende dieses Lehrganges ein bereits gründlichst bewährter und voll anerkannter DFB-Lehrer geworden.
Aber es sollte noch weit schöner und besser für mich kommen.
Die Glücksgöttin hatte in jenen Tagen ein vollgefülltes Horn für mich bereit. An einem der letzten Lehrgangstage nahm mich Dr. Diem am Ende einer meiner Stunden mit auf den Weg zu seinem Büro. Schon unterwegs begann er seine Zufriedenheit [zum] Ausdruck [zu bringen] über die von mir geleistete Arbeit, lobte mein pädagogisches Geschick, um dann - ohne Übergang - eine Riesenüberraschung für mich vom Stapel zu lassen: Er stellte mir die Zulassung zum Vollstudium an der Deutschen Hochschule für Leibesübungen in Aussicht, wenn ich mich darum bewerben würde.
Jetzt hatte das Glück zum zweiten Male in kurzem Zeitabstand bei mir Einkehr erhalten. Diese mir jetzt und aus dem Munde des Rektors[6] gebotenen Chance hätte ich mir in meinen kühnsten Zukunftsträumen nicht einfallen lassen. Dieses Angebot sagte ja auch noch mehr als die mir gebotene Chance; in ihm wurde ja zugleich die Anerkennung meiner Arbeit in den Wochen des Lehrganges bestätigt. Jetzt hatte ich auch die Erklärung für das so auffallend häufige Erscheinen in meinen Stunden -allein, und manchmal auch mit Felix Linnemann - , die ich gar nicht so gerne sah, weil ich halt doch noch nicht meiner Sache sicher war. Jetzt war mir alles klar, und ich war ordentlich stolz auf den Lauf der Dinge.
Nun diese Eröffnung machte mich zum glücklichsten Menschen. Und ich wollte, was mir da angeboten worden war?!!! Das sagte ich auch Dr. Diem, und dass ich alles daran setzen würde, um diese Zulassung zu erreichen.
Die Zulassung zum Studium an der D.H.f.L. setzte das Abitur voraus. Das besass ich nicht. Meine dieserhalb vorgebrachten Bedenken löschte Dr. Diem mit dem Hinweis aus, dass es an der D.H.f.L - wie an Hochschule und Universitäten auch - einen Ausnahmeparagraphen gäbe, der auch Bewerber ohne Abitur - wenn sich diese durch besondere Gaben dazu empfehlen - eine Chance gäbe. Ich galt also - nach allem, was mir jene Minuten erbracht hatten, - für einen solchen Ausnahmefall. Wer hätte da an meiner Stelle nicht sofort und mit beiden Händen zugegriffen. Dazu war ich entschlossen und bereit, durch festen Zugriff meine Chance wahr zu nehmen.
So schnell, wie ich das gerne gemacht hätte, ging das aber nicht. Das Studium an der Hochschule hatte sechs Semester. Ich musste demnach für mindestens drei Jahre nach Berlin. Ich war verheiratet. Meine Frau machte von vornherein sofort und ganz bestimmt mit, wenn meine Pläne - die ihr längst bekannt waren - Aussicht auf Verwirklichung zeigten.
Aber ein Hausstand kostet Geld, und eine Wohnung benötigt es auch. Ich musste verdienen. Bei diesem Gedanken tat sich schon ein Lichtblick auf; ich hatte ja gerade die Anerkennung als Fussballehrer erworben, die mir die Möglichkeit gab, als Vereinstrainer eine - wenn auch kleine- Grundlage zu gewinnen.
Das waren aber nur einige von vielen Dingen, die es zu regeln galt. Da war mein Verein, in dessen Mannschaft und deren Spiel ich eine führende Rolle spielte. Wohl war mir bei meinem seinerzeitigen Übertritt zu ihm jede Unterstützung bei der Verwirklichung meiner Existenzpläne zugesagt worden, aber an eine damit verbundene Übersiedlung nach Berlin und einen Weggang vom Verein war damals in keinem Augenblick und von keinem der Beteiligten gedacht worden. Am allerletzten von mir selbst.

---

6 Rektor der Hochschule war von 1920 bis 1932 der Berliner Chirurg Prof. Dr. August BIER. DIEM war von 1920 bis 1933 als Prorektor aber faktisch Leiter der Einrichtung.

Es war mir klar, dass man auf Vereinsseite alles andere, nur nicht begeistert über mein Vorhaben sein werde, wie ich ebenso sicher war, dass man weitgehendstes Verständnis aufbringen würde, zumal man ja dieses Anliegen bestens kannte. Es bestand ein beiderseitiges Übereinkommen im beiderseitigen Interesse, eine gute Lösung anzustreben. Verpflichtungen finanzieller Art bestanden nicht. Eine moralische Verpflichtung bestand gegenüber meinem Arbeitgeber, der - Vereinsanhänger und Freund meiner Leistung und Person - mir mein Gehalt während der vier Wochen meiner Abwesenheit zum Lehrgang in Berlin weitergezahlt hatte.
Diesen weihte ich als ersten in meine Pläne ein. Es fiel ihm nicht leicht, diesen zuzustimmen, aber seine Zustimmung war dann doch echt und ehrlich. Ganz ähnlich und mit gleichem Ergebnis verlief auch das Gespräch mit den Herren des Vorstandes im VfR. Es war ein (feines) Trio grossartiger Sportsleute, die in jenen Jahren dem Verein vorstanden. Prof. Dr. Streibich, Egetmeyer und Hunzinger[7] machten zwar keine [Es fehlt ein Wort]. Ohne langes Drumherumreden erhielt ich erneut die Zusage, mir zu helfen, und zu dem gegebenen Wort zu stehen, aber man konnte und wollte sich nicht mit dem Gedanken vertraut machen, dass ich den Verein dann auch unbedingt verlassen müsste. Ich war nicht bescheiden genug, um nicht zu wissen, dass mein Weggang ein Verlust für Mannschaft und Verein bedeutet hätte, wenn ich mich auch in keinem Augenblick meiner aktiven Laufbahn für einen so alle und alles überragenden, unentbehrlichen Spieler gehalten habe, als der ich diesem und den noch folgenden von Vereinsinteressen in den Himmel gehoben wurde. Für mich war dabei immer nur das eine klar und stand unabwendbar fest: Von meinem Studium in Berlin liess ich mich durch nichts mehr im Leben abbringen! Zuguterletzt blieb als vages Ergebnis stundenlangen Hin und Her der Gedanken und Überlegungen der brüchige Aufhänger, dass ich natürlich in Berlin studieren, aber weiter meinen Wohnsitz in Mannheim beibehalten sollte. In der Praxis hätte das bedeutet, dass ich über drei Jahre lang über jedes Wochenende von Berlin zu den Spielen meines Vereins nach Süddeutschland hätte fahren müssen. Es gehörte nicht viel Fantasie dazu, um den Berg der Schwierigkeiten zu übersehen, der einer Verwirklichung dieses Vorschlages hindernd im Wege stand, auch dann, wenn die angeführten Semesterferien mir zwischendurch immer wieder einem längeren Aufenthalt in Mannheim ermöglicht hätten. Aber mein Verständnis für die Interessen der - in diesem Falle - anderen Seite und meine Bindung zur Mannschaft und unseren Erfolgen führten zuguterletzt zu einem Kompromiss, demzufolge ich bis zum Ende der anlaufenden Spielzeit 1925/ 26 weiterhin in Mannheim spielen würde.
Das Einverständnis mit diesem Übereinkommen war mir auch aus rein nüchternen Überlegungen nicht schwer gefallen. Ich hatte auch keinesfalls schwer, meine Zelte in Mannheim abrupt zu verlassen. Gut Ding braucht Zeit! Und das sollte diesmal ein recht gut Ding fürs ganze Leben werden! Diesmal wollte ich Nägel mit Köpfen machen!

7 Der Name wurde später von HERBERGER handschriftlich eingefügt.

3.3. Diplomarbeit: *Weg zur Höchstleistung im Fussballsport*

WEG ZUR HÖCHSTLEISTUNG IM FUSSBALLSPORT
===

Diplomarbeit von J. Herberger

[DHfL 1930]

Welches ist der Weg zur Höchstleistung?
Welche Beobachtungen können uns dienlich ein?
Die Beobachtung zeigt uns, dass Leute, die in späteren Jugendjahren, etwa im Alter von 18-20 Jahren mit dem Fussballspiel beginnen, nicht zu ihrer Höchstleistung gelangen. Einen gewissen Massstab, ob der Einzelne seine Höchstleistung erreicht hat, ergibt sich aus einer eventl. Verwendung in einer ersten Mannschaft. Der Grund, der bei diesen Leuten eine Aufstellung in der ersten Mannschaft berechtigt erscheinen lässt, ist der, dass sie den offensichtlicheren Mangel an Technik durch Willen und Kampfgeist einigermassen ausgleichen können. Es bleibt dabei aber zu bedenken, dass den Vertretern dieses Spielertyps nicht nur in der Heranbildung zur Einzelhöchstleistung als auch zur Höchstleistung in und für die Mannschaft oft enge Grenzen gezogen sind. Sie kämpfen zuviel mit dem Gegner und mit dem Ball. In Ermangelung der notwendigen technischen Voraussetzungen können sie tatsächlich nicht zu den Fortgeschrittenen gezählt werden.
Das Gegenstück zum Kämpfer haben wir im Typ des „Spielers", des Künstlers am Ball, des Taktikers und genialen Führers. Es ist eine feststehende Tatsache, dass sich die Vertretung dieser Spielergattung schon in frühester Jugend mit dem Ball vertraut gemacht haben. Man ist bei diesen Leuten leicht zu der Feststellung geneigt, ihre Kunst am Ball und ihre Leistung in und für die Mannschaft als etwas erlerntes, sondern **[2]** als „mit gegebener Veranlagung" noch sehr gewagt erscheinen. Es bestände also lediglich die Möglichkeit, die eine glatte Verneinung der vorhandenen Anlage nicht zulässt, dass es sich - Fussball ist ja ein sehr alter Sport - um eine durch Generationen hindurch intermediäre Vererbung handelt. Von einer direkten Vererbung kann aber bei allen unseren bisherigen Fussballern nicht gesprochen werden, wenn man der Hindernisse gedenkt, die von den Eltern, Schule und Behörden der Ausübung des geliebten Sportes in den Weg gelegt werden. Anders mögen die Verhältnisse bei einem Teil der jetzt heranwachsenden Fussballer in Bezug auf evtl. vererbte Anlagen liegen. Es ist ohne weiteres verständlich, dass der Sohn eines Fussballspielers, wie überhaupt eines jeden Sportsmannes, einen Vorteil nach der konstitutionellen Seite aufweist. Wären diese Fälle in der überwiegenden Mehrzahl, so wäre der Zweck der Leibesübungen überhaupt nicht gerechtfertigt. Von einer deutlichen Vererbung rein fussballerischer Erfordernisse, etwa nach der technischen und taktischen Seite, sind mir aus meiner Erfahrung keinerlei besondere und deutliche Beispiele bekannt. Der Vorteil liegt wohl darin, dass der im Fussballsport aufgewachsenen Vater in seinem Sprössling die Lust und Liebe zum Fussballspiel weckt und fördert und ihn auch frühzeitig damit beginnen lässt.
Ich stehe auf dem Standpunkt, dass für die Gestaltung des Spielertyps der Zeitpunkt bestimmend ist, in den der **[3]** Einzelne den Anfang des Fussballspiels für sich gelegt hat. Der Mangel an technischen Fertigkeiten ist z.B. beim Kämpfer nur darauf zurückzuführen, dass 4-5 Jahre der wichtigsten Ausbildungszeit, in die die Erlernung des Grundsätzlichen fällt, versäumt wurden. Auch durch grössten Eifer und Arbeitswillen lässt sich das Entgangene nicht oder nur selten ersetzen. Wohl kann Fleiss eher die Kunst, als diese den Eifer ersetzen. Das ersehen wir oft bei Spielern, die wohl technisch gut veranlagt und geschult sind, aber trotzdem für ihre Mannschaft nicht das leisten, was sie auf Grund ihrer Befähigung ihr schuldig sind, da sie den erforderlichen Eifer und Willen vermissen lassen. Was wir deshalb anstreben, ist die harmonische Vereinigung von Eifer, Willen und technischem Können.
Aus all diesem ergibt sich der Hinweis, dass mit der Verwirklichung der Hinführung zur Höchstleistung bereits in frühester Jugend begonnen werden muss. Fussball stellt an die Ausübenden derlei viele Anforderungen, dass diese nicht mehr nachgeholt werden können, wenn der richtige Zeitpunkt für das Erlernen verpasst wird. Es ist die Zeit des spontanen Erlernens, in der Nachahmungs- und Bewegungstrieb jede Minute der Entwicklung des Jungen beherrscht. Die körperlichen Voraussetzungen liessen sich noch durch eifriges Trainieren herbeiführen, ebenso liessen sich in gleicher Weise auch die notwendigen technischen und taktischen Erfordernisse aneignen. Aber die richtige **[4]** Verbindung beider, begründet durch die allseitige Koordination des Nervensystems, in üblichem Sinne als das Einschleifen der Bewegung durch die Nerven bezeichnet, erfordert jahrelanges Vertrautsein des Körpers mit dem Ball. Dieses Vertrautsein ist erst dann gegeben, wenn mit dem Fortschritt in der Technik gelernt wird, bei den vielgestaltigen Bewegungsformen die

Mitwirkung unbeteiligter Muskeln auszuschalten. Diese an und für sich sportwissenschaftliche Erwägung findet ihre Bekräftigung in der Beobachtung. Der seit frühester Jugend mit dem Ball verwachsene Spieler lässt sich ohne weiteres erkennen durch die Natürlichkeit und den Fluss seiner Bewegung im Gegensatz zu jenem, der diese wichtige Zeit der Ausbildung versäumt und erst nach Ablauf der Jugendzeit mit dem Spiel begonnen hat. Zusammenfassend komme ich zu der Feststellung: Nur wenn der Beginn des Fussballspiels in der frühesten Jugend, in die Anfangszeit der Entwicklungsstufe der späteren Kindheit fällt, ist allein Gewähr für Aneignung der Ballbehandlung und Körpertechnik, dieser wichtigsten Erfordernisse des Spiels gegeben, die wiederum die Grundlage sind für die Konzentrierung auf die taktische Führung des Spiels.

Der Meinungsstreit in der Pädagogik.

Bis vor kurzem stand der Jugend dem rechten Zeitpunkt für den Beginn ein schweres Hindernis im Wege durch die fast feindliche Stellung der Schule zum Fussballsport. Die Gründe **[5]** waren folgende: Man sah eine Gefahr für körperliche Schädigung der Jungen im grossen Platz und den schweren Ball. Dazu kam noch, dass die ungestüme wilde Spielweise der Jungen Verletzungen nicht ausschloss. Alle diese Gründe waren jedoch nur äussere und vorgeschobener Natur. Durch die Umstellung des Erziehungsgedankens, die ihren Ausdruck fand in der Ablehnung der alten Autoritäts- und Lernschule und hinführte zur Arbeitsschule, in der der Lehrer nicht mehr befiehlt und verlangt, sondern sich als Freund und Berater seiner Schüler betrachtet, wurde vieles besser. Der Lehrer erfuhr erst jetzt die Gründe, die seine Schüler zum Fussball zogen und gleichzeitig lernte er auch damit kennen, welchen körperlichen und allgemein erzieherischen Wert das Fussballspiel aufweist. Und damit musste letzten Endes auch der letzte Widerstand fallen. Fendrich, der Stuttgarter nationale Sozialist, sagt über das Fussballspiel die vortrefflichen Worte: „Der Mann, der einmal die Kulturgeschichte der deutschen Schule zu schreiben hat, wird es der Nachwelt verraten, dass der Segen des Fussballsports in einer erzieherischen Tendenz zur Selbstbeherrschung und Einführung in planmässiges Zusammenwirken, in seiner Bedeutung für die Bildung des Verantwortlichkeitsgefühls und so in der Richtung der Formung des Schülers fürs praktische Leben mehr getan hat als sämtliche jedes Jahr neuerscheinenden Grammatiken und Lesebücher." Die Beobachtung der Art und Weise, wie sich der Junge seinen Spielbetrieb macht, liess die angeführten **[6]** Gründe nicht nur hinfällig werden, sondern gaben dem Lehrer auch Aufschluss, wie sich dieser im Fussballsport zu gestalten hat.

Der Junge macht sein Spiele mit kleinem Ball auf räumlich begrenztem Platz. Ja, seine Spiellust erhält nur dann Anreiz, d.h. immer wieder neue Betätigung bedeutet Steigerung der Freude, wenn Ball und Raum nicht allzu grosse Anforderungen an seine vorhandenen Körperkräfte stellen. Diese Freude am Spiel, die ihn immer wieder zur Fortsetzung seiner Betätigung treibt, hat die Grundlage aller Balltechnik. Dass die Arbeit am kleinen Ball, die weit grössere Anforderungen an Genauigkeit und Feingefühl stellt als der grosse Ball, die denkbar beste Ballschule ist, bedarf keiner besonderen Erwähnung. Dazu kommt noch, dass der Junge am fleissigsten ist, wenn er spielt.

Im folgenden will ich versuchen, den Weg des werdenden Fussballers zu zeichnen. Als Grundlage hierzu lasse ich mir dienen: Langjährige Beobachtung der Jugend und die Erinnerung an meine eigene Jugendzeit. Der Beginn des Fussballspiels fällt in die Zeit des Schuleintritts. Das Zuschauen beim Spiel der älterern Schüler weckt in dem Jungen den Nachahmungstrieb. Noch steht aber der Teilnahme am Wettspiel mit den Fortgeschrittenen deren Abneigung gegen Anfänger entgegen. Er ist so gezwungen, sich die Gelegenheit, am Ball zu üben, zu suchen. Sie wird gefunden! **[7]**

Er wird Balljunge! Kaum kann er erwarten, dass der Ball die Spielfeldgrenzen überschreitet, um ihm dann nachzujagen. Fast nur Fehlschläge, die ihn dazu auch noch fast regelmässig Bekanntschaft mit dem Boden machen lassen, sind die Kennzeichen der ersten Versuche am Ball. Sie können aber seinen Eifer und die Lust an dem nunmehr Begonnenen nicht eindämmen. Und welche unbändige Freude, wenn sich die ersten Treffer einstellen! Sein Eifer geht jetzt sogar so weit, dass er seine Aufgabe als Balljunge ganz vergisst. Er lässt jetzt seine Kampflust an dem Balle austoben, die ihn oft weit vom Spielfeld abtreibt. Die Freude an seinem Tun wird jedoch allzu bald eingedämpft durch die Ungeduld der am Wettspiel

beteiligten, die ihn dazu oft noch auf recht unsanfte Art auf seine Pflichten als Balljunge hinweisen.
Die Art der ersten Versuche am Ball ist der Stoss mit d e r S p i t z e auf den ruhenden Ball. Als Zuschauer und Balljunge wurde er in das Wesen des Spiels eingeführt. Ja es kann sogar mal der Fall eintreten, dass er an einem Wettspiel teilnehmen darf, wenn sich anders ein Ausgleich im Stärkeverhältnis beider Parteien nicht finden lässt. Die nunmehr geweckte Freude am Spiel mit dem Ball lässt ihm Mittel und Wege finden, das Angefangene weiterzubetreiben, um es den anderen gleichzutun und so fürs Wettspiel teilnahmeberechtigt zu werden. Es kommt zum „Wettspiel" Einer gegen Einen, auf allen möglichen freien Plätzen, auf Strassen, in Toreinfahrten und Höfen. Beide sind **[8]**
Stürmer und Torwächter zugleich. Das Spiel besteht, bei dem Mangel an vorhandenen Fertigkeiten, nur aus den Versuchen, den Ball zu treffen. Die Freude über einen gelungenen Versuch übertrifft noch die über eine gelungene Abwehr. Wurde aber gar noch das Ziel erreicht, dann kennt die Freude keine Grenzen. D a s s i n d d i e A n f ä n g e d e s w e r d e n d e n F u s s b a l l e r s . Die erste Arbeit am Ball vollzieht sich, wie bereits gesagt, mit der Spitze des Fusses. Es ist eine Art des Stosses, für die er später kaum und dann nur für bestimmte Fälle Verwendung hat. Oder er steht in der späteren Praxis im Umgekehrten Verhältnis zu seiner Verwendung durch den Jungen. Mit dem Fortschritt in der Beherrschung dieses Stosses wird es dem Jungen ermöglicht, dem Ball eins richtig auszuwischen – Kraft in den Stoss zu legen – den Ball weit zu stossen. Später als fertiger Fussballer, wird er ihn nur dann anwenden, wenn die Lage des Spiels rasche Abgabe auf kurze Distanz, womöglich unter Bedrängung des Gegners, erfordert. Die wichtigsten Dinge, die er in dieser Zeit aus sich heraus lernt, sind:
1. Erhaltung des Gleichgewichts.
2. Feststellung des Fussgelenkes des Spielbeins.
3. Beobachten des Balles.
Dann kommen die ersten Versuche, den Ball aus der Luft zu treffen, die wiederum auf Nachahmung begründet sind. Der Junge lernt die Anfänge des Spannstosses im Hochschuss. Aus der **[9]** Beherrschung des Weit- und Hochstosses (Spitze-Spann) ergibt sich die Aneignung der vielen Abarten dieser Stösse nun den Wunsch, den Ball sofort und kräftig zu treffen. Der Junge erledigt ein so gewaltiges Pensum, das der Erwachsene in gleicher Zeit nicht erledigen könnte. Nicht der Ball, sondern die Bewegung des Balles löst bei ihm den Bewegungstrieb aus. Zur Freude am Ball kommt die Freude am Schlag. Er will den Ball in Bewegung sehen, immer wieder wird ihm eins ausgewischt, um ihn wieder zu erjagen, und so fortzufahren. So können wir als von grosser Bedeutung für den werdenden Fussballer noch folgende Punkte anführen:
1. dass das Kind den Ball nicht als totes Wesen auffasst, sondern in personifiziertem Sinne als Spielkollegen, mit dem es sich in jeder freien Minute abgibt. Es kennt keine Ermüdung, ja
2. die Betätigung bedeutet eine Steigerung der Freude an dieser und reizt zur Fortsetzung an. Hinzu kommt, dass
3. der kleine Ball, wie schon erwähnt, wesentlich die Fussballtechnik verfeinert, umsomehr, als der Junge in Turnschuhen oder gar barfuss spielt.
4. Nur durch ständige Übung wird der Junge mit dem Ball vertraut, was später, da es an der Zeit fehlt, ausgeschlossen ist.
Durch das anhaltende Üben entwickeln sich folgende Grundformen:
1. Freude am Ball. **[10]**
2. Die allgemeine elementare Beherrschung der Bewegungsformen (Koordination: richtige Körperstellung zum Ball!)
3. Die Stossarten.
4. Beobachten des Balles, denn für die spätere Spielkultur ist es ebenso wichtig, dass der Junge sein Augenmerk auf den Ball richtet und damit seinen Gesichtssinn am und für den Ball ausbildet.
5. Allgemeine körperliche Beweglichkeit, begründet durch die Koordination des Nervensystems.
Im pädagogischen Sinne ist die Unterhaltung des Jungen mit dem Ball in Bezug auf Aneignung der Technik als ein freies Selbsterarbeiten zu betrachten. Dies fehlt in den

meisten Fällen all denen, die erst in späterer Zeit Fussballspielen lernten, da hier die Zeit zu üben, und damit die Übung selbst fehlt (berufliche Betätigung), und damit eine der wichtigsten Voraussetzungen zur Vervollkommnung: denn nicht umsonst sagt das Sprichwort: Übung macht den Meister. Für den rechtzeitig mit dem Fussballspiel Beginnenden bedeutet das Wettspiel das Ausfeilen des schon angeeigneten Grundsätzlichen! Für den später Anfangenden bedeutet der Druck des Gegners das Ausbilden der Kampfeigenschaften auf Kosten der Technik. Den Unterschied zwischen Erarbeitetem und Erlerntem sehen wir am besten im Wettspiel: Erarbeitetes sitzt fest, Erlerntes wird vergessen.
Die Beherrschung der vielseitigen Bewegungsformen **[11]** und Stossarten schreitet in dem Masse fort, in dem der Jugendliche in der Lage ist, die zu einer bestimmten Bewegungsform nicht zugehörigen Muskelkräfte auszuschalten, da die Mitwirkung dieser doch nur eine Hemmung der Gesamtbewegung zur Folge hätten. Bei allem Spiel des Kindes steht die Spielfreude im Vordergrund, die der Vater allen Fortschrittes ist. Jede ??? Spiellust bedingt zwangsläufig eine Hemmung seines technischen Fortschrittes. (Hinweis für den Lehrer: keinen Eingriff in den Spielbetrieb! Keine Belehrung! Der Junge solle erleben!)
Wenn bereits in diesem Zusammenhange die Begriffe Technik und Taktik verwendet werden, so sind damit nur die primitiven Grundformen, die nicht der Junge erarbeitet hat, gemeint. Das Erreichte wird natürlich immer und immer wieder im Spiel mit Gleichaltrigen oder weniger fortgeschrittenen Älteren auf die Probe zu stellen versucht. Wohl wird der Charakter des Spiels als Wettkampf gewahrt, aber die Freude am Ball, der Kampf mit diesem um die Herrschaft tritt jetzt noch mehr unbewusst in den Vordergrund, gegenüber der Festlegung einer zahlenmässigen Überlegenheit über den Gegner. Die Austragung von Wettspielen in dieser Zeitspanne bedingt nicht nur das Ausschleifen von schon Erworbenem, sondern auch die Aneignung weiterer technischer Fertigkeiten.
Ein Haupterfordernis, durch des Spiel gegeneinander bedingt, ist jetzt nicht nur mehr den Ball fortzubewegen, sondern **[12]** ihm auch in der Bewegung eine bestimmte Richtung zu geben. Diese Absicht wurde ja auch schon im Spiel einer gegen Einen angestrebt, aber überwogen von der Freude am Austoben der Machtgelüste am Ball. Der besser talentierte Junge erkennt bereits jetzt, dass dies mit dem Spitzenschlag auszuführen äusserst schwer ist. Sein Instinkt, vielleicht aber auch, dass sein Nachahmungstrieb Anreiz durch die Beobachtung Älterer-Fortgeschrittener erhalten hat, treibt ihn, statt mit der Spitze es mit der Innenseite des Fusses zu versuchen. Es wird der Grundstock gelegt für den Stoss mit der I n n e n s e i t e des Fusses. Vielleicht sind auch die beim Barfusspielen gemachten Erfahrungen ein Grund mehr gewesen dafür, den Stoss mit der Spitze als nicht ratsam erscheinen zu lassen. Gleichzeitig einher gehen damit die ersten Versuche - von einem bewussten Stoppen kann man nicht sprechen - den Lauf des Balles aufzuhalten. Und diese Versuche haben am ehesten Erfolg, wenn sich der Junge hierbei der grossen Fläche der Innenseite des Fusses bedient. Im Erlernen des Passens und Stoppens mit der Innenseite des Fusses liegt der Grundstock für das Erlernen der Anpassung des Tempos des Balles an die jeweiligen Situationen.
Das Gespötte der älteren Kameraden zwingt den jungen Anfänger, immer wieder für sich und mit Gleichaltrigen zu üben, bis sein Ehrgeiz ihn soweit gefördert hat, dass er im Kreise der Älteren-Fortgeschrittenen als Vollwertiger mitspielen darf.
Damit beginnt ein neuer weiter wichtiger Entwicklungsabschnitt: **[13]**
Die Kennzeichen desselben sind folgende:

1. Ausschleifen der erworbenen Fertigkeiten.
2. Auftreten neuer Erfordernisse am Ball. (Von Dribbling durch Schnelligkeit bis zur kurzen, schnellen Ballbehandlung.)
3. Erkennen des Vorteils, wenn Ballbesitz vor dem Gegner erreicht wird (Beobachten des Balles! Konzentration!
   Schneller Start)
4. Versuch, sich des Gegners zu erwehren. (Rempeln)
5. Erfassen des freien Raumes für sich.
6. Erste Anzeichen für das Spiel in der Mannschaft.

Alle diese neuen Grundformen müssen von dem Jungen erst erlebt werden, ehe sie als vollwertiges Gut sich dem bereits vorhandenen angliedern können. Die neuen Eindrücke und Formen häufen sich in einem so starken Masse, dass es längerer Zeit bedarf, bis sie der Junge in sich aufgenommen hat. Hier liegt wieder ein ungeheurer Vorteil gegenüber all denen, die zu spät mit Fussballspiel anfangen, denn ihnen werden diese Formen durch Unterricht geboten und zwar in derartig gedrängter Masse, dass ihnen keine Zeit bleibt, sie alle innerlich zu verarbeiten.
Die erste Betätigung des Jungen in der neuen Umgebung besteht wieder in Stossen und Jagen des Balles. Er merkt aber nur zu bald, dass, je weiter er den Ball schlägt, die Gelegenheit für ihn um so geringer wird, diesen wieder zu erhaschen. Der Gegner schnappt ihm den Ball vor den Füssen weg und er kommt zu spät, ihn daran zu hindern. Zwischen Körper und Ball besteht **[14]** so nur eine lose Verbindung. Das ist die Ursache für einen wichtigen Fortschritt, nämlich die Erkenntnis, dass es nicht allein genügt, den Ball fortzuschlagen und auf gut Glück, dass ihn der Gegner nicht wegschnappt, hinter ihm herzujagen. Das ist der Grund, wenn er sich nunmehr befleissigt, den Ball möglichst im Bereich des von ihm beherrschten Raumes zu halten. Dies geschieht dadurch, dass er den Ball nicht weiter von sich fortstösst, als er von ihm wieder vor dem Gegner erlaufen werden kann. Unbemerkt vollzieht sich hier das Erlernen des für den Fussballer so wichtigen schnellen Startes. Da der Junge noch kein Verständnis für Zusammenarbeit hat, ja von dem Wunsche beseelt ist, sein Können in den Vordergrund zu stellen, Erfolge nur allein zu erzwingen, so gilt es vorerst, den Ball sich untertänig zu machen, um selbst Sieger zu bleiben. Er stösst also, wie bereits gesagt, den Ball und versucht diesen wieder vor dem Gegner zu erreichen. Wir sehen hier die Anfänge der Art des Dribblings, das auf Schnelligkeit aufgebaut ist. Der typische Vertreter dieser Übungsform war unter den bekannten Fussballern des letzten Jahrzehntes der Internationale Harder[1]. Um dies zu ermöglichen muss der Junge schauen, um die Entfernung zum Gegner abschätzen zu können und für sich den freien Raum zu erkennen. Für Platzhalten hat der Junge noch kein Verständnis. Sein Platz im Felde wird von der jeweiligen Lage des Balles bestimmt. Alle Jungen suchen sich in ihrer Freude und ihrem Eifer am Ball zu betätigen, **[15]** so dass sich der Junge am Ball plötzlich einer Situation gegenüber sieht, der er im Augenblick nicht gewachsen ist, aus der er sich aber befreien möchte. Das sucht er dadurch zu erreichen, dass er sich durch Drehen und Wenden des Körpers aus dem Knäuel lösen will. Hier werden die Anfänge des Täuschens und Überspielens geschaffen und zwar der Art des Dribblings, das im Gegensatz zu der bereits geschilderten Form (Harder) seine Grundlage in kurzer rascher Ballbehandlung und grosser Wendigkeit des Körpers hat. Instinkt sowohl als auch Nachahmung des vom guten Spieler gegebenen Beispiels kommen ihm dabei zu Hilfe, ja die vollendete Leistung des Älteren gibt ihm hierzu Anreiz. Hinzu kommt, dass der jugendliche schmiegsame Körper diesem Vorhaben entgegenkommt. Aus all dem bereits Gesagten ersehen wir die vielseitigen Bewegungsmöglichkeiten beim Fussballspiel und dadurch eine Bekräftigung seines körperbildenden Wertes als Leibesübung überhaupt.
Der Junge merkt, an den vielen misslungenen Versuchen, in Ballbesitz zu bleiben, dass er hierfür in der richtigen Dosierung des dem Ball zu erteilenden Schlages grosse Unterstützung seines Wunsches und Vorhabens findet. Aber ohne Zusammenstösse geht es doch nicht ab. Und das schreckt den 10 - 11 jährigen Jungen, von dem wir hier sprechen, nicht ab, denn er wird, wenn auch nur ihn geringem Masse, seiner Kraft bewusst. Beurteilt er seine Spielkollegen meist nur danach, ob sie stärker oder schwächer sind als er, seine Kampfeslust, die wir beurteilen müssen sowohl **[16]** als eine Besserung seines Spiel- und Bewegungstriebes sowie seiner erwachenden Kraftgefühle, wird nicht nur allein durch Unterjochung des Balles, sondern, wie bereits gesagt, durch das Bekämpfen des Gegners befriedigt. Dieses Kraftgefühl und sein Ehrgeiz fordern ihn auf oder ermutigen ihn, selbst mit dem Gegner fertig zu werden, o h n e H i l f e s e i n e r M i t s p i e l e r.

---

1 HARDER, Otto Fritz "Tull" (1892-1956), *Hamburger SV*, Mittelstürmer, 15 Länderspiele zwischen 1914 und 1926, 14 Tore, 1923 und 1928 Deutscher Meister, einer der besten Spieler Europas.

Der Jungen im Alter von 10 –12 Jahren bei ihrem Spiel beobachtet hat, findet die Tatsache bestätigt, dass die Spielform das Einzelspiel ist. Wer den Ball hat, sucht den Erfolg zu erzielen und zwar mit allen Mitteln. Der Bedrängung durch den Gegner, die seine Herrschaft über den Ball auf eine harte Probe stellt, sucht er sich dadurch zu erwehren, das er versucht, im Kampf auch seinen Körper einzusetzen. Hart und dennoch fair zu kämpfen ist aber eine Kunst, zu deren Aneignung es jahrelanger Übung bedarf. Das Spiel des Jungen ist noch weit entfernt davon, um es nach festen Regeln austragen lassen zu können. Der Wunsch nach gegenseitigem Kräftemessen lassen bei dem noch vorhandenen Mangel in Körper- und Balltechnik jenes bekannte Bild erreichen, das man am besten als „Raufen mit dem Gegner um den Ball“ bezeichnen kann. Aber der Junge lernt jetzt im Kampf seinen Körper zu gebrauchen und nach der technischen Seite sind viele Fortschritte zu verzeichnen.
Es wurde schon gesagt, dass in diesem Alter die Spielform der Jugend die des Einzelspiels ist. Seine Spielweise ist **[17]** dieselbe, wie sie bei uns von der Anfangszeit des Fussballsports bis ungefähr 1920 gang und gebe war. Das Einzelspiel steht im Vordergrund und der jeweilige Mann am Ball diktiert den Spielverlauf. Im Gegensatz zur Mannschaftsleistung, wo das Spielgeschehen den Spielverlauf, von den Leuten ohne Ball bestimmt wird. Und das begründet noch mehr den Ort der Schule, die der Junge als werdender Fussballspieler gehen muss; erzählt uns doch die Fama nicht nur von den deutschen, sondern auch englischen Stars der Anfangszeit, die die Kanonen der Jetztzeit in Bezug auf Balltechnik beträchtlich übertroffen haben sollen. Dies mag zutreffen, wenn man bedenkt, dass eben nur das Einzelspiel dominierte. Bei allem Respekt vor dem Können der „Alten“ glaube ich aber mit gutem Recht behaupten zu können, dass bei unserer derzeitigen Spielkultur die Spitzenmannschaften jener Zeit nur eine mittelmässige Rolle spielen würden. Die Erfolge der damaligen Mannschaft des K.F.V.[2], die als die erste Kombinationsmannschaft in Deutschland angesprochen werden darf, bestätigen das Gesagte.
Für die Zeitspanne hatte folgendes zu gelten: Stand für den Jungen im Anfang aller Arbeit am Ball dieser im Vordergrund, so ist er jetzt nur noch ein Mittel zum Zweck – oder mit anderen Worten war bisher der Ball Spielkamerad, so ist er jetzt die Partei, für die er spielt. Der Kampfbetrieb erhält nicht mehr seine Befriedigung durch das Beherrschen des Balles allein, sondern auch durch das Beherrschen des Gegners; aber vorerst, wie **[18]** wir gesehen haben, allein durch Körperkraft und Ball. Die geistige Seite steht noch völlig ausser Betracht, was für den nicht verwunderlich ist, der das geistige und seelische Leben des Kindes kennt.
Wir haben gesehen, dass dem Jungen alle Arbeit am Ball noch sehr schwer fällt, zumal diese noch unter den ständigen Drucke des Gegners erfolgt. Er ist daher gezwungen sein Augenmerk ständig auf den Ball zu richten, um diesen nicht zu verlieren. Der Behauptung, dass der Fussballspieler zum krummen Rücken neige, weil er immer den Blick auf den Boden, auf den Ball heften müsse, kann nur eine Beobachtung an Jungen oder Anfängern zugrunde liegen. Der Hinweis auf die bereits besprochenen allgemeinen körperbildenden Werte des Fussballsports und auch die noch folgenden Ausführungen machen diese Behauptung unhaltbar.
Sobald der Junge anfängt, mit dem Ball vertraut zu werden, gewinnt er an Übersicht, wenn er sich in einer Situation gar nicht mehr zu helfen weiss, den Ball an seine Mitspieler weiter geben. So sehen wir, dass die ersten Anzeichen der Kombination geboren werden. Aus der Erkenntnis, dass der einzelne gegen die Übermacht unterliegen muss. Dieser durch die Situation geschaffene Zwang der in Gegensatz zum Wollen des Jungen steht, zeigt ihm den neuen Weg. Das Wesen der Kombination ist daher im Prinzip keine künstliche Massnahme, sondern naturnotwendig bedingt, durch die Erkenntnis der Schwäche des Einzelnen gegen die **[19]** Vielheit.
Es lassen sich demzufolge zwei Gründe für die Kombination unterscheiden.
1. Aus innerem Antrieb.
Die Gründe sind: Hilflosigkeit oder die Absicht, durch einen einfachen Kombinationszug den Gegner zu überlisten, um letzten Endes durch?? den Ball in einer möglichst günstigen

[2] *Karlsruher Fußball-Verein.*

Stellung wieder zu erhalten. 2. Nachahmung. Und das Spiel mit älteren Kameraden, bei denen das Kombinieren schon mehr zur Selbstverständlichkeit geworden ist, verdichten bei ihm auch immer mehr die Erkenntnis, dass dadurch das Spiel viel abwechslungsreicher, lebendiger und vielseitiger wird.

Durch die ständige Häufung solcher Fälle, in denen der Junge seine Hilflosigkeit ersehen lernt, kommt er zu der Einsicht, dass es eher zum Ziele führt, wenn er den Ball an den günstiger stehenden Kameraden gibt. Aber noch steht für ihn seine Person im Vordergrund. Er gibt den Ball nur ab, um ihn sofort wieder zu erhalten (Schreien beim Spiel)! Je weiter die Ballarbeit fortschreitet und das ständige Augenmerk nicht mehr vom Ball allein in Anspruch genommen wird, desto freier und lebendiger wir auch das Ab- und Zuspiel werden. Er wird beispielsweise nicht nur den Ball an seine Kameraden abgeben, sondern denselben auch unterstützen, falls er etwa selbst in einer bedrängten Lage sein sollte. Mehr unbewusst wird von ihm der freie **[20]** Raum erfasst. Er bekommt Gesichtsfeld; sieht auch den Gegner und erkennt dessen Absichten.

Jetzt erwachte in dem Jungen auch die Vorliebe für einzelne Posten in der Mannschaft. Bisher war nur ein Posten beliebt, der des Stürmers, vielleicht auch noch der des Torwächters. Die Freude am Erringen des Erfolges überwiegt in diesem Zeitabschnitt das Interesse an der Vereitelung der Erfolge des Gegners. Die hohen Torziffern, die bei solchen Spielen auf beiden Seiten erzielt werden, sind in erster Linie auf die oben erwähnten Gründe zurückzuführen, und dann erst darauf, das der Junge sich in seinem Spiel nicht zeitlich festlegt. Der Junge tritt nur in die hinteren Reihen ab, weil die bisher dort tätigen auch mal in die erste Kampflinie wollen und dann auch nur unter der Bedingung, recht bald wieder vorn sein zu dürfen. Diese Tatsache erfährt noch Bestätigung durch die Beobachtung, die uns zeigt, dass der Anfänger zunächst immer nur in den hinteren Reihen verwendet wird.

Als Kennzeichen dieses Entwicklungsabschnittes erkennen wir also somit: Das wachsende Verständnis für Zusammenarbeit und die Verdichtung der Vorliebe zu einem bestimmten Posten. Mit einer gewissen Eifersucht überwachen sich die Jungen gegenseitig, dass jeder Einzelne, in bestimmten Grenzen seinen Posten hält. So kann ich mich entsinnen, dass wir als Jungen uns die Arbeitsregel in Wahrung unserer Interessen so zurecht legten, dass es als Verstoss gegen diesen galt, wenn ein Spieler den Ball **[21]** auf einem anderen als ihm angewiesenen Posten annahm. Der tiefere Grund wird auch hierfür wohl der, immer die eigene Person und das eigene Können in den Vordergrund stellen zu wollen. Wir ziehen daraus folgende Erkenntnis: Das Wesen der Kombination ist noch unbewusst, obwohl schon verschiedene Grundformen der Zusammenarbeit bewusst vollzogen werden. Das Spiel bestimmt immer noch der Mann, der im Besitz des Balles ist.

Das Fussballspiel ist bislang nur ein Spielen. Die rechte Form des Spielens als solches ist aber erst dann gegeben, wenn jedem Spieler der Mannschaft bewusst geworden ist, dass die Mitwirkung der Leute ohne Ball als Gradmesser für die tatsächliche Spielkultur erscheint. Im Wunsche, immer in der gleichen Umgebung zu spielen, ersehen wir eine Bestätigung der beiden Erkenntnisse, die wir oben bereits herausgeschält haben (Wesen der Kombination und Vorliebe für bestimmte Posten). Aus diesem Wunsche heraus können wir verstehen, warum jetzt die Bildung von Strassen-, Klassen- und Schülermannschaften angestrebt wird. Manch einer unserer heute angesehensten Vereine ist aus der Bildung solch „wilder Vereine“ entstanden.

Jetzt ist für unseren Jungen der Zeitpunkt gekommen, wo er in den Verein soll – wo er reif ist zum Unterricht - ihn auch will, da er das Grundsätzlichste erlernt und erfasst hat. Die Platzverhältnisse sind ihm nicht mehr gleichgültig; ja einer der Gründe mit, die ihn neben anderen vielen Gründen zum Verein **[22]** führen, ist der Wunsch nach geregelten sportlichen Verhältnissen. Ich weiss aus eigener Erfahrung, welch grosse Steigerung unserer Spielfreude widerfahren ist, wenn wir auf einem Platze spielen durften, den regelrechte Tore zierten oder wenn diese gar noch Tornetze hatten. Auf der anderen Seite entsinne ich mich eines „Spieles“, welches als Propagandaspiel im Rahmen eines Turnfestes gedacht war und für dessen Austragung man als Platz einen Waldweg ausgewählt hatte. Wir einigten uns damals zu einem Spiel, bei dem auf jeder Seite nur 6 Mann teilnahmen, da wir, bei aller Freude am Spiel uns fürs Raufen um den Ball zu alt dünkten.

D e r J u n g e u n d s e i n V e r e i n .

Es wäre verfehlt, neu eingetretene Jugendliche erst drei bis vier Wochen trainieren zu lassen, ohne sie in einer Mannschaft zu verwenden. Für den Verein hat es den Grund, dass die Verwendung des Jugendlichen im Wettspiel allein Aufschluss über seine tatsächliche Begabung und Anlage gibt. Bei den Jungen kommt gewissermassen ein seelischer Grund in Betracht: Erhöht bei ihm die Spielfreude und Lust sowie die Begeisterung für den Verein. Als methodischer Grundsatz gilt jetzt, die Lust und Begeisterung für den Verein auszunutzen, um sich den regelmässigen Besuch des Trainings und dadurch die Leistungsfähigkeit des jugendlichen Spielers zu sichern.

Für die Gestaltung des Trainings gelte als allgemeiner **[23]** methodischer Grundsatz, die Jungen in der ersten Zeit ihrer Zugehörigkeit zum Verein, in durchaus freier Weise mitüben zu lassen. Kein Anfängertraining in dieser Zeit, sondern Beteiligung an den schwierigen Trainingsformen, auch wenn sie dadurch an sie gestellten Anforderungen nicht gewachsen sein sollten (Formaler Übungszweck im Gegensatz zum materialen).

Der allgemeine Zweck dient der Erhöhung der Spiellust. Wenn nicht verstanden wird, Spiellust und -Freude zu wecken und die Gestaltung des Trainings wach zu halten, wird auch in absehbarer Zeit der Besuch des Trainings zu wünschen übrig lassen. So ist die Regelmässigkeit der Teilnahme an den Übungen ein Masstab für den Grad der Einfühlung des Jungen in den Verein. Unterricht ist bei all denen verkehrt, die sich einfühlen müssen. Bei falscher Methode zeigt sich der Niederschlag dieser beim Jungen nur zubald dadurch, dass er der Übungsstunde fernbleibt.

Die Zeit der Einfühlung erstreckt sich im allgemeinen auf eine Dauer von ca. 4 Wochen. Der richtige Zeitpunkt zum Training als solchem ist dann gekommen, wenn der Junge seine Mängel erkennt und die Absicht in den Vordergrund drängt, sich weiterbilden zu wollen. Jetzt ist der Zeitpunkt für den Beginn des planmässigen Unterrichts gekommen. Dessen Gestaltung die weitgehendste Berücksichtigung der jugendlichen psychischen und physischen Kräfte finden muss.

Das allgemeine Training umfasst zunächst nur Einzeltraining. **[24]** Der Zweck des allgemeinen Trainings ist: die Vermittlung der Anfangsgründe der technischen Fertigkeiten, unter gleichzeitiger Erhöhung der körperlichen Leistungsfähigkeit. Beides muss in folgerichtigem Masse Hand in Hand miteinander gehen. Es wäre aber verkehrt, beim Jugendtraining neben der Unterweisung in der Ballschule, dem Konditionstraining einen besonderen Platz einräumen zu wollen. Diese technische Unterweisung kann und muss so gestaltet werden, dass sie Konditionstraining einschliesst. Der Junge will sich mit dem Ball beschäftigen und diesen will er immer in Bewegung sehen. Die Berücksichtigung dieses Gesichtspunktes lässt es begründet erscheinen, nicht etwa mit dem Ballstoppen, sondern mit dem Fortbewegen des Balles durch den Schlag zu beginnen. Alle Betätigung ??? zum Zwecke der Vervollkommnung am Ball, soll vorerst durch ein freies Erarbeiten zu erreichen angestrebt werden. Aus der mangelhaften Form lassen wir die Jungen die richtige erkennen, die ausserdem noch durch das Vormachen des Lehrer veranschaulicht wird.

Der Eifer des Jungen und das Bestreben, die Beherrschung des von ihm Verlangten durch Vorführung in grösstmöglicher Schnelligkeit – in der schwierigsten Form – zu zeigen, lassen ihn nicht bewusst werden, die Art der Ausführung wohl in der von ihm beherrschten aber nicht in der vom Lehrer gewünschten vonstatten ging. Hier muss nun der Lehrer eingreifen und dafür besorgt sein, dass langsames Erarbeiten - Erleben - **[25]** ein Einschleichen von Fehlern ausschliesst. Je sicherer und fehlerloser die betreffende Übung beherrscht wird, um so schneller kann sie auch ausgeführt werden. Bevor nun auf die einzelne Person der Ballarbeit eingegangen wird, muss zuvor auf die grundsätzlichen Erfordernisse für alle Arbeit am Ball hingewiesen werden.

Wenn man noch immer die Behauptung aufgestellt findet, dass die Ausübung des Fussballsports lediglich eine Betätigung der Beine beanspruche, so kann dieser nur eine Beobachtung zugrunde liegen, die bei Anfängern gemacht wurde. Für gutes oder gar meisterhaftes Können ist die Beherrschung aller Technik Voraussetzung. Diese erhält aber nicht nur ihren Inhalt von der Tätigkeit der unteren Extremitäten, als vielmehr von der geschickten Verwendung aller Teile des Körpers. Ich denke hier absolut nicht an eine schwierige Art der Handlung am Ball, etwa ein Dribbling, für dessen Gelingen bei der

Durchführung der Tätigkeit des Oberkörpers die Vor- und Hauptarbeit zufällt, sondern an die allereinfachsten Übungen. Schon das für die entsprechende Situation abgestimmte Tempo des Balles wird nicht nur erreicht durch den Grad des Einsatzes vom Spielbein, sondern mehr durch die die Bewegung fördernde, haltende oder hemmende Mitwirkung des Oberkörpers. Nicht nur dem Laien, sondern auch einem grossen Teil der Aktiven ohne Rücksicht auf den Grad ihres Könnens wird das Vorhandensein der die Bewegung haltenden, mässigen und fördernden Tätigkeit der Muskelgruppen des Oberkörpers nicht bewusst. **[26]** Sie ist aber umso stärker vorhanden, je reifer das Können ist. Der Grad der für alle Arbeit am Ball fein abgestimmten Mitwirkung aller Teile des Körpers, bestimmt den Grad des Verwachsenseins mit diesem. Ein Beispiel für die Richtigkeit des Gesagten gibt uns der Versuch des Anfängers des in allen Variationen an und um seinen Körper herumspringenden Balles Herr zu werden. Ihm geht die Herrschaft über seinen Körper ab und schon die Versuche, auch nur den ruhenden Ball zu treffen, lassen für die Gesundheit seiner Glieder fürchten.
Aus diesen Ausführungen gewinnen wir die Erkenntnis, dass allgemeine körperliche Beweglichkeit Voraussetzung dafür ist, um Fussball spielen zu können. Aus diesem Grunde darf nicht versäumt werden, die Jugend körperlich durchzuarbeiten. Dass hierzu Gymnastik und Laufschule erforderlich sind, ist uns klar. Da aber gerade auf diesem Gebiet genügend all- und vielseitige Erwägungen vorliegen, glaube ich mir ersparen zu dürfen hier weiter darauf einzugehen. Allerdings möchte ich trotzdem betonen, dass alle Gymnastik für das Fussballspiel nur einen bedingten Wert aufzuweisen hat; denn beim Fussballspiel finden wir eine derartige Fülle von Gesamtbewegungen, die sich nicht etwa aus den einzelnen gymnastischen Bewegungen erlernen lassen. Der Gymnastik kann ich also lediglich nur einen formalen Wert zuweisen, wodurch aber die Notwendigkeit ausgiebigster Körperschulung und Körperbeherrschung durch Gymnastik nicht geschmälert **[27]** sein soll. In gleicher Weise gilt das Gesagte für die Schulung und Beherrschung des Laufes. Gerade die Jugend fühlt über Gymnastik und Lauf als eine Störung des Spielbetriebes mit dem Ball. Der jugendliche Körper ist immerhin noch elastisch genug, um sich in der Gesamtbewegung den Erfordernissen der Arbeit am Ball anpassen zu können. Gymnastik wird bei der Jugend erst Anklang wenngleich auch kein Verständnis finden, wenn es der Lehrer versteht, sie entweder unbemerkt einzuflechten, oder sie in Verbindung mit dem Ball zu geben.
Für die Erlernung und den Fortschritt sind ausserdem noch folgende grundsätzliche Erfordernisse Bedingung:

1. Das S t a n d b e i n .

Nur die richtige und feste Verlagerung des Schwerpunktes des Körpers gewährleistet sichere und gute Ausführung aller Arbeit am Ball. Falsche Verlagerung, d.h. wenn der Schwerpunkt des Körpers nicht über die Unterstützungsfläche gebracht wird, hat verkrampfte Haltung zur Folge und hindert die freie Betätigung das Spielbeines. Das Standbein muss neben dem Ball aufgesetzt werden und erleichtert und gewährleistet so, unabhängig noch von der Festigkeit des Standbeines, das Einfühlen und die Ausführung der grundsätzlichen Übung am Ball. b. Das Standbein muss mit der Fusspitze in die dem Ball zu erteilenden Richtung zeigen.

2. Das S p i e l b e i n .

Die freie Verfügung über das Spielbein ist wie bereits gesagt, **[28]** abhängig von der Tätigkeit des Spielbeines. Die Tätigkeit des Spielbeines ist bedingt, durch die bei den verschiedenen Handlungen am Ball mehr oder minder erforderliche Mitwirkung von Hüft-, Knie- und Fussgelenk, deren gut abgestimmte Zusammenarbeit die Art, den Grad und das Tempo der Fortbewegung des Balles bewirkt. Dabei ist zu beachten, dass das Fussgelenk immer festgestellt ist.

Alle diese herausgeschälten Grundsätzlichkeiten haben vorerst nur Geltung für die Arbeit am ruhenden Ball. Trotzdem möchte ich hier schon darauf hinweisen, dass für alle Betätigung, sei es am ruhenden oder in Bewegung befindlichen Ball, die rechte Tätigkeit des Stand- und Spielbeines allein nur die gute und gewollte Ausführung ermöglichen. Wesentlich anders liegen jedoch die Verhältnisse im Spiel. Nur in den seltensten Fällen gestatten die ständig wechselnden Situationen dem Spieler, sich auf diese vorzubereiten. Mit anderen Worten: Es häufen sich im Spiel die Fälle, wo der Spieler vom Ball in falscher Front überrascht wird. Wenn man bedenkt, dass hier nun noch die Behinderung durch Gegner hinzukommt, so leuchtet es ohne weiteres ein, dass schnellstes Erfassen der Lage und ebenso schnelles Handeln erforderlich sind, um durchführen zu können, was man als richtig und erfolgversprechend erkannt hat. Ein Versuch, nur hier den zur Ausführung erforderlichen Bedingungen des Standbeins (Standbein neben den Ball aufsetzen! Standbein in die Richtung des Schlages zeigen lassen!) nachzukommen, **[29]** hätte Zeitverlust zur Folge, welcher dem Gegner zustatten käme. Hier wird ein Ausgleich durch die S c h w i e r i g k e i t s ü b u n g e n geschaffen, zu denen ich alle Übungen zähle, bei denen es gilt, die falsche Stellung des Standbeines zum Ball durch Wendigkeit und Mitarbeit des Oberkörpers auszugleichen. Als Beispiel mögen folgende dienen: Das Herumholen einer Flanke in vollem Lauf! Laufen aus der Richtung, in die ich zu spielen beabsichtige usw. Es ergibt sich hieraus, dass der gute Spieler auch bewusst eine falsche Stellung zum Ball einnimmt, um den Gegner über seine Absichten zu täuschen, und dadurch deren Durchführung zu erleichtern und zu sichern. Erleichtern können wir uns den Ausgleich für die Annahme des Balles und die Arbeit aus diesen durch ständiges Beobachten des Balles. Dadurch kann verhütet werden, dass wir gänzlich unvorbereitet vor die Beherrschung des Balles in mangelhafter Stellung des Standbeines oder Körpers gestellt werden. Hier können uns überhaupt allgemein die Beachtung folgender Punkte stets dienlich sein:

1. Das Augenmerk ständig auf den Ball richten. Dies bringt den Vorteil, dass es stets Aufschluss über Tempo und Effets des Balles gibt.
2. In den Ball laufen bringt Zeit, die der Arbeit am Balle zugute kommt.
3. Schnelle Arbeit am Ball und sofort die Front zum Gegner nehmen.
4. Überschauen der Lage und zweckentsprechendes Handeln. **[30]**

Das Spiel stellt aber noch grössere Anforderungen an die Ausübenden, deren Steigerung abhängig ist von dem Grade, in welchem der Gegner zu decken versteht. Es käme demnach zu dem bereits Gesagten noch hinzu:

5. Ständiges Beobachten des Gegners.
6. Versuch vor der Annahme des Erlaufenen durch Täuschen des Gegners abzuschütteln.
7. Die Gewissheit über die Stellung der eigenen Leute und des Gegners ist bestimmend dafür, ob der Pass in den freien Raum oder in den Fuss zu erfolgen hat.
8. Die genaue Kenntnis der Lage wiederum gibt Aufschluss, warum direktes Abspiel erfolgen kann.
9. Durch Kenntnis der Eigenart der Mitspieler Vorschau halten im Spielverlauf.

So müssen, nach den gezeigten Erfordernissen des Spiels, für die Gestaltung des Trainings folgende Punkte Beachtung finden.

1. Aneignung der grundsätzlichen Erfordernisse am Ball.
2. Aneignung schwieriger Formen der Technik. (Betonung der Tätigkeit des Oberkörpers.) Und
3. Vorübung der Taktik.

Rückschauend sei nochmals darauf hingewiesen, dass zu den grundsätzlichen Übungen alle die zählen, wo Lage und Zeit es gestatten, das Standbein neben den Ball und in die **[31]** Richtung des zu erteilenden Schlages zu setzen. Dies wird fast immer dann möglich sein, wenn Mann und Ball in sich gleichsinniger Richtung bewegen.

In den Schwierigkeitsübungen gehören all diese, bei denen die falsche Stellung zum Ball durch Einsatz des Oberkörpers ausgeglichen werden muss. Mit dem Grad der Steigerung einer Schwierigkeitsübung wächst auch der Grad der betonten Mitwirkung des Oberkörpers.

So lässt sich, unter Berücksichtigung der für den Aufbau des Trainings gegebenen Punkte folgende Einteilung machen.

Zu 1. Die grundsätzlichen Erfordernisse.

1. Das Standbein
2. Das Spielbein

Zu 2. Die Schwierigkeitsübungen.

3. Annahme und Pass in verkehrter Front

4. Direktes Abspiel
5. Dribbling
6. Täuschen mit und ohne Ball
7. kurze schnelle Arbeit am Ball

Zu 3. Vorführung in der Taktik.

8. Beobachten des Balles.
9. Den Ball erlaufen
10. Vor Annahme des Balles täuschen
11. Ständiges Beobachten des Gegners und der eignen Leute. **[32]**

Zur Gestaltung des Trainings. Was wir jetzt im Training erlernen wollen, ist die Hinführung vom Grundsätzlichen zur Beherrschung aller Erfordernisse. Beginnen wir mit dem Stoss mit der I n n e n s e i t e . Als grundsätzliche Erfordernisse für rechte Ausführung gelten, wie wir bereits festgestellt haben, die gute und feste Verlagerung des Schwerpunktes des Körpers auf das Standbein. Dabei müssen wir unseren Schülern klarzumachen versuchen, dass das Standbein leicht gebeugt sein muss. Anatomisch bedingt ist diese Stellung durch die haltende Tätigkeit der Muskulatur des Oberschenkels und der zu diesem vom Hüftgürtel [gehörenden] Muskelpartien. Es muss hier im Anfang aller Übungen immer wieder darauf hingewiesen werden, dass auch die stärkste Bedrängung durch den Gegner unserer Ausführung nicht hinderlich sein kann, wenn wir fest und gut auf dem Standbein stehen.

Mitbestimmend für den Treffpunkt des Balles ist die Haltung des Oberkörpers bei diesem. Bei zu stark nach vorn gebrachtem Oberkörper wird der Ball auf den Boden gepresst. Im Gegensatz hierzu wird der Ball, bei nach rückwärts verlagertem Oberkörper, von unten getroffen und gehoben. Es gilt also, nach rückwärts verlagerten Oberkörper, für den zu erlernenden Pass die hierfür mitbestimmte Haltung des Oberkörpers zu zeigen. Diese ist überhaupt unerlässlich für alle Arbeit am Ball und die ausgeschliffene Technik hat ihren Grundpfeiler **[33]** in der jeweils dosierten Mitwirkung des Oberkörpers. Was die Tätigkeit des Spielbeins anbetrifft, so gilt es in erster Linie darauf zu achten, dass im Augenblick des Stosses das Fussgelenk festgestellt ist. Bei der Nichtbeachtung dieses Grundsatzes bleibt es sonst dem Zufall überlassen, ob der Ball die beabsichtigte Richtung einschlägt. Vielfach führt der Anfänger diese Übung so aus, dass er das Spielbein im Hüftgelenk nach aussen rollt und nun das Bein als durchschwingendes Pendel an den Ball schlägt. Hierbei wird gerade das Kniegelenk, dem m. E. bei der Ausführung aller Stossarten die Hauptarbeit zufällt, ausgeschaltet. Besonders beim Stoss mit der Innen- und auch mit der Aussenseite glaube ich, dass der bei gebeugtem Knie ja möglichen Aus- und Einwärtsrollung im Kniegelenk grosse Bedeutung für die gute Ausführung zufällt. Meine Beobachtungen, die ich in dieser Richtung gemacht habe, zeigten mir, dass obwohl fast die ganze Innenseite bei dieser Stossart dem Ball zugekehrt ist, die Auswärtsrollung im Hüftgelenk eine minimale ist. Da aber der Schlag fast ausschliesslich aus dem Kniegelenk und dabei mit dem hinteren Teil des Fussgelenks, bei hochgezogener Fusspitze erfolgt, so sehe ich darin nur eine weitere Bekräftigung meiner oben geäusserten Ansicht.

Es ist die Sache des Lehrers, auf die Befolgung der genannten Punkte zu achten. Trotzdem darf die Art des Unterrichts nicht etwa schulgemäss sein. Alles Neue wird gemeinsam erarbeitet **[34]** und zwar in froher Weise, denn nur dann werden die Schüler die neuen Formen miterleben. Die Formen sind folgende:

Passen zu zweien!

Die Übung vollzieht sich am ruhenden Ball. Es gehen also auch Stoppübungen (Anhalten des Balles) einher, um sich für den Stoss die gute und rechte Durchführung zu sichern. Im Anfang - und dies gilt für alle Übungen - wird auf kurze Distanz geübt.

Mit dem Fortschritt kann versucht werden, nach einem bestimmten Ziel zu stossen. Ziel der Mitspieler! Bedingt vorheriges Schauen! Lehrt das Tempo des Balles den verschiedenen Entfernungen des Balles anzupassen!

Dann passen zu dem seine Stellung ständig wechselnden Mitspieler. Dann beide in Bewegung!

Grundsätzlich wird zunächst stets mit dem besseren Bein geübt! Erst wenn die Form fehlerfrei, ist der Zeitpunkt gekommen, wo auch mit dem schwachen Fuss begonnen werden kann.

Gleichzeitig beginnen wir auch mit der Einführung in den Lauf. Balltreiben mit der Innenseite! Bedingt die Verwendung auch des schlechteren Beines am Ball und dient dessen Angewöhnung.

Der Spannstoss.

Auch hier wieder der Hinweis auf die grundsätzlichen Erfordernisse bezüglich des Standbeins. Dieses ist auch hier vor dem Abschlag leicht im Kniegelenk gebeugt. Dem zum Schlag ausholenden Spielbein liegt folgende Ausgangsstellung zugrunde. Leicht **[35]** zurückgebracht, ist es im Kniegelenk fast rechtwinklig abgebeugt, wodurch ein grosser Durchschlagwinkel entsteht. Dieser ist um so mehr notwendig, als der Spannstoss in seiner Grundform ein Schlag aus dem Kniegelenk darstellt. Trotzdem möchte ich hier schon betonen, dass durch schnelle Bewegung im Kniegelenk ein Ausgleich für all zu betontes Ausholen geschaffen werden kann, dass ausserdem noch den Vorteil hat als es dem Gegner nicht vorher schon die Absichten „telegrafiert". Denn der Spannstoss in seiner grundsätzlichen Form, wie wir ihn erlernen, wird in der zu erfolgenden Richtung von unserer Stellung zum Ball bestimmt. Selbstverständlich muss beim Spannstoss in ganz besonderem Masse das Fussgelenk stark abgebeugt und festgestellt werden. Bei der Ausführung dieses kurzen trockenen Schlages wird nach erteiltem Schlag zum Ausgleich der Gleichgewichtserhaltung das leicht gebeugte Standbein durchgestreckt und etwas in den Zehenstand erhoben. Aber noch in anderer Hinsicht kann die Tätigkeit des Standbeins im Augenblick des Schlages dem Lehrer dienlich sein. Der Grund für den anfangs sich nur langsam einstellenden Fortschritt sucht der Lernende in der Entdeckung zu finden, dass für die einwandfrei gute Ausführung dieses Stosses sein Fuss zu lang geraten sei. Hier hat nun der ja gleichlange Fuss des Standbeins, durch Erheben in den Zehenstand ausgleichend zu wirken. Aus der Erfahrung weiss ich, dass der gerade Spannstoss den Schülern am wenigsten vertraut ist! Dem **[36]** sicheren und fehlerlosen Erlernung wegen wird er zunächst in ausgiebiger Weise am ruhenden Ball, neben den das Standbein aufgesetzt werden muss, auf kurze Distanz geübt. Es ist unerlässlich, beim Spannstoss mit besonderem Nachdruck auf die rechte Lage des Körpers im Augenblick des Schlages zu achten, da diese auf die Flugbahn des Balles bestimmend wirkt.

Der weitere Übungsstoss verteilt sich wie folgt:

Einer gegen Einen! Kurze Distanz! Im Anfang mehr Wert auf kurzes schnelles Schlagen aus dem Kniegelenk, als auf kräftiges Ausholen legen. Die Annahme des Balles (Stoppen) und Zurechtlegen zum Stoss erfolgt mit der Innenseite. Mit dem Fortschritt direkter Schlag! Nicht stark. Immer wieder Betonung des Schlages aus dem Kniegelenk. In erster Linie Wert legen auf Treffsicherheit und gute Ausführung (Stellung zum Ball). Dann kann diese Übung auf grössere Entfernung vorgenommen werden. Als Veranschaulichung wird der Stoss gedacht als Frei- oder Strafstoss. Vorheriges Schauen! Dann Spannstoss auf den springenden Ball (Dropkick)! Dropkicks aus der Hand, denen man auch Hoch- und Weitstösse anfügen kann, die der Kräftigung der Beinmuskulatur dienen.

Stoppen des Balles aus der Luft mit dem Spann. Mit dieser Übung kann dann, unter Hinzufügung und Verwendung des bereits Gelernten, das in Kontrollenehmen des Balles und Zuspiel mit der Innenseite verbunden werden. Als schwierige Form kann diese Übung wieder so ausgeführt werden, dass der **[37]** Spieler ohne Ball ständig seine Stellung wechselt. Bedingt schauen vor der Ballabgabe. Dann „Einzelarbeit mit dem Ball" als Übung zur Angewöhnung des Spannes an diesen. Im Anfang ist hier nicht allzu grosser Wert auf ununterbrochene Schlagfolge zu legen, sondern auf fein dosierte Schläge, die den Ball möglichst im Bereich des Körpers halten. Ein sicheres Zeichen für saubere Arbeit mit dem Spann ist es, wenn der Ball keine oder kaum Umdrehung hat. Auf jeden Fall ist sofort einzuschreiten, wenn der Schüler sich dadurch eine fehlerhafte Form der Ausführung aneignen will, dass er dem Ball rückwärts Effets gibt, was mit der Spitze des Fusses und nicht mit dem Spann geschieht.

Der Stoss mit der Aussenseite des Fusses.

Als technische Voraussetzungen haben zu gelten:

Der Ball wird auf Höhe des Standbeines angeschlagen! Wohl befinden sich Standbein und Ball auf gleicher Höhe, doch in einem etwas grösserem seitlichen Abstand als beim Spann- oder Innenseitenstoss; denn das Spielbein verlangt, durch den im Augenblick des Schlages leicht einwärtsgerichteten Fuss, einen etwas grösseren Raum zum Durchschwingen. Der Oberkörper ist nach vorn gelagert, was zur Folge hat, dass der Ball seitlich hinter den Körper angeschlagen werden muss.
Dem Anfänger wird es in der Anfangszeit stets Schwierigkeiten machen, diesen Stoss in der technisch richtigen Weise **[38]** auszuführen. Wenngleich z. B. alle Arbeit am Ball mit der Aussenseite des Fusses zu den schwierigen Übungsformen zählt, wollen wir doch bereits jetzt unsere Schüler mit den grundsätzlichen Erfordernissen der Aussenseitenarbeit vertraut machen. Wir beginnen zur Einführung mit dem Balltreiben im Kreis und zwar deshalb, weil unsere Schüler, wenn wir das Ballführen in gerader Richtung vorführen, das Hüft- wie auch das Fussgelenk in übermässiger Weise verdrehen würden. Auch hier fällt, genau wie beim Stoss mit der Innenseite, der Tätigkeit des Kniegelenks die Hauptarbeit zu! Wenn nun die geringere Mitwirkung des Hüftgelenks festgelegt ist, so glaube man nicht, durch eine übermässige Einwärtsrollung des Fussgelenks die richtige Stellung für den Aussenseitenstoss geschaffen zu haben. Dies war allerdings da von Nöten, wo ein Pass in gerader Richtung mit der Aussenseite gegeben wurde. Heute kann man sagen, dass diese Stossart verschwunden ist! Früher war diese keine Seltenheit und es gab Leute, die sie in allen möglichen und unmöglichen Lagen immer unter den grössten Körperverdrehungen anzuwenden wussten. Dem gegenüber möchte ich feststellen, dass es einen in gleicher Richtung mit dem Lauf des Spielers verlaufenden Pass mit der Innenseite nicht gibt. Für diese Fälle sind Spann- und Innenseitenstoss die gegebenen und leicht durchzuführenden Formen. Hier soll zunächst langsames Einfühlen in die Übung des Balltreibens mit der Aussenseite die für diese Art der Ballarbeit erforderlichen Übereinstimmung der **[39]** Körpertätigkeiten vom Schüler erlebt und somit angeeignet werden.
Der lockere Lauf mit dem Treiben des Balles vollzieht sich in einem Wechsel der Beintätigkeiten. Die Tätigkeit des Spielbeins erfolgt im Augenblick des Vorschwingens, um sofort nach dem Ausschleifen des Balles den Schwerpunkt des Körpers zu übernehmen. Der Ablauf dieser Bewegung vollzieht sich in periodischer Weise. Da das immerwährende Feststellen des Fussgelenks im Augenblick der Arbeit am Ball dem Anfänger Schwierigkeiten bereitet, muss diese Übung in ausgiebigster Form geübt werden.
Wichtig ist jetzt, dass wir unsere Schüler allmählich daran gewöhnen, sich nicht nur selbst zu beobachten, oder mit anderen Worten „in sich hinein hören lernen", sondern auch gemeinsam mit den Mitspielern Fehlerhaftes zu erkennen und zu vermeiden trachten.
Nachdem die Einfühlung mit der Aussenseite an den Ball vollzogen ist, gehen wir gleich zum Stoss mit der Aussenseite über. Wie bei allen unseren bisherigen vorbereitenden Übungen lassen wir auch hier zwei Schüler zusammen üben. Die erste Übung wird sein: Laufen zu zweien und Zuspiel mit der Aussenseite. In erster Linie ist Wert auf gute und saubere Ausführung zu legen. Wir halten also unsere Schüler zu langsamen ruhigen Lauf, Annahme des Balles mit der Aussenseite und Zurechtlegen des Balles für den Stoss an. Die nächste Form der Übung ist Laufen im Kreis, wobei Beide sich in gleichsinniger Richtung bewegen (siehe Skizze). **[40]**

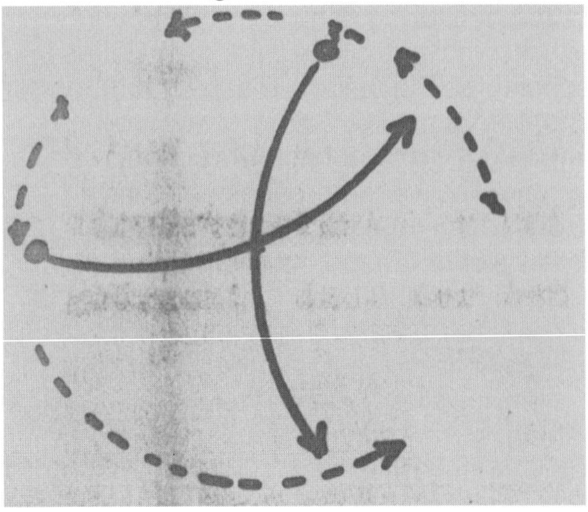

Anschliessend üben wir auch selbstverständlich den Schlag mit der Aussenseite auf weite Entfernung.
Nachdem unseren Schüler die Grundformen des Stosses vermittelt wurden, gehen [wir] zu den schwierigen Übungsformen über. In erster Linie behandeln wir zunächst die Abarten der Stösse. Als Abarten betrachte ich alle die Stösse, die durch falsche Körperstellung und falsche Stellung des Standbeines bedingt werden! Hier fällt der Tätigkeit des Oberkörpers ein Hauptteil der Ausführung zu, denn ein Ausgleich der falschen Stellung kann nur durch ein

Hereinbringen des Oberkörpers in die gewollte Schlagrichtung geschaffen werden. Wenn bei den einfachen Übungen darauf hingewiesen wurde, dass der Mann am Ball die Front in die Richtung des den Ball zu erteilenden Schlages zu nehmen hat, so fällt der Tätigkeit des Oberkörpers zu, dessen Zustand auch bei den Schwierigkeitsübungen herzustellen. Je nach dem Grad der falschen Stellung zum Ball muss für die richtige Ausführung die Mitwirkung des Oberkörpers mehr oder minder betont werden.
Als vorzüglichste Übungsform um das Gesagte veranschaulichen zu können, eignet sich die Übung des Flankenballes. Es gilt aber zuerst darauf hinzuweisen, dass dieser Stoss bezüglich der Haltung des Fusses ein Mittelding ist zwischen Spannstoss und Stoss mit der Innenseite. Es wird hierbei der vordere Teil des einwärtsgekanteten und nach unten gedrückten Fusses so an den Ball gebracht, dass der den Schlag ausführende Teil des Fusses in Höhe **[41]** der gelenkigen Verbindung der ersten beiden Mittelfussknochen und der beiden ersten Zehen liegt.

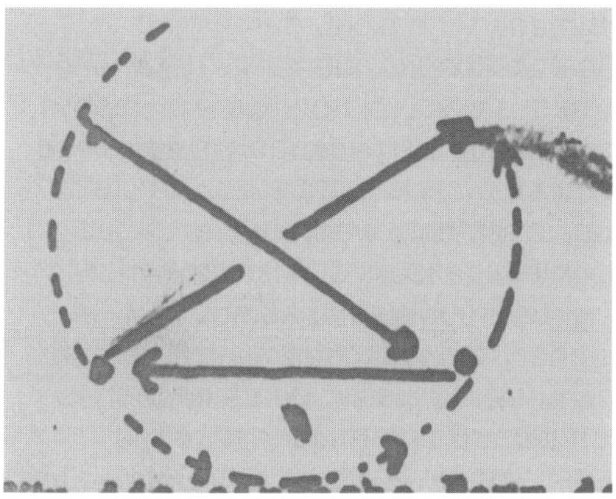

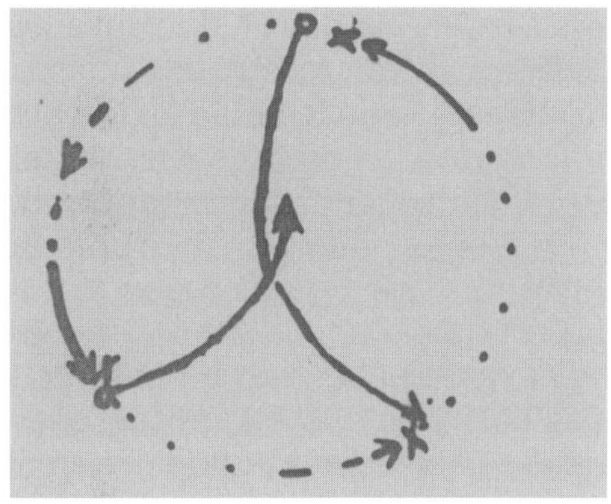

Wir lassen nun die Übung zuerst in einfacher Form vornehmen. Zu diesem Zwecke laufen zwei Schüler im Kreis und passen sich den Ball mit der Innenseite zu. Um in jedem Falle die rechte Stellung für die einfache Form der Ausführung zu haben, muss der Ball stets überlaufen werden (siehe Skizze Seite 41). Und nun lassen wir diese Übung als Schwierigkeitsübung durchnehmen. Vortreffliche Gelegenheit bietet sich nun, unsere Schüler auf den Unterschied beider Übungsarten hinzuweisen. Haben wir unsere Schüler zur Ausführung der einfachen Übungsform Zeit und Ruhe gelassen, sich jeweils immer die rechte Stellung zum Ball zu sichern, so werden sie jetzt angehalten, in vollem Lauf den Ball direkt dem Mitspieler zuzupassen, ohne Rücksicht auf die Stellung des Körpers und Standbeins zum Ball (siehe Skizze Seite 41).
Folgende Schwierigkeiten wollen wir dabei mit unsern Schülern erarbeiten. Sie müssen erlernen, den Oberkörper im Augenblick des Schlages in die Schlagrichtung zu bringen (Gymnastikübungen veranschaulichen). Eine weitere Schwierigkeit besteht darin, den Ball in einer derart berechneten Art abzuspielen, **[42]** dass er dem im Lauf befindlichen Spieler vor den Fuss gelangt. Überhaupt ist jetzt der Zeitpunkt gekommen, wo wir unsere Schüler befähigen müssen, nicht nur das Tempo des Balles zu bestimmen, sondern dieses auch der voraussichtlichen Aktion der Mitspieler anzupassen.
Mit dem Fortschritt lassen wir unsere Schüler diese Form über grössere Entfernung üben. Immer wieder muss in vollem Lauf der Ball zum Ziel, dem Mitspieler, herangeholt werden. Hierbei wissen die Jungen und können auch noch besonders darauf hingewiesen werden, dass es zweckentsprechend ist und auch die Übung ergänzt, wenn dem Ball eine hohe Flugbahn dadurch gegeben wird, dass er unterhalb der Mitte angeschlagen wird.
Immer wieder möchte ich betonen, dass bei allen Schwierigkeiten die Art und Stärke des Einsatzes des Oberkörpers mitbestimmend ist für Flugbahn, Flugweite und Tempo des Balles.
Der weitere Übungsstoff, den ich noch durchzuführen beabsichtige gliedert sich wie folgt: ???hohes Spiel! Mit der Innenseite. Treffpunkt liegt unterhalb der Ballmitte. Der Schlag wird dem Ball im Augenblick des Aufschlagens auf den Boden erteilt, wobei gleichzeitig der Oberkörper ??? nach rückwärts aus der Schlagrichtung gebracht wird. Hier ??? der Lehrer

zeigen, wie durch die Stellung des Oberkörpers ??? wesentlich die Flugbahn des Balles bestimmt wird. **[43]** Links laufen, rechts spielen; und umgekehrt. Mit dieser wird gleichzeitig eine Kombination ohne Ball verbunden, wie aus der Skizze ersichtlich ist. Balltreiben im Wechsel mit Innen- und Aussenseite. Balltreiben durch gesteckte Pfähle. Die Art der

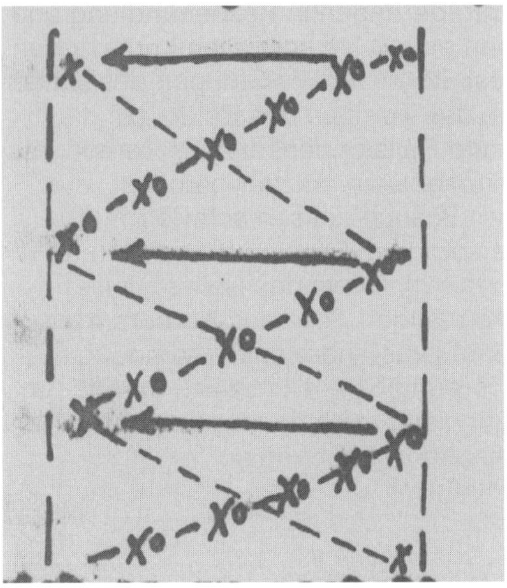

Durchführung dieser Übung hat sich so zu gestalten, dass zwischen Ball und dem gedachten Gegner stets der eigene Körper zu halten ist. Es gilt bei dieser Übung unseren Schülern klar werden zu lassen, wie schwer es dem Angreifer wird in Ballbesitz zu gelangen, wenn der Weg zum Ball ständig vom Gegner versperrt ist. Gleichzeitig betonen wir auch, dass der Ball leicht hinter dem Körper geführt werden muss, denn würden wir diesen vor den Körper legen, so hätte der Gegner weitaus mehr Gelegenheit, in Ballbesitz zu kommen.
Laufen zu zweien und Abspiel mit der Aussenseite. Halbhohes Zuspiel aus der Luft oder des springend-en Balles mit dem Spann. Über-den-Kopfziehen des Balles.
Zur Belebung des Unterrichts wollen wir unseren Schülern jetzt auch einige kleine Tricks zeigen. Sie finden bei der Jugend freudigen Anklang. Wer Jungens beim Spiel beobachtet hat wird jederzeit die Beobachtung machen, welch grosse Freude es bei ihnen auslöst, den Gegner zu überlisten. Ein leichter Trick, den alle Jungen ohne weiteres sofort **[44]** fertig bringen, ist das Laufen mit dem Ball – Aussenseite – ein Vortäuschen der Unterbrechung des Laufes verbunden mit einer Bewegung des Spielbeins, die ein evtl. Abstoppen oder Rückwärtsschlagen des Balles oder Lauf in andere Richtung anzeigen kann.
Auch kann hier auf den Zweck des Laufens aus der Richtung, in die ich den Ball zu spielen beabsichtige, hingewiesen werden. Diese kann sowohl mit der Innen-, als auch mit der Aussenseite vorgenommen werden.
Die Jungen sind in dieser Einstimmung für den Unterricht, der sich aus den bereits erwähnten Gründen am bewegten Ball vollziehen musste, auf einer solchen Stufe der Spielauffassung angelangt, auf der wir mit dem Ballstoppen beginnen können. Die bis jetzt getätigten Übungen, die der Beherrschung der verschiedenen Arten der Fortbewegung des Balles dienten, die Fortschritte bei der Ballführung und auch das Anhalten und Zurechtlegen des Balles für die verschiedenen Arten des Stosses waren gute Vorbereitungen für die jetzt einsetzenden Arten des Ballstoppens. Wie bei den Stossarten, bringt auch der Junge beim Ballstoppen, je nach dem Grade des Fortschrittes Voraussetzungen mit, aber in einer völlig unbewussten Form. Für den guten Fussballer und besonders für den, den wir durch das später einsetzende Sondertraining zu seiner Höchstleistung bringen wollen, ist es selbstverständlich, dass er all seine Aktionen in durchaus bewusster Weise ausführt. Daher müssen wir **[45]** die all dem Jungen bereits bekannten, aber unbewussten Formen durch einen systematischen und lückenlosen Unterricht ergänzen und vertiefen und sie ihm zum Bewusstsein erheben. Neue Anregungen und ein fröhlicher Unterricht tragen dazu bei, dass im Jugendlichen auf keinen Fall ein Gefühl der Langeweile und Interesselosigkeit auftauchen kann (Herbart[3]: Langeweile ist der grösste Feind des Unterrichts). Bei den Jungen gilt es immer wieder, die Liebe zum Ball zu wecken: denn wohl führt Begabung bald zu einer guten Leistung, aber nur durch Zähigkeit und Wille zur Vollendung.
Es sind auch hier zu unterscheiden:
Die einfachsten Übungen des Balltreffens und dessen Schwierigkeitsübungen.
Die einfachsten Übungen finden all da Anwendung, wo im Spiel genügend Zeit und Raum vorhanden sind, um den Ball aus dem Stand zu stoppen. Oder mit anderen Worten: zu den

[3] HERBART, Johann Friedrich (1776-1841), Pädagoge und Philosoph, seit 1805 Professor für Philosophie in Göttingen, seit 1833 in Königsberg.

einfachen Übungen zählen auch beim Ballstoppen die, zu deren Durchführung es gelungen ist, sich die rechte Körperstellung zum Ball zu sichern.
Anders liegen die Verhältnisse, wenn im schnellen Wechsel der Situationen oft im schnellen Lauf und unter Bedrängung durch den Gegner der Ball angenommen und zurechtgelegt werden soll. Man vergegenwärtige sich, welch grosse Anforderungen in Ballbehandlung und Körperbeherrschung an den Spieler gestellt werden, wenn es z.B. im schnellen Lauf gilt den Ball für die eigenen **[46]** Absichten zurecht zu legen. Diese können sein: Stoppen des Balles zur direkten Verwendung eines Passes, oder Abstimmen des Tempos des Balles auf die eigene Schnelligkeit. Diese Übungen gehören insofern zum Ballstoppen, als das Tempo des Balles den eigenen Absichten, in Kenntnis der eigenen Fähigkeiten nutzbar gemacht wird.
So sind sowohl die einfachen Übungen des Ballstoppens als auch dessen schwierige Arten eine gute Schule der Ballbehandlung. Erfordert doch die sofortige Herrschaft über den Ball genaue Berechnung der Flugbahn, des Tempos und eines evtl. Effets des Balles. Gute Verlagerung des Schwerpunkt muss den beim Ballstoppen tätigen Teile des Körpers freie und unbehinderte Arbeit sichern. Aber auch einem anderen Umstande muss Rechnung getragen werden. So ist die feste Verlagerung des Schwerpunktes nicht nur Erfordernis für freie Betätigung des Spielbeines am Ball, sondern gewährleistet auch den Besitz des Balles, falls der Gegner uns diesen durch Rempeln streitig zu machen versuchen sollte.
Der Gang des Unterrichts sei hiermit im folgenden geschildert:
Die Art des einfachen Ballstoppens
S o h l e – I n n e n s e i t e – B a u c h und B r u s t.
Ballstoppen mit der Sohle.
Da ich das Grundsätzlichste aller Arbeit am Ball bereits beschrieben habe, genügt es hier nur noch einige technische Winke zu geben. Erstes Erfordernis ist es, die Front zur Flugbahn des **[47]** Balles zu nehmen. Grösste Bewegungsmöglichkeit und Deckung des Balles durch den Körper sind die Vorteile dieser Stellung. Es bedarf dann einer genauen Berechnung der Flugbahn des Balles, der zufolge es uns ermöglicht wird die richtige Stellung einzunehmen, so dass der Ball seitlich des Standbeines den Boden berührt. Hier hat das Spielbein schon Raum geschaffen, um den Ball ungehindert aufspringen zu lassen und hindert nun durch leichtes Aufsetzen der Sohle die weitere Bewegung des Balles. Das Ballstoppen ist falsch, wenn wir den Ball im Augenblick des Anspringens, mit Gewalt in den Boden treten sollen. Es hat dies zur Folge, dass wir dabei unsere Körperhaltung verkrampfen, wodurch ein fliessendes Weiterarbeiten am Ball unmöglich gemacht wird. Ausserdem wird der Ball immer abspringen und selbst Knöchelverletzungen liegen bei dieser Art der Ballarbeit im Bereich des Möglichen. Ich sehe im Ballstoppen kein gewalttätiges Abtöten des Balles, sondern ein verlässiges Anhalten desselben, um ihn weiterhin unseren Absichten dienstbar zu machen.
Es ist hier, wie bei allen Übungen des Ballstoppens ein Einfühlen des ganzen Körpers in den Ball, wobei der unmittelbar am Ball verwendete Teil des Körpers – als lockeres Hindernis aufgebaut – ein Wegspringen des Balles ausschliesst. Üben zu zweien! Dabei ist es für die Erlernung dieser Übungsform unerlässlich, dass der jeweils den Ball Zuwerfende angehalten wird diesen auf die Stelle zu werfen, wo bei ungezwungenem Stehen der Platz des Spielbeins wäre (wo vor erfolgtem Wurf das Spielbein steht). Wahlloses Zuwerfen würde die **[48]** Ausführung nur erschweren, ja unmöglich machen, da der Ball Erwartende sich für die geforderte Art der Ausführung in seiner Körperstellung schon festgelegt hat. Ich halte es überhaupt für verfehlt, wenn der Lehrer die Art der Ausführung irgend einer Übung vor oder gar während der Ballabgabe schon oder noch bestimmen möchte, da die für den einzelnen Fall anzuwendende rechte Form davon abhängig ist, wie es gelingt, den Körper zum Ball zu bringen und demzufolge immer dem Ausführenden überlassen bleiben muss. Allenfalls bei ganz erstklassig geschultem Spielermaterial kommen diese Formen, als Übungen der Konzentration und gesteigerten Schwierigkeitsübungen in Frage.
Das Stoppen mit der I n n e n s e i t e.
Für die Ausführung des Ballstoppens mit der Innenseite ist die Flugbahn von ausschlaggebender Bedeutung und zwar insofern, als für diese Art des Stoppens nur Bälle mit geringem Einfallswinkel in Frage kommen. Dem abspringenden Ball wird hier die Innenseite des Fusses und unterster Teil des Unterschenkels als Hindernis entgegengesetzt. Um dem Ball eine möglichst grosse Widerstandsfläche bieten zu können, sichern wir uns die

grosse Fläche der Innenseite des Fusses bei angezogener Fusspitze für unsere Arbeit dadurch, dass wir bei gebeugtem Knie den Unterschenkel so weit wie möglich nach aussen rollen. Um auch hier einer fehlerhaften Form gleich vorzubeugen, sei gesagt, dass der Ball nicht in den Boden getreten wird. Der Aufschlagpunkt des Balles befindet sich etwas hinter dem feststehenden Standbein, **[49]** welches die Last des nach vorn geneigten Oberkörpers zu tragen hat. Auch hier gilt es wieder, den Schülern das Einfühlen in die Übung dadurch zu erleichtern, dass durch gutes Zuwerfen des Balles die einfachste Form der Ausführung ermöglicht wird.
Die Übungen sind folgende:
Üben zu zweien:
Mit dem Fortschritt in der Beherrschung nun versuchen die Art der Durchführung so zu gestalten, dass der Ball zur direkten Verwendungsmöglichkeit vor den Fuss kommt.
Stoppen und einige Schritte in Kontrolle nehmen.
Stoppen in der Körperdrehung, Mitnehmen des Balles (Abstimmen und Anpassen des Balles an die eigene Bewegung). Dann dieselbe Übung, bei der aber vor Annahme des Balles eine täuschende Bewegung gemacht wird.
Dann kann auf grössere Entfernung geübt werden, wobei dem Schüler überlassen wird, je nach der Flugbahn und seiner Stellung zu dieser jeweils die besondere Eignung einer der bisher geübten Formen zu erkennen und anzuwenden.
Anders ist die Art des Stoppens bei flach am Boden kommenden Bällen. Es bedingt ein Entgegengehen des Spielbeins an den Ball, gewissermassen ein sich Anschmiegen an diesen und ein Abstimmen des Tempos an das eigene. Beiden Stoparten liegt also mehr eine direkte Verwendungsmöglichkeit als ein völliges Stilliegen des Balles.
Passen zu zweien: Annahme des Balles in der geschilderten **[50]** Art und anschliessend einige Schritte den Ball dribbeln. Dann mit der Annahme ein Zurechtlegen des Balles zur direkten Verwendung verbinden.
Stoppen mit Bauch und Brust.
Da im Spiel oft nicht die Gelegenheit vorhanden ist, beim Aufspringen des Balles rechtzeitig zur Stelle zu sein um diesen noch am Boden bannen zu können, so haben wir noch für wieder aufsteigenden Bälle die Annahme dieser mit Bauch oder Brust ???
Auch halbhohe Bälle kommen für die Übung dieser beiden Formen in Frage. Die Ausführung dieser Übung verlangt, ebenso wie die anderen ein Anschmiegen der betroffenen Körperteile an den Ball und ist keineswegs so aufzufassen als ob der Körper als starres Hindernis in die Flugrichtung des Balles zu bringen sei. Bei guter Ausführung wird der Ball immer zur sofortigen Weiterverwendung stehen. Beide Formen werden zunächst auf die leichteste Art geübt und zwar so, dass der Ball kurz vor dem Übenden aufgeworfen wird. Mit der Beherrschung der richtigen Form steigern diese Übung dahin, dass die Bälle auf weitere Entfernung und mit zunehmender Schärfe aufgenommen werden müssen. Auf alle weiteren Stopparten wird noch unter Sondertraining eingegangen werden.
Kopfball.
Zur Einführung in die Technik diene folgendes: Der Ball wird mit der Stirn gespielt. Der Ausführung des Stirnstosses geht ein Ausholen des Oberkörpers und kräftiges Nachvornneigen desselben voraus, wobei im Moment des Schlagens die **[51]** Nackenmuskulatur angespannt sein muss. Nur bei straffer Anspannung der Nackenmuskulatur ist die Möglichkeit gegeben, den Ball in die gewünschte Richtung dirigieren zu können. Andrerseits schliesst die Nichtachtung des Gesagten Verletzungen dieser Muskelpartien nicht aus. Es wird im Anfang nur auf kurze Distanz geübt, wobei als Ziel der zuwerfende Mann bestimmt werden kann. Besonders müssen die Lernenden angewiesen werden, beim Köpfen die Augen offen zu halten. Immer wieder mit Nachdruck auf das Ausholen des Oberkörpers und Festlegen der Nackenmuskulatur hinweisen. Mit der Zeit lässt das Einschleifen der Nervenbahnen diese Teilbewegung zum Reflex werden. Mit der Beherrschung der Technik kann zur Erlernung der Anpassung des Tempos auf die verschiedenen Distanzen übergegangen werden. Die Übungsform ist Köpfen zu zweien. Was dem Anfänger besondere Schwierigkeiten macht ist die Erfassung des richtigen Augenblicks in dem der Ball zu treffen ist. Zu spätes oder zu frühzeitiges Anschlagen des Balles darf aber keinen Einfluss auf die Ausholbewegung haben, sondern muss seinen

Ausgleich erfahren durch die Regelung der Schnelligkeit, mit welcher der Oberkörper vorgebracht wird. Die Benutzung eines Pendels bringt hier grosse Erleichterung und fördert wesentlich den Fortschritt. Gestattet doch das Pendel dem Lehrer, für jeden Einzelnen genau den Platz zu bestimmen, der den sicheren Treffpunkt des Balles gewährleistet. Hat der Lehrer die Gewissheit, **[52]** dass die sichere Beherrschung dieser einfachen Bewegung angeeignet ist, so kann er dazu übergehen, immer wieder mit der Stirne, mit Köpfen des Balles nach der Seite zu beginnen. Es bedarf der Vergegenwärtigung dieser Übungsformen keines besonderen Hinweises, dass mit der Aneignung dieser Übungsarten eine kräftige Durcharbeitung der gesamten Muskulatur des Oberkörpers Hand in Hand geht.

Dann kann zu folgenden Übungsformen geschritten werden, die sich in dieser Reihenfolge zu vollziehen haben:

Köpfen mit der Stirne nach vorne, nach links, nach vorn, nach rechts.

Dann dieselbe Übung, wobei der Stoss nach den Seiten mit der Kopfseite erfolgen kann. In demselben Masse, wie beim Köpfen mit der Stirne immer wieder auf das Ausholen des Oberkörpers nach rückwärts Wert zu legen ist, ist auch beim Köpfen mit der Seite das Ausholen nach der Seite zu betonen.

Dann erfolgt Aufstellung im Kreis, wobei der Ball immer wieder zu dem in der Mitte stehenden Manne geköpft werden muss. Die Übung des Einzelkopfspiels dient der Verfeinerung der Technik des Kopfspiels.

Die Beherrschung aller Technik des Kopfspiels bringt aber keinen Vorteil, wenn nicht auch verstanden wird, zum Ball zu springen. Es gibt Leute, die bei unbehinderter Übung Artisten des Kopfspiels sind, im Wettspiel aber, unter Druck des **[53]** Gegners, aus diesem Vorteil keinen Nutzen zu ziehen verstehen, den Ball gut und zur rechten Zeit zu erspringen. Wer im Kampf um einen hohen Ball zuerst springt, ist im Vorteil. Es wird dadurch dem Gegner nicht nur die Gelegenheit zur freien Entfaltung genommen, sondern man wird sogar noch vom später springenden Manne hochgehalten. Selbst wenn der Sprung zu früh erfolgte, wird es dem Gegner nur sehr schwer möglich sein, den Ball noch verwerten zu können. Für bestimmte Situationen scheint es mir ratsam, aus Rücksicht auf die Gefahr einer Verletzung mit der Seite zu köpfen. Leider lassen sich diese Situationen nur schwer geben, sodass hier erst die praktische Erfahrung Aufschluss und Erkenntnis bringt.

Der Sprung zum Ball.

Der Sprung hat so zu erfolgen, dass der Übende über den Ball kommt, diesen gewissermassen oben schwebend erwartet. Dieses „oben schweben" kann man dem Schüler dadurch erleben lassen, dass man ihn absichtlich zu früh springen lässt. Immer wieder kräftige Betonung der Rumpfarbeit, sowohl beim Köpfen mit der Stirne als auch mit der Seite. Dabei gibt uns das schwingende Pendel auch Aufschluss darüber, wie weit der Übende die Technik (besonders rechtzeitiges Anspielen des Balles und den genauen Treffpunkt dieses) beherrscht, dadurch, dass es bei einwandfreier Beherrschung nicht schlägt. **[54]**

Es wurde schon erwähnt, in welcher Art die Übung am Pendel geeignet ist, die gesamte Muskulatur des Oberkörpers durchzuarbeiten. Wenn wir bedenken, dass der gestossene Ball sofort wieder vom Pendel zurückgebracht wird, dieser vom Übenden also sofort wieder ersprungen werden muss, so ist es für den werdenden Körper des Jungen diese Übung insofern noch von grossem Vorteil, als die dauernde Beanspruchung der Muskel- und Organkraft die vorhandenen Wachstumsreize zur Auslösung bringt. Allerdings muss die Kenntnis des jugendlichen Körpers beim Lehrer vorhanden sein, so dass eine Überschreitung der Grenze der maximalen, als auch der individuellen Leistungsfähigkeit ausgeschlossen ist. Ist auch das Verhalten des Jungen im allgemeinen der beste Fingerzeig für das Mass des Geleisteten, so muss doch darauf hingewiesen werden, dass im Bestreben, das Beste zu geben, die vorhandenen Kräfte oft übermässig beansprucht werden.

Gymnastik und Konditionstraining.

Wenn bisher schon immer die gesamte Körperentwicklung betont und nachgewiesen wurde, so kann doch eine isolierte Übung der verschiedenen Muskelgruppen unserem Vorhaben insofern nützlich sein, als wir wissen, dass das Mehr an beherrschten Formen auch die Fähigkeit fördert, neu herantretenden Bewegungsformen leichter Herr zu werden.

Andererseits steht auch fest, dass mit dem Fortschritt in der Beherrschung der vielgestaltigen Bewegungsformen im Fussballspiel **[55]** der Ablauf dieser mit der Zeit ganz automatisch von statten geht, wodurch wiederum die Ermüdbarkeit hinausgeschoben wird. Es dürfte nicht schwer fallen, im Jungen Interesse für Gymnastik unter Ausnutzung seiner Zielstrebigkeit zu wecken, wenn die Gymnastikform in Bezug auf die Bewegungsform des Fussballspiels veranschaulicht wird. Es soll aber bei den jungen Leuten, im Gegensatz zur aktiven Mannschaft, nicht der Zweck des Trainings im Vordergrund stehen, sondern auf den werdenden Körper des Jugendlichen weitgehendste Rücksicht genommen werden. Es verdient da Beachtung: Die physiologische Eigenart des wachsenden Körpers, die durch die einzelnen Lebensabschnitte bedingt ist. Dann muss noch den einzelnen Typen wie allgemein körperliche Schwächlinge, Steiflinge, schlechte Läufer, Mangel an Ausdauer besondere Aufmerksamkeit gewidmet werden. Die Beseitigung dieser und noch anderer Mängel wird durch ausgiebige Ausgleichsarbeit zu beheben versucht. Dabei möchte ich erwähnen, dass diese sehr ernst zu nehmen ist, dass der Sportlehrer reifes Verständnis für diese verantwortungsvolle Aufgabe haben und dass er verstehen muss, seine Arbeit mit der notwendigen Würze (lebensvoll) zu geben. Die Übungen grundsätzlicher Gymnastikformen sind zu verbinden mit den Übungen der Ausgleichsarbeit für die genannten Typen. Dabei kann die Gestaltung der Gymnastik und Ausgleicharbeit so vor sich gehen, dass sie auf Vervollkommnung der Spielfähigkeit und Erhaltung der Festigkeit hinzielen. Der **[56]** Lehrer muss also auch imstande sein, sich eine Spezialgymnastik zurechtlegen zu können, deren Notwendigkeit er begründen muss.

Die späteren Anfänger (Typ des Kämpfers).

Neben all denen, die schon lange Fussball spielten, ob im Verein ob „wild“ auf der Strasse, haben wir im Verein auch solche, die nicht durch die „wilde Fussballschule“ gegangen sind, sondern ohne jede Vorbereitung, die ich für den werdenden Fussballer (Spielertyp) von grösstem Vorteil schätze, als krasse Anfänger in den Verein gekommen sind. Wenn wir es bei diesen Anfängern noch mit schulpflichtigen Jungens zu tun haben so ist gewiss, dass diese nun jede Gelegenheit wahrnehmen, das Versäumte nachzuholen. Meist sind es aber solche, die erst nach beendigter Schulzeit mit Fussballspielen anfangen, für die also das Vereinstraining die einzelne Möglichkeit zur Weiterbildung ist. Sie nehmen bei der Ausbildung keine Sonderstellung ein, denn jede Ausschaltung ihrerseits vom allgemeinen Trainingsbetrieb und Absonderung von den weiter Fortgeschrittenen würde äusserst schmerzlich empfunden, von ihnen gerade doppelt, da sie, weil sie noch völlige Anfänger sind, mit doppelter Liebe am Fussballsport hängen. Anders ist jedoch das Verhältnis beim Konditionstraining. Dieses muss aus dem Grunde besondere Berücksichtigung zuteil werden, weil den Jungen jegliche Vorbindung von Körper und Ball fehlt, und damit eine der wichtigsten Voraussetzungen im Fussballsport überhaupt. Das Konditionstraining **[57]** hat als erste Aufgabe den Körper geschmeidig zu gestalten und damit eine Grundlage zu schaffen für die Anpassung des Körpers an den Ball. Im wesentlichen wird das vielleicht durch eine Körperschule erreicht, die in der Hauptsache auf Lockerung und Dehnung eingestellt ist. Dass dem Lauf, einerseits im Sinne des kurzen Schnellaufs, andererseits den Lauf zur Hebung der Ausdauer eine gleichgewichtige Rolle zufällt, ist selbstverständlich. Die Beobachtung zeigt, dass die Unbeholfenheit der gesamten Körperbewegung am Ball ihren Grund hat in einer mangelhaften Angleichung und Mitschwingung des Hüftgürtels an die Gesamtbewegung. An diesen Jugendlichen, die im wahren Sinne des Sportes den Ball nur mit den Beinen spielen, dürften jene Beobachtungen gemacht worden sein, die zur Feststellung verleiteten, den Fussballsport als einseitig zu bezeichnen. Diese jungen Leute haben nicht in jahrelanger Übung gelernt, sich die grundsätzlichen Erfordernisse anzueignen, ganz zu schweigen von dem Wert der vielen wichtigen Kleinigkeiten, die bei allen Handlungen am Ball, bewusst oder unbewusst, vorhanden sein müssen. Die Folge ist eine Versteifung des Beckens, wodurch naturgemäss eine Versteifung und Hemmung der Gesamtbewegung bedingt ist. Hinzukommt, dass die Liebe zum Kräftemessen im Spiel diesen Jungen ein Hemmschuh in Bezug auf die Verankerung der Technik ist. Dass im Training nur schwer angeeignete gerät im Eifer des Gefechts, unter dem Drucke des Gegners, in Vergessenheit. **[58]** Wenn der Junge von 14 – 16 Jahren sich für Geschicklichkeitsübungen auch noch besonders eignet, so halte ich diesen Zeitpunkt für den

Beginn des Fussballspiels als doch schon zu spät. Es fehlt ihm die Zeit, um, wie wir bei dem Werdegang des Spielertyps gesehen haben, sich durch über Jahre erstreckende tägliche Übung die Herrschaft aller Technik anzueignen und zu verankern. So glaube ich, dass im verspäteten Anfang der Grund dafür liegt, dass sich bei diesen Jungen die Kampfeigenschaften, auf Kosten der Technik in den Vordergrund drängen. Der Mangel am Technik bringt aber mit sich, dass es an Übersicht fehlt, was die Befähigung zur taktischen Führung des Spiels so gut wie ausschliesst.

Eignung für bestimmte Posten.

Schon jetzt lassen sich in den einzelnen Jugendlichen gewisse Anlagen erkennen, die ihn für die Verwendung auf einen bestimmten Posten innerhalb der Mannschaft befähigt. Diese Anzeichen rechtzeitig zu erkennen, ist vornehmste Aufgabe des Lehrers. Erwarten wir doch von ihm, dass er mit dazu beitragen soll, jeden Einzelnen und die Mannschaft zu dem erreichbaren Grad der Höchstleistung zu führen. Aus der Veranlagung des Jugendlichen muss erkannt werden, ob sich dieser zu einem Offensiv- oder Defensivspieler eignet, oder ob er über beide Eigenschaften verfügt. Dies ist aber nicht leicht! Denn trotzdem der Junge, durch die Beherrschung bestimmter technischer Fertigkeiten, im ersten Augenblick für einen bestimmten Posten innerhalb des Mannschaftsgefüges **[59]** besonders befähigt erscheinen kann, besteht doch die Möglichkeit, dass der Junge mit denselben Fertigkeiten auf einem anderen Posten viel eher und leichter zu seiner Höchstleistung zu bringen ist. Was, um hierfür ein Beispiel zu geben, den Verteidiger auszeichnet, ist schneller Lauf, ein kräftiger, auch auf weite Entfernung berechneter Schlag und zwar oft aus den unmöglichsten Stellungen. Die gleichen Anforderungen werden in gewissem Grade auch vom Aussenstürmer verlangt. Wohl stellt die Arbeit an der Linie und auch die Zusammenarbeit mit den Nebenleuten noch andere Anforderungen in Bezug auf die technischen Fertigkeiten als nur die, welche zu einem Vergleich mit dem Spiel des Verteidigers verleiten. Aber oft findet man auf dem Aussenstürmerposten Leute, die ohne Risiko zu spielen verstehen, während der Verteidiger jede Gelegenheit sucht, um von sich den Angriff aufzunehmen. Die Erkennung und Ausnutzung solch wichtiger Kleinigkeiten sind oft von grossem Wert für die Leistungsfähigkeit des Einzelnen sowohl als auch in der Mannschaft. So lassen sich für bestimmte, wenn auch ihrer Aufgabe nach ganz verschiedenartige Posten doch besonders erforderliche Ausführungsformen geben. Ich werde im Sondertraining noch näher darauf eingehen, in welchem Grade die Besetzung dieses oder jenes Postens durch einen bestimmten Typ (Spieler – Kämpfer) sich für die Mannschaftsleistung auswirken kann. Sobald sich nun beim Einzelnen diese besonderen Veranlagungen zeigen, ist auch der Zeitpunkt gekommen, in dem im allgemeinen Training wertvolle Vorarbeit für das Sondertraining **[60]** geleistet werden kann. Das Sondertraining muss unbemerkt dem Einzeltraining angepasst und eingefügt werden, da wohl schon die Eignung des Betreffenden vom Lehrer erkannt sein mag, bei diesem aber kein Verständnis hierfür vorhanden sein kann (Verteidiger – Stürmer). Dies verdient besonders beim Jugendlichen Beachtung, da er sich leicht zurückgesetzt fühlt. Ein wichtiger Zeitpunkt, den der Lehrer seinem Vorhaben nützlich machen kann, ist dann gekommen, wenn sich Gelegenheit bietet, den Jungen in eine höhere Mannschaft zu nehmen. Um aufzurücken, spielt er alles.

Beginn der taktischen Unterweisung.

Mit dem Zeitpunkt, wo sich der Junge für einen bestimmten Posten und auch dafür vorbereitet wird, fällt auch der Anfang für die Unterweisung seiner Arbeit innerhalb des Mannschaftsgefüges zusammen. Diese hat sich aber vorerst in der Weise zu vollziehen, dass nicht in das Spiele eingegriffen wird. Auch wäre es bei den Jungen verkehrt, den einen hervorzuheben, den anderen zu verdammen. Wie vollzieht sich nun die Vermittlung der Taktik auf dem Spielfelde? Diese muss sicher mit dem Grundsätzlichen beginnen. Taktik können wir erst dann lernen, wenn wir im bisherigen Training die grundsätzliche Voraussetzung erreicht haben (die Beherrschung des Balles in allen Lagen). Diese wieder gewährleistet allein die Vorübung aller Taktik.

„Das Schauen".

Durch ständiges Beobachten gilt es sich stets rechtzeitig ein Erinnerungsbild über die Spiellage im Bewusstsein gesichert zu haben. Der gute Spieler wird ständig „auf Beobachtung **[61]** liegen" und dadurch auch stets „im Bilde" sein. Die aus solcher Arbeit sich ergebenden Vorteile sind ohne weiteres klar. Grösste Schnelligkeit kann oft die von rechtzeitigem Schauen und Denken bestimmte Handlungsweise nicht ersetzen oder ausgleichen. Wesentlich günstiger liegen die Verhältnisse, wenn durch die Arbeit des Gegners Zeit und Raum gestattet werden. Bei Mannschaften mit hoher Spielkultur dürfen diese Fälle aber die Ausnahme sein. Annahme und in Kontrolle nehmen des Balles bedingt Konzentration auf diesen. Der dadurch erfolgte Zeitverlust wird wenig oder gar nicht in Erscheinung treten, wenn die Handlung am Ball von der Kenntnis der Lage bestimmt und geleitet wird. Neben der körperlichen gilt es auch die geistigen Erfordernisse des Fussballspiels zu pflegen und zu fördern.

Der Mann ohne Ball.

Für den Grad der Mannschaftsleistung ist bestimmend, die Zusammenarbeit aller Spieler, mit dem jeweils sich am Ball befindlichen Manne. Für den Mann ohne Ball beginnt, wenn die eigene Mannschaft in den Besitz des Balles kommt, der Dienst an der Mannschaft, was gleichbedeutend ist mit sofortiger Loslösung vom Gegner, um dem Kameraden am Ball vielseitige Abspielmöglichkeiten zu schaffen. Ich habe bereits schon eingehend betont, dass den Leuten ohne Ball die weit grössere Arbeit und Bedeutung zukommt, da sie durch gutes Freistellen ohne weiteres den kommenden Spielverlauf bestimmen. **[62]** Nur eine Mannschaft, die diesen Grundsatz innerlich in sich aufgefasst hat, wird in der Lage sein, ein wechselseitiges, flüssiges und erfolgreiches Spiel durchführen zu können. Zu dieser Einsicht müssen wir alle unsere Jungen erziehen. Bisher war für sie immer der leitende und bestimmende Mann des Spieles der, welcher sich jeweils im Besitz des Balles befand. Grundsätzlich muss sich jeder Spieler freistellen, auch wenn er in grösserer Entfernung zum Ball ist. Es ergibt sich aber daraus die Notwendigkeit, dass die in unmittelbarer Nähe des Balles befindlichen Spieler schneller und genauer handeln müssen, als die im weiteren Umkreis sich befindlichen. Letzteren fällt zunächst nur die Aufgabe zu, in vorausschauender Bereitschaft zu sein.

Rasches Denken und Handeln sind dabei Vorteile, die auch den schnellsten Gegner ausser Gefecht setzen können. Freistellen ist aber nun nicht nur im Sinne einer Bereitschaft zu verstehen, sondern es bezweckt auch weiterhin, dem Manne am Spiel vielseitige Abspielmöglichkeiten zu schaffen, in dem von den Mitspielern eine Überlegenheit der Zahl gegenüber dem Gegner bewerkstelligt wird. In diesem Bestreben erhalten wir Unterstützung durch die weiter entfernt sich freihaltenden Mitspieler, die durch die Schaffung der Gelegenheit für weites Zuspiel die Aufmerksamkeit des Gegners auf sich ziehen. Für die Leute in Ballnähe gilt es zu beachten, dass ein Zusammendrängen auf zu kleinem Raum dem Gegner die Abwehr erleichtert. **[63]** Freistellen aller Mannschaftsmitglieder ermöglicht allein das direkte Abspiel, wodurch das Tempo des Spiels eine wesentliche Steigerung erfahren kann. Jeder sich freistellende Spieler muss trotzdem noch folgendes beachten:

Ständige Beobachtung des Gegners!

Die Erkenntnis dessen Fehler erleichtert das Freistellen und verbürgt einen bessere Ausnützung der Situation. Geht damit einher, die Beobachtung der eigenen Leute, so kann in Erkenntnis der durch die Stellung des Gegners und der eigenen Leute jeweils geschaffenen Lage ein bestimmender Einfluss auf den weiteren Verlauf des Spieles ausgeübt werden. (Direktes Abspiel, Steil-, Quer- oder Rückpass, Dribbling).

Genaues Beobachten des den Ball spielenden Mannes und Konzentration in der Erwartung des Balles erleichtert dem Freistehenden wesentlich die Annahme dieses, da es rechtzeitig Tempo und evtl. Effets des Balles erkennen lässt.

Der Weg zum Erfolg ist der, durch gute Zusammenarbeit aller Mannschaftsmitglieder den Gegner zu ermüden, um auf diese Weise leichter zum Siege zu gelangen. Dies kann aber nur dann geschehen, wenn der Ball möglichst lange in den eigenen Reihen bleibt. Zu den bereits geschilderten Erfordernissen der Ballbeobachtung und der Konzentration kommen noch weitere, nicht minder wichtige dazu. Mag ein Ball noch so schön zugespielt sein, so wird ihn meistens doch der Gegner erhaschen, **[64]** wenn wie man es leider häufig auch bei sonst guten Spielern sieht, der Ball stehenden Fusses erwartet wird. Als oberster Grundsatz muss daher gelten, dem zugespielten Balle entgegenzulaufen. Durch In-den-Ball-Laufen gewinnt der Spieler Zeit, um den Ball in Ruhe in Kontrolle nehmen und ihn dann umso besser seiner Absicht nutzbar machen zu können. Mit diesem Vorteil nutzt er aber in gleicher

Weise der gesamten Mannschaft. Im Augenblick der Ballannahme ist möglichst immer die Front zum Gegner zu nehmen, aber nur dann, wenn dies ohne Behinderung durch den Gegner durchgeführt werden kann, da sonst die Gefahr besteht, den kaum gemeisterten Ball an den Gegner zu verlieren.

Durch rechtzeitiges Täuschen in irgend einer Form kann ja auch der Gegner abgeschüttelt oder umgangen werden, aber ich halte gerade, um den vorhin geäusserten Grundsatz, den Ball möglichst lange in den eigenen Reihen, zu verfolgen, es für ratsamer, die Möglichkeit zum Rückpass dem Kampf mit dem Gegner vorzuziehen. Nach erfolgtem Rückpass gilt es aber, sich sofort über die Stellung des Gegners und dessen Absichten zu orientieren, eine bessere und freiere Stellung zu erlaufen, um dadurch sich die bestmöglichste Stellung für die Verwendung des erneut zugespielten Balles zu sichern. Die Verwendung des Rückpasses soll aber nur im Ausnahmefall erfolgen, da bei übertriebener Anwendung das Spiel verschleppt wird, der Drang nach vorne leidet, ein Erfolg in weite Ferne rückt, die eigenen Hinterleute gar **[65]** ermüdet werden und das grosse Übel der Nurkombination, des Schön-spielen-wollens in die Mannschaft sich einschleicht. Bei jeder sich bietenden Gelegenheit hat immer ein zweckmässiger Pass in Richtung des gegnerischen Tores zu erfolgen. Er verbürgt ausser dem so wichtigen Raumgewinn die Vermeidung der soeben geschilderten Fehler und lässt das Spiel nicht zu einem planlosen Hin- und Hergeschiebe des Balles ausarten. Im Dienste für die Gesamtheit darf es dem Spieler kein Opfer sein, seine Liebe zum Ball auf ein Minimum zu beschränken. Besonders in den noch jungen Spielern müssen wir diese Einsicht erwecken. Zu langes Ballhalten verschafft dem Gegner Zeit und Raum für die Abwehr. Es ist darum jede Gelegenheit zu direktem Abspiel unbedingt auszunutzen, um dem Gegner den erwähnten Vorteil zu nehmen. Von grosser Wichtigkeit für die gute Zusammenarbeit ist es, dass vom Manne am Ball der rechte Augenblick zum Abspiel erfasst wird. Ja, bei Kombinationszügen auf engstem Raum, bei guter Deckung, ist die spielerische Übereinstimmung der Zusammenarbeitenden von ausschlaggebender Bedeutung für die erfolgreiche Durchführung des Gewollten. Die mangelhafte Befähigung zum rechtzeitigen Abspiel führt dazu, dass die eigenen Leute, wenn sie nicht verärgert sich der Mitarbeit enthalten, von einer Stellung in die andere gehetzt werden. Grosse Beachtung muss auch das dem Ball zu erteilende Tempo finden, welches an der Situation und Schnelligkeit des mit dem Zuspiel bedachten Mannes angepasst sein muss. Die durch **[66]** eigene Leute und Gegner (Freistellen und Decken) geschaffene Lage bestimmt die Art des Zuspiels, die entweder Pass in den Fuss zulässt oder solchen in den freien Raum vorschreibt. Wenn eben schon dem einfachen ungekünstelten und zweckmässigen Spiel das Wort geredet wurde, so kann doch, besonders bei guter Deckung des Gegners, die Situation so sein, dass ein Dribbling oder Alleingang das allein Richtige am Platze ist. Diese Gelegenheit, die sich oft ergibt aus dem Kampf um den freien Raum, zu erkennen, ist Aufgabe des Mannes am Ball. Der Alleingang beseitigt entweder den Vorteil, dass der Gegner in Verhütung desselben die Deckung lösen muss, wodurch die Möglichkeit einer guten Ballabgabe wiederum gegeben ist. Diese kann noch dadurch gefördert werden, dass der Mann am Ball den Gegner zu täuschen versucht, indem er aus der Richtung läuft, in die er spielen will.

Im Verlauf der letzten Darlegung habe ich zu schildern versucht, welche grundsätzlichen Erkenntnisse und Erfordernisse der Mann ohne Ball und am Ball beherrschen muss. Damit habe ich den jetzt kommenden Ausführungen in vielen Punkten schon vorgegriffen. Das geschah insofern nicht ohne Absicht, als ich dadurch an den Vorkommnissen im Spiel zeigen wollte, was unsere Schüler jetzt noch alles lernen müssen, um sie zu guten Spielern zu befähigen. Damit ist auch der Stoff und der Weg für den weiteren Unterricht klargelegt.

Als oberste Notwendigkeit des Mannes ohne Ball erkennen wir ohne weiteres das Freistellen. **[67]** Da ich das Grundsätzliche bereits ausgeführt habe, bezieht sich das Folgende nur auf die Art der Erlernung und auf die der Ausführung. Arbeit ohne und mit Ball sind im Wettspiel so innig zu einer Einheit verbunden, dass wir sie auch in unserem Unterricht nicht von einander absondern können. Dies wäre schematisch und würde unserem eingangs erwähnten Vorhaben eines natürlichen, lebensvollen und freudigen Unterrichts Abbruch tun.

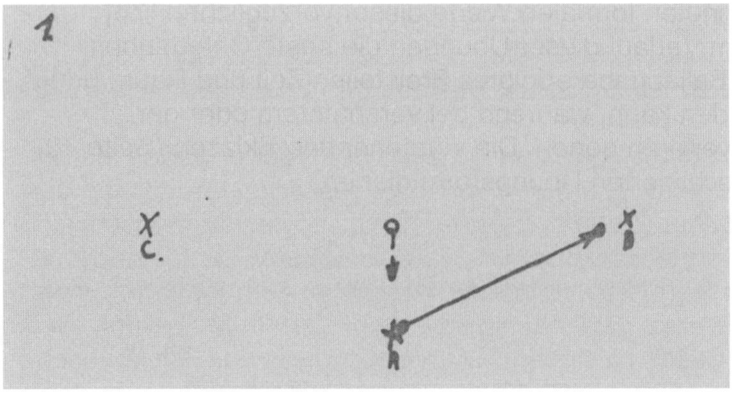

Wir beginnen mit dem Freistellen dreier gegen einen Spieler. Damit vermitteln wir unseren Schülern die schon betonte Beschaffung einer vielseitigen Abspielmöglichkeit, in diesem Falle die Möglichkeit, nach zwei Seiten abspielen zu können. Es ist also den Leuten ohne Ball immer der Weg gezeichnet. Je nachdem, ob der Mann zur linken oder zur rechten Seite am Ball ist, hat das Freistellen nach links oder rechts zu erfolgen (siehe Skizze Seite 67). In natürlicher Verbindung damit erlernen wir das **[68]** rechtzeitige Abspiel des Balles und zwar in den Fuss des Mitspielers, oder in den Lauf. Hier bietet sich vortreffliche Gelegenheit darauf hinzuweisen, wie durch rechtzeitiges und rasches Freistellen der Pass in den Fuss ermöglicht wird. Dabei muss vom Manne am Ball der Augenblick für die Abgabe erkannt und genutzt werden. Bereits hier ist auf die spielerische Übereinstimmung Wert zu legen. Versäumtes Abspiel darf nicht durch ein Dribbling ausgeglichen werden.

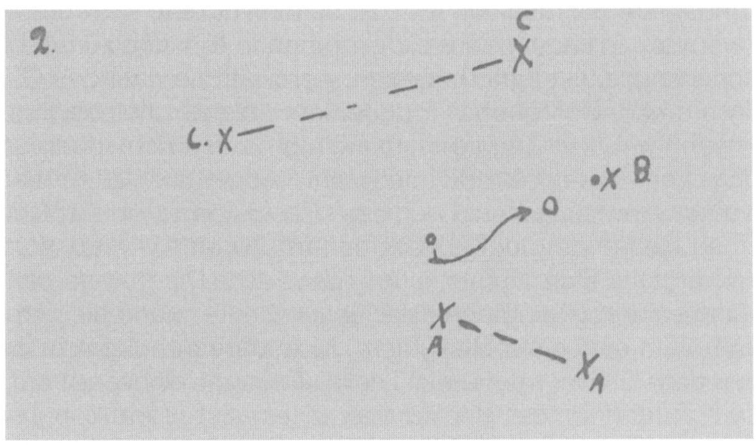

Um dem vorzubeugen, empfehlen wir unseren Schülern schon zwei bis drei Meter vom Gegner abzuspielen. Für den Anfang ist es ratsam, um die jungen Leute mit der Übungsform vertraut zu machen, den Gegenspieler den Angriff nur markieren zu lassen. Noch auf eine andere wichtige Kleinigkeit kann hier hingewiesen werden: Front nehmen zum Manne am Ball.

Für das so wichtige In-den-Ball-laufen bietet sich jetzt beste Übungsgelegenheit, wobei auf die dadurch entstehenden Vorteile hingewiesen werden muss. Die einwandfreie Durchführung wird nur gewährleistet durch Zusammenklingen von gutem Freistellen und ebenso gutem Abspiel. Dies lässt sich besonders gut veranschaulichen beim Freistellen Zweier gegen Einen.

Der Einfachheit halber kann die Übung vorerst so gestaltet werden, dass der Pass auf den freien Raum erfolgen kann. Weit schwieriger liegen die Verhältnisse dann, wenn auf engstem Raum möglichst noch der Pass in den Fuss erfolgen soll. Hier werden sowohl an den Mann ohne als auch am Ball gesteigerte **[69]** Anforderungen bezüglich der Beherrschung der geistigen und körperlichen Erfordernisse gestellt. Sie ergeben sich allein schon daraus, dass der Mann am Ball nur eine Abspielmöglichkeit hat, die durch das Abdecken des Mitspielers noch wesentlich erschwert wird. Der Gegner wird natürlich, da er nur einen Mann zu decken hat, sich über dessen Tun rechtzeitig Kenntnis verschaffen und sich danach in seinem Angriff einstellen. Bei derart guter Deckung wäre es dem Mann am Ball unmöglich, diesen abzuspielen, wenn nicht durch Täuschen, sowohl von Seiten des sich Freistellenden als auch des Ballspielers der Gegner überrumpelt und dadurch überwunden werden könnte. Mit der Beobachtung des eigenen Mannes geht die Beobachtung des Gegners einher. Dieser soll ja zu Fehlern in der Deckung verleitet werden, die es zu erkennen und auszunutzen gilt. Dabei gilt es auch die spielerische Eigenart des Angreifers zu erkennen. Es ist nicht gleichgültig, ob dieser dem Typ des Spielers oder Kämpfers angehört. Ersterer schenkt auch der Körpertechnik Beachtung, letzterer sieht nur den Ball. Das gegenseitige Erkennen der Absichten der Zusammenspielenden, das gewissermassen mit einem Ineinanderdenken verglichen werden kann, bietet allein Gelegenheit auf eine gewisse Dauer diese Übungsform durchführen zu können. Schnelles Erfassen der Situation und Konzentration sind die ausgezeichneten formalen Werte dieser vorzüglichen **[70]** Übungsform. Dem Lehrer bietet sich im Verlauf dieser Übungen die beste Gelegenheit darauf hinzuweisen, dass sofort nach Ballabgabe erfolgtes Freistellen Zeit und Raum bringt, was für die Arbeit am Ball genutzt werden kann, während bei verspätetem oder gar verpasstem Freistellen diese Vorteile verloren gehen. Die vorstehenden Skizzen (Seite 70) mögen zur Veranschaulichung der geschilderten Übungsform dienen.

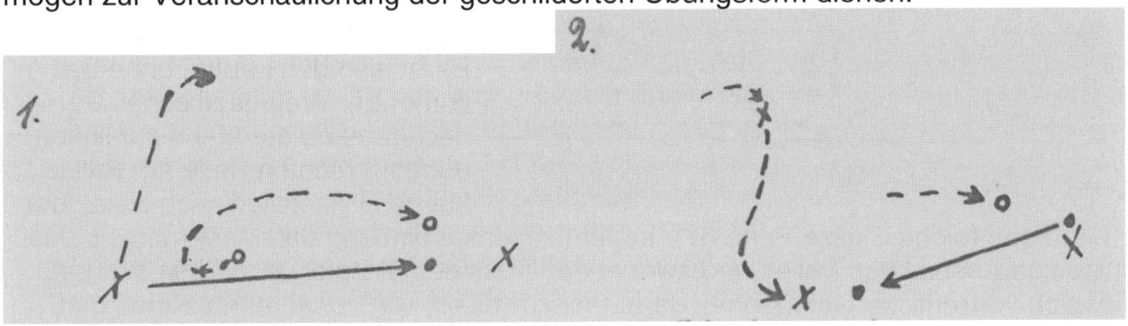

Nachdem wir das Freistellen in diesen beiden Formen ausgiebig geübt haben, dürfen wir damit rechnen, dass unsere Schüler das Wesen derselben innerlich auch erfasst haben. Wir können sie deshalb von jetzt ab schon vor eine schwerere Aufgabe stellen, der wir den Zweck zu Grunde legen, die gewonnene Einsicht zu festigen und zu vertiefen. Diese Schwierigkeit ist dann gegeben, wenn wir die Zahl des Gegners bei der Übung vermehren, etwa drei gegen zwei, vier gegen drei, bis zur gleichen Stärke der Parteien. Es ist vielleicht ratsam, um den Gang der Übung nicht zu verschleppen und dem Einzelnen grösstmöglichste Übungsgelegenheit zu verschaffen, auf beiden Seiten die Zahl von fünf Teilnehmern nicht übersteigen zu lassen. Da diese Übungsform in ihrem Charakter ein Kampfspiel darstellt, so findet sie bei der Jugend jederzeit freudigen Anklang. Ausser **[71]** ihrem eigentlichen Wert verbürgt sie eine Ausschleifung der Technik und wertvolle Konditionsarbeit.
Mit der Vervollkommnung der Spielkultur entwickelte sich in gleichem Masse das Freistellen. Im frühesten Spielsystem, dem „Kick and rush", konnte man von keinem bewussten Freistellen sprechen. Die Einzelleistung, die entweder auf einem Dribbling oder schnellen Lauf aufgebaut war, herrscht vor. Diese Spielform konnte sich nur solange behaupten, als der gesamte Fussballsport noch in seinem Anfang begriffen war. Mit der Vergeistigung der Spielauffassung musste die Einzelarbeit gegenüber der wirkungsvolleren Zusammenarbeit zurücktreten. Die Zusammenarbeit der Mannschaft musste ihren Ausgang nehmen zunächst in der Zusammenarbeit zweier benachbarter Leute (Flügelpaar, Mittel- und Aussenläufer usw.). Die Entwicklung der Kombination kann sich auf keine andere Art vollzogen haben als ich sie bereits bei der Entwicklung des Jugendlichen geschildert habe und zwar von der ersten Ballabgabe aus Verlegenheit bis zur bewussten, ja raffinierten Zusammenarbeit.
Wollen wir unsere Schüler zur Kombination erziehen, so kann sie entwicklungsgemäss nur ihren Ausgang nehmen von ihrer ursprünglichsten Form, der Zusammenarbeit zweier Spieler. Von hieraus erfolgt dann der Aufbau des Mannschaftsgefüges.
Als erste Übung betonen wir das Laufen zu zweien und Zickzack-**[72]**passen. Dabei muss direktes Abspielen des Balles und Anpassen dessen Tempos an die Schnelligkeit des Mitspielers verlangt werden. Der Ablauf der Übung, wobei gesteckte Fahnen den Gegner markieren, mache ich in beifolgender Skizze ersichtlich.
Die Übungen der Kombination sollen die Spieler daran gewöhnen, die eigene Person in den Hintergrund zu stellen und das Bewusstsein für stetige und aufmerksame Zusammenarbeit zu vertiefen. Unterordnung der eigenen Person und Idee, müssen zum geistigen Merkmal der Kombination werden und ihren Ausdruck in der geschlossenen Mannschaftsleistung finden. Der Zickzackpass stellt die einfachste Form der Kombination dar, weil hierbei beide Spieler in ihren Positionen verbleiben, mit anderen Worten, parallel in einer Richtung miteinander laufen. Dagegen ist die Verbindung von

Q u e r - und S t e i l p a s s

die schwierigere Form der Kombination, weil ihrer Durchführung eine Kombination ohne Ball vorausgehen muss. Der nach dem Querpass zu erfolgende Steilpass erfordert ein Laufen in den freien Raum vor dem Manne am Ball im Rücken des Gegners. Nach erteiltem Steilpass

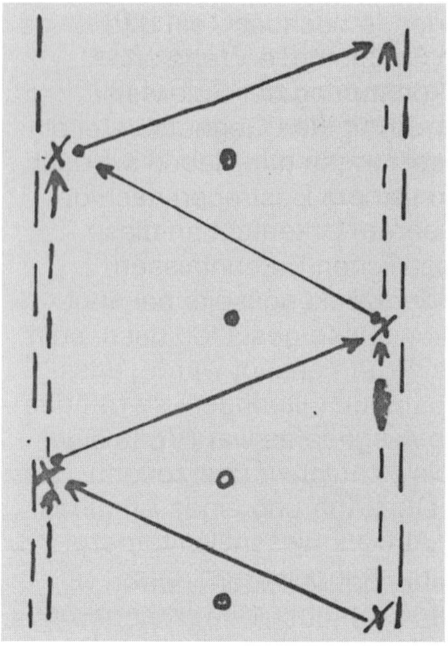

gilt es für den nunmehrigen Mann ohne Ball, den von seinem Mitspieler verlassenen Posten wieder zu besetzen. **[73]** Dies hat natürlich in Höhe des Balles zu geschehen, wodurch gleichzeitig die Gelegenheit zum Querpass wieder geschaffen wird. Das Überspielen des zweiten Gegners wird wieder durch einen Steilpass eingeleitet, wodurch wiederum ein Wechsel in der Stellung der beiden Spieler bedingt ist. Auch hier üben wir im Anfang diese Formen der Kombination mit totem Gegner, um ungefährdet einer Behinderung durch den Gegner diese klar in sich aufnehmen zu können. Zur Veranschaulichung dient folgende Skizze.
Grössere Anforderungen (körperliche) an die Ausführenden stellt die Durchführung von zwei und schliesslich auch mehreren aufeinanderfolgenden Steilpässen.
Haben wir die bisherigen Kombinationsübungen jeweils nur von zwei Spielern durchnehmen lassen, so wird mit der Erlernung des Rückpasses deren Zahl auf drei erhöht.

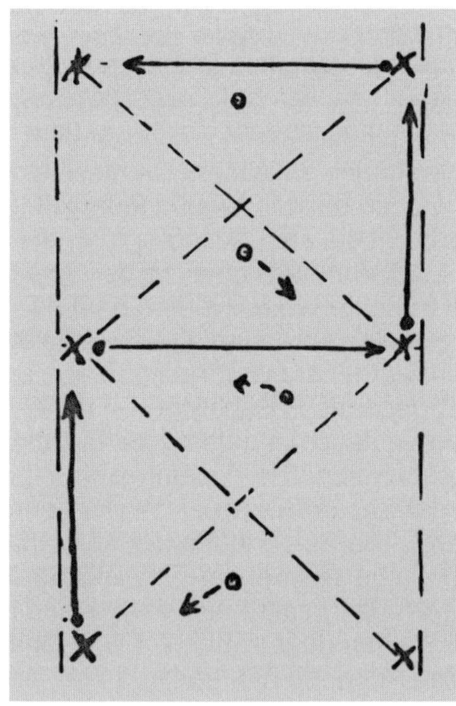

Unsere Schüler haben wir mit dieser Form bereits im Freistellen Drei gegen Einen vertraut gemacht. Es ist hier dem Schüler klar zu machen, wie sich die Dreieckformen immer wieder im Spiel ergeben und **[74]** wie diese, wie keine andere, bei geringstem Kraftaufwand, den ins Dreieck genommenen Gegner ermüden. Ausserdem ermöglicht es noch den Pass in den Fuss, auf dessen Vorteile schon genügend hingewiesen wurde. Nach der Festlegung der verschiedenen Kombinationszüge versuchen wir diese am Gegner. Dabei können wir unsere Schüler zu der Einsicht erziehen, dass sie die Kombinationsformen nicht als eine starre Form auffassen, sondern der Art und Stellung des Gegners und der eigenen Leute die Durchführung irgend einer Art anpassen. Wenn auch immer wieder die Möglichkeit zum direkten Abspiel geschaffen (Freistellen) und ausgenutzt (Mann am Ball) werden soll, so ergeben sich doch im Verlauf der Übung Situationen, bei denen direktes Abspiel gleichbedeutend mit Ballverlust wäre. Dies kann seinen Grund darin haben, dass der freie Raum vom eigenen Mann noch nicht erlaufen ist als auch, dass es dem Gegner gelungen ist, diesen abzudecken. Hier gilt es für den Lehrer, den Schüler auf die rechtzeitige Erkennung dieser Lagen hinzuweisen und ihm auch die Wege zu zeigen, die in diesen Fällen zu gehen sind. Diese sind:
Ballführen und Dribbling.
Nach durchgeführtem Dribbling hat aber sofort Abspiel zu erfolgen. Je wechselseitiger und vielgestaltiger die Verbindungen der verschiedenen Kombinationsmöglichkeiten ausgeführt werden, umsomehr wird dem Gegner die Abwehr erschwert. Es gilt, unsere Schüler dazu zu befähigen, immer das Gegenteil von dem zu tun, **[75]** was der Gegner erwartet. Wenn ich als Lehrer bei allen Übungen mit Nachdruck nochmals auf das Grundsätzliche verweisen muss, so ist es die Mahnung, dass im Augenblick der Ballabgabe der Lauf in den freien Raum sofort erfolgen muss. Die weiteren Vorteile, die ich bereits erwähnt habe, seien nochmals unterstrichen: rechtzeitiges Freistellen erhöht das Tempo des Spiels, schafft die Möglichkeit des Passes in den Fuss und bringt Zeitgewinn, der für die sorgfältige Behandlung des Balles ausgenutzt werden kann...

Der Verlauf eines Spiels hängt vom jeweiligen Ballbesitz ab, der, je nachdem, ein offensives oder defensives Verhalten bedingt. Bisher haben wir unseren Schülern die Wege und Möglichkeiten des offensiven Verhaltens gezeigt. Zur Vervollkommnung der Spielweise müssen wir natürlich unsere Schüler genau so befähigen, den Erfolg des Gegners vereiteln zu können. Unsere Schüler bringen auch hier bereits Voraussetzungen mit. Haben sie doch bisher schon selbst versucht, dem Gegner durch Abdecken in seinem Bestreben nach dem Siege hinderlich zu sein. Selbstverständlich knüpfen wir in unserem Unterricht an diese Voraussetzungen an und gestalten diese zu zunächst grundsätzlichen Erkenntnissen.
Das erste wird sein, dass wir unsere Schüler mit dem Begriff der Deckungsseite bekannt machen. Er ist dann richtig erfasst, wenn der Deckende die Abwehr so gestaltet, dass „sein“ Mann auf dem Wege zum Tor immer erst ihn passieren muss. Wenn gesagt wurde, dass unsere Schüler bezüglich des Deckens schon **[76]** Voraussetzungen mitbringen, so traf das mehr oder minder nur bei den Spielern zu, deren unmittelbare Aufgabe es war (Verteidiger und Läufer). Die nächste Aufgabe wird also darin bestehen, die Schüler zu überzeugen, dass genauso wie allseitiges Freistellen die Voraussetzung für die Durchführung eines Angriffes ist, die Mitwirkung aller Leute beim Decken das Gelingen der Abwehr wesentlich fördert. Haben wir schon beim Freistellen und bei der Kombination darauf hingewiesen, dass beispielsweise auch die Verteidiger beim Aufbau eines Angriffes fördernd mitwirken können, so bietet sich hier Gelegenheit, insbesondere die Stürmer dahin zu erziehen, durch gutes Abdecken den Hinterleuten die Arbeit zu erleichtern. Dabei ist zu beachten, dass in unmittelbarer Ballnähe auf der Deckungsseite stehend scharf gedeckt werden muss, während, wenn der Gegner nur mit einem langen Pass bedient werden kann, die Deckung eine lockere sein darf in der Weise, dass sich der Deckende vor den Gegner stellt. Allgemein muss scharf abgedeckt werden auf der Seite wo der Ball liegt, was besonders auch für die Stürmer gilt, die sich so stellen müssen, dass dem Gegner die Möglichkeit zum Rückpass erschwert oder entzogen wird. Die Verteidiger und Läufer müssen noch besonders darauf hingewiesen werden, dass ihre Mitwirkung beim Angriff der eigenen Partei nur insoweit erfolgen darf, dass darunter ihre eigene Aufgabe, die der Deckung, keinen Schaden leidet. Zur Vertiefung des Deckens können uns die Übungen des Freistellens dienen, wobei auf beiden Seiten die gleiche Anzahl von **[77]** Spielern verwendet werden. Als Lehrer gehe ich dabei zweckmässig so vor, dass ich die Leute bestimme, die sich gegenseitig, je nach dem Wechsel des Ballbesitzes, zu decken haben. Dabei wird verschiedentlich der Fall eintreten, dass es im Verlauf des Spieles einem Gegner gelingt, sich der Deckung durch Täuschen und plötzliches unerwartetes Freistellen zu entziehen. Hat einer der anderen Spieler nun näher zu diesem Manne, so muss von diesem die Deckung übernommen werden. Es tritt also in diesem Falle, bei guter Zusammenarbeit, ein Wechsel in der Deckung ein, so dass wiederum kein Mann des Gegners in freier Position ist. So muss vom Lehrer immer wieder darauf hingewiesen werden, das sowohl im Angriff als auch in der Abwehr alle Teile der Mannschaft beteiligt sind. Es ist hierbei nicht zu vermeiden, ja durch die jeweilige Lage sogar bestimmt, dass der Einzelne den ihm im Mannschaftsgefüge zugewiesenen Platz verlässt. Die gute Zusammenarbeit aller Mannschaftsglieder gibt allein Gewähr dafür, dass trotzdem jederzeit kein Posten unbesetzt bleibt.
Durch die Darstellung des Freistellens, Kombinierens und Deckens habe ich die grundsätzlichsten Erfordernisse der Taktik bereits ausgiebig behandelt. Diese Dreiheit stellt in ihrem Wesen, im Hinblick auf das Spielgefüge, eine so unzertrennbare Einheit dar, dass wir sie von jetzt ab, nachdem sie in unseren Schülern zu einer festen Auffassung gelangt ist, nicht mehr von einander getrennt halten dürfen. Ja, gerade darin liegt der Inhalt der Taktik verankert. So möchte ich, von meinem **[78]** Standpunkt aus betrachtet, die Begriffsbestimmung der Taktik wie folgt festlegen:
Taktik ist das Erkennen und die Durchführung des den besonderen Verhältnissen entsprechenden Weges zur Überwindung des Gegners, der einerseits die eigenen starken Posten möglichst wirksam werden lässt und die vorhandenen wunden Stellen dem Gegner zu verschleiern sucht; andererseits den Besten des Gegners besonderes Augenmerk schenkt und an dessen schwachen Punkten Ausnutzung für die eigenen Zwecke anstrebt. Dem guten Spieler werden so im Verlauf des Spieles bald die zu begehenden Wege gezeichnet sein.

Unsere Schüler haben dann den Begriff der Taktik erfasst, wenn sie in ihrer Spielweise erkennen lassen, neben dem Freistellen auch abzudecken und über beiden Aufgaben das Erkennen der Gelegenheit zum Weiterkombinieren nicht ungenutzt lassen. Taktisch spielen bedeutet also, je nach der Lage des Spiels, eine dieser drei Erfordernisse in den Vordergrund zu stellen. Ist unsere Mannschaft im Angriff, so gilt als oberster Grundsatz: Freistellen. Ist aber der Gegner im Ballbesitz, so heisst es für alle, alles Augenmerk auf das Decken zu richten. Es genügt aber nicht, wenn jedem Einzelnen der Spieler die ihm je nach dem Spielverlauf zufallende „Arbeit" bekannt ist, sondern die Schnelligkeit, mit der sich die Umstellung und Anpassung **[79]** an die im Spiel ständig wechselnden Situationen, von Angriff zur Abwehr und umgekehrt, vollzieht, gewährleistet allein die Beherrschung des Gegners. Alle taktischen Handlungen müssen von dem Grundsatz beherrscht werden, durch wenig Kräfteverbrauch den Gegner zu ermüden. Überkombination ist falsch. Zielstrebiges und zweckmässiges Kombinieren ermüdet den Gegner bestimmt genau so. Sie ermüdet ihn in gleichem Masse aber auch geistig, besonders dann, wenn ich ihn immer wieder durch durchdachte Kombinationszüge vor neue, unerwartete Aufgaben stelle und gleichzeitig durch gutes allseitiges Zusammenarbeiten in der Deckung seine Absichten schon vor Entfaltung zu stören und zu hindern verstehe. So kann auch bei guter Übereinstimmung in der Abwehr der Gegner zu Zügen gezwungen werden, deren Unterbindung wir ja gerade damit bezwecken.
Folgende taktische Winke müssen jedem Spieler in Fleisch und Blut übergehen.
In erster Linie möchte ich das Sperren erwähnen und als Beispiel folgende Fälle anführen: Der Läufer sperrt den Gegner, der Verteidiger klärt. Dieser Art gegenüber steht jene, die der Durchführung des eigenen Angriffes förderlich sein soll. Es tritt dann ein, wenn ein unerwarteter und scharf gegebener Pass, der die sichere Annahme in Frage stellen würde, durch Sperren des Gegners einem besser stehenden Mitspieler überlassen wird. **[80]** Für wichtig halte ich ausserdem noch, dass bei geballter Deckung das Zuspiel hoch und in den Rücken des Gegners zu erfolgen hat. Diese Fälle sind bei Eckball, Frei- und Strafstoss gegeben.
Die beste Gelegenheit, um all unsere Grundsätze zu vertiefen und auf weitere Vorteile mit Hochdruck hinzuweisen, ist das Übungsspiel, dem wir in der Zeiteinteilung unseres Trainings, besonders bei fortgeschrittenen Spielern, weitgehendste Beachtung schenken müssen.

S o n d e r t r a i n i n g .

In der gegenwärtigen Spielkultur sind wir an einem, durch die ganze Entwicklung bedingten Endziel angelangt:
D e r a u s s c h l i e s s l i c h e n B e t o n u n g d e r M a n n s c h a f t s l e i s t u n g !
Sie hat ihren Ausdruck gefunden in zwei grossen Systemen, d e m
k i c k a n d r u s h und dem
s c h o t t i s c h e n System[4].
Beide stellen Mannschaftsleistungen dar, insbesondere auch das „kick and rush", bei der gegenüber früher die vorherrschenden Einstellung zu gunsten der geschlossenen Mannschaftsleistung zurücktreten musste. Immer und immer wieder muss man die Erfahrung machen, dass das einseitige Festhalten an einem dieser beiden Systeme Nachteile zeitigt. Bei „kick and **[81]** rush" besteht am leichtesten die Gefahr, dass das Spiel zu einem gedankenlosen wilden Dahinstürmen wird. Wobei der den Sieg im Kampf um den Ball davonträgt, der über grössere Körperkraft und Schnelligkeit verfügt. Der Drang zum Erfolg, wobei jeder Spieler bestrebt ist, den Ball immer nur auf dem kürzesten Wege zum gegnerischen Tore zu bringen, ist das sichtbarste Merkmal dieses Systems. Das Gegenstück haben wir im schottischen System. Unter möglichster Vermeidung allen körperlichen Kampfes wird der Gegner durch flache, kurze Kombinationszüge zu ermüden versucht, um auf diese Weise zum Siege zu gelangen. Dem Niederkämpfen im kick and rush entspricht hier ein Niederspielen des Gegners. Einseitigkeit birgt immer Gefahr in sich! Das Spiel der „Kick and rush-Mannschaft" wird zu leicht zu harter körperlicher Arbeit, wogegen das schottische System zu leicht zum Nurspielen verleitet und entartet. Eine Mannschaft können wir nur dann als gut bezeichnen, wenn sie ein innerliches System aufweist, das aber unter

4 Schottischer Flachpaß.

keinen Umständen schematisch verankert sein darf. Gar zu oft erfordern die Umstände ein Abweichen von sonst gewohnten Schema. Deshalb verlangen wir von einer Mannschaft zunächst die Beherrschung beider Systeme und darüber hinaus die Vereinigung und Verinnerlichung beider zu dem System, das Spiel und Kampf in richtiger Weise paart. Dies zu erreichen soll Aufgabe des Sondertrainings sein.

[82] In unserem Training stellen wir nun zunächst die einzelnen technischen Anforderungen dieser beiden Systeme in den Vordergrund. Da unsere Leute im bisherigen Training die sichere saubere Beherrschung aller Grundformen erlernt haben, gehen wir dann über, sie durch Schwierigkeitsübungen zum höchstmöglichen Grad ihres Einzelkönnens zu befähigen. Wo irgend ein System besondere Anforderungen verlangt, werden diese mit Nachdruck geübt. So sind im kick and rush Spiel die technischen Anforderungen beileibe nicht geringer als im Spiel auf kleinstem Raum. Erfordert doch die Annahme und Abstimmung des auf weite Entfernung gegebenen Passes an die eigene Schnelligkeit oft noch grössere Einfühlung an den Ball, als die Beherrschung des Balles beim Zuspiel auf engem Raum. Nur bei vollendeter Beherrschung der beim „kick and rush-System“ besonders hervortretenden Formen ist die Gewähr gegeben, dass die Durchführung dieses Systems nicht zu wildem Dahinstürmen ausartet.

So lassen sich, bei der Betrachtung beider Systeme, besondere technische Anforderungen herausschälen. Für die Beherrschung des „Kick and rush-Systems“ halte ich folgende Übungsformen für unerlässlich.

Passchläge auf grössere Entfernung.

Da im Spiel die Chancen in Ballbesitz zu kommen für den Gegner fast immer die gleichen sind, so haben die Schläge direkt zu erfolgen. Hinzu kommt, dass, da wenig Gelegenheit zum Pass am Boden vorhanden ist, dieser über den **[83]** Gegner erfolgen muss. Dies bedingt ausgiebige Übung dieser Schläge als Halbflugbälle. Hierbei ist schon im Anfang grosser Wert darauf zu legen, dass der Ball auch bei grösster Entfernung auf den Mann kommt. Der Ball soll zugespielt werden. Schlagen des Balles aus vollem Lauf in den drei geschilderten Möglichkeiten (Pass am Boden, Halbflug- und direkte Bälle).

Dann Schlagen von flachen, halbhohen und hohen Bällen aus verkehrter Front und aus vollem Lauf.

Direktes Abspiel aus der Luft.

Das Heben des Balles über den Kopf; im Lauf.

Überhaupt gilt hier, da fast alle Handlungen sich im Lauf vollziehen, diesen bei Übungen besondere Aufmerksamkeit zu schenken.

Ausgiebiges Kopfspiel gewährleistet die Beherrschung der hohen Bälle. Weiterleiten hoher Bälle mit dem Kopf auch auf grössere Entfernungen (Mitte zu Aussen). Abwehr und Zuspiel hoher Bälle mit dem Kopf.

Verwendung des von hinten kommenden, also in gleichsinniger Richtung wie der Lauf des Mannes, bewegten Balles zur sofortigen Erteilung eines Passes oder Schusses. Mit der Annahme des Balles kann auch das Einschlagen einer anderen Richtung erfolgen. Diese Bewegung nach einer anderen Richtung kann auch nur angedeutet sein, um freien Raum zum Lauf mit dem Ball oder Abspiel in **[84]** entgegengesetzter Richtung zu erhalten.

Direktes Abspiel (Schuss) der aus seitlicher Richtung kommenden Bälle (Flanken). Bei dieser Übung ist darauf zu achten, dass von rechts kommende Bälle mit dem rechten, die von links mit dem linken Fusse geschossen werden müssen. Der Vorteil liegt hier ohne Weiteres klar. Im Wettspiel und da besonders in Tornähe entscheiden oft Sekundenbruchteile und Zentimeter über Erfolg oder nicht Erfolg. Der Lehrer kann hier an einem Beispiel zeigen, wie das ausser-Acht-lassen dieses Vorteils Zeit- und Raumverlust mit sich bringt, der wiederum dem Gegner zustatten kommt. Zur Vermeidung von Gedrängen besonders vor dem Tor, dem aus seitlicher Richtung kommenden Ball entgegenlaufen und direktes Schlagen nach dem anderen Flügel. Als besondere Übung für die Zusammenarbeit der beiden Aussen mit dem Mittelstürmer gedacht, die den Zweck verfolgt, die geballte Deckung auseinander zu reissen. Abstimmung des Tempos des Balles in der Absicht des zum direkt erfolgten Schusses.

Weiter gehören hierher die Schwierigkeitsübungen des Stoppens, das, wie wir gesehen haben, in den meisten Fällen in der Bewegung zu geschehen hat. Vollzogen sich unsere

bisherigen Übungen alle in vollem Lauf, so soll damit keineswegs gesagt sein, dass beim „kick and rush“ keine Gelegenheit zur Ballarbeit im Stand gegeben wäre.
Den bereits geübten Grundformen des Stoppens fügen wir folgende Schwierigkeitsformen hinzu. **[85]** Stoppen mit dem Spann.
Stoppen mit der Innen- und Aussenseite und Mitnehmen des Balles in der Bewegung. Diese Übung kann sich auch so vollziehen, dass der Annahme des Balles ein Täuschen vorausgeht, das das Löslosen vom Gegner bezweckt.
Stoppen mit Unterschenkel und Oberschenkel. Diese beiden Stopparten lassen sich, da sie Zeit und Raum benötigen, nur im Stand durchführen. Beide Formen müssen wir schon deswegen üben, weil die Stellung zum Ball im Spiel oft so verschieden sein kann, dass nur durch eine dieser beiden Formen eine zweckmässige Annahme gewährleistet ist.
Andererseits erziehen sich unsere Schüler auch zu allseitiger Körperbeherrschung am Ball. Abstoppen und Zurechtlegen des Balles mit dem Kopf. Alle diese Übungen im Stand und in der Bewegung haben für beide Systeme ihren Wert.
Die meisterhafte Beherrschung des Balles auf kleinstem Raum ist das Grunderfordernis der schottischen Schule. Im Anschluss an die bekannten Grundformen üben wir das Balltreiben durch gesteckte Pfähle. Der Übungszweck ist das Anschmiegen des Mannes an den laufenden Ball bis zu der Steigerung dahin, die Bewegung des Körpers unabhängig von der des Balles zu gestalten. Zu beachten ist dabei, dass der Übende seinen Körper zwischen Ball und dem Gegner als gedachten Pfahl hält, was die wichtigste Vorbedingung für das Umgehen des Gegners ist. **[86]**
Für die beste Schule der Ballbehandlung halte ich aber alle Übungen des Freistellens und Kombinierens auf engstem Raum, wobei die Gegner zahlenmässig gleich stark sind. Während im „kick and rush“ mehr oder minder die körperliche Arbeit im Vordergrund steht, erfordert das schottische System mehr geistiges Erfassen. Darauf müssen wir bei diesen Vorübungen bereits jetzt schon grössten Wert legen. Wir haben bei den vorausgegangenen Erwägungen schon zur Genüge betont, dass bei der schottischen Schule die Zusammenarbeit auf engstem Raum nicht nur höchstmöglichste Fertigkeiten am Ball voraussetzt, sondern die Durchführung auch im Zusammenklingen der geistigen Fertigkeiten der unmittelbar Beteiligten bedingt, um den Gegner zu überlisten. So ist auch die beste Ballbehandlung des einzelnen der Mannschaftsleistung nicht förderlich, wenn nicht auch verstanden wird, den richtigen Augenblick für die Ballabgabe zu erfassen. Dieser ergibt sich aus der Stellung und Handlung der eigenen Leute und der Gegner. Verfrühtes oder verspätetes Abspiel kann die beste Vorarbeit zu nichte machen. Noch ein zweiter Faktor kann wesentlich bestimmend auf den richtigen Moment des Abspiels einwirken: Welchem Spielertyp mein Gegner angehört! Je technisch reifer mein Gegner ist, desto eher wird er auf meine Körperbewegung eingehen. Im gleichen Augenblick seines Eingehens darauf ist für mich die beste Gelegenheit, ihn zu umgehen oder zum Abspiel gegeben. Anders liegen die Verhältnisse beim Kämpfer. Dieser sieht nur den Ball. Die Körperbewegungen des Mannes am Ball sind **[87]** ihm gleichgültig. In der richtigen Erkennung des Augenblicks in dem der Angriff erfolgt, liegt die Gewähr für die unbehinderte Durchführung der beabsichtigten Handlung. Die sichere Beherrschung aller einzeltechnischen Fertigkeiten erlaubt uns jetzt an den Aufbau der Mannschaft heranzutreten. Im Mittelpunkt der Aufbauarbeit steht das taktische Verständnis jedes einzelnen zu allen Übrigen.
Es nimmt jeweils seinen Ausgang von dem gegenseitigen Verständnis zweier benachbarter Spieler. Wir beginnen mit dem Aufbau bei dem Flügel, wobei wir jedes Flügelpaar auf seiner Seite gleichzeitig üben lassen können. Über die Art der Durchführung des Angriffs müssen sich die Spieler klar sein, nachdem wir sie mit den verschiedenen Kombinationszügen vertraut gemacht haben. Zuerst lassen wir die Übungen ohne besondere Anweisungen durchnehmen. Der Lehrer wird gut tun, wenn er beide Flügelpaare auf seiner Seite des Spielfeldes wechselseitig üben lässt, wobei sich ihm Gelegenheit bietet, beide Gruppen auf Vor- und Nachteile hinzuweisen.
Nun gilt es auch unseren Abwehrspieler Anleitung für die rechte Art und die Zusammenarbeit im Decken zu geben. Als wir die Grundform des Deckens behandelten, wiesen wir schon darauf hin, dass in unmittelbarer Ballnähe besonders scharf gedeckt werden muss. Im Falle der vorausnehmenden Übung haben wir eine Grundform des schottischen Systems, da das

Flügelpaar sich auch hier, in dem ihm innerhalb des Mannschaftsgefüges zugewiesenen **[88]** Raum zu halten hat. Infolge des kurzen raschen Passpieles müssen die Deckungsspieler sich schon von vorneherein klar sein, welchen Spieler zu decken dem Einzelnen obliegt. Grundsätzlich ist anzuraten, dass der Verteidiger den Aussen-, der Läufer den Innenstürmer deckt. Dieser Rat ist jedoch nicht als starre Regel aufzufassen, denn wie so oft erst der Wechsel innerhalb der Positionen der Angreifer den Weg zu bestimmten Kombinationszügen bereitet, so gibt auch der Wechsel innerhalb der Deckung oft die einzige Möglichkeit zur Abwehr. In Verbindung mit dem Angriff wollen wir auch die folgerichtige Art des Deckens üben. Zur Erreichung des beiderseitigen Übungszweckes schalten wir jede übermässige Härte aus. Sobald es einem der Angreifer gelungen ist, seine Deckung so auszuschalten, dass ein nochmaliges Eingreifen von dieser Seite nicht möglich ist, muss durch einen Wechsel in der Deckung versucht werden, dem Gegner die gewonnene günstige Position wieder zu nehmen. Folgende Skizzen sind der Versuch, solche Beispiele zu geben:

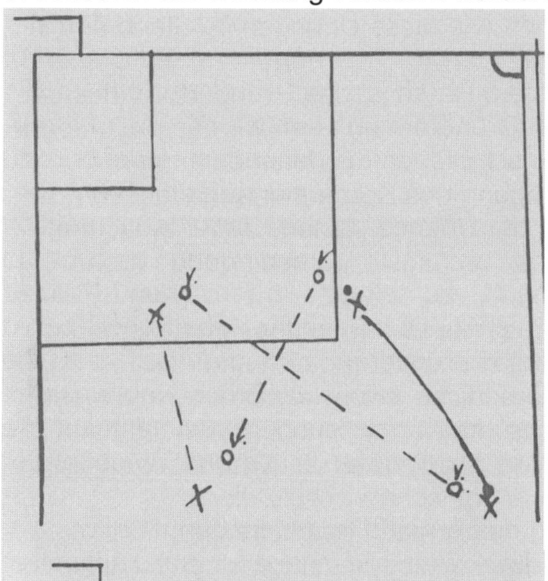

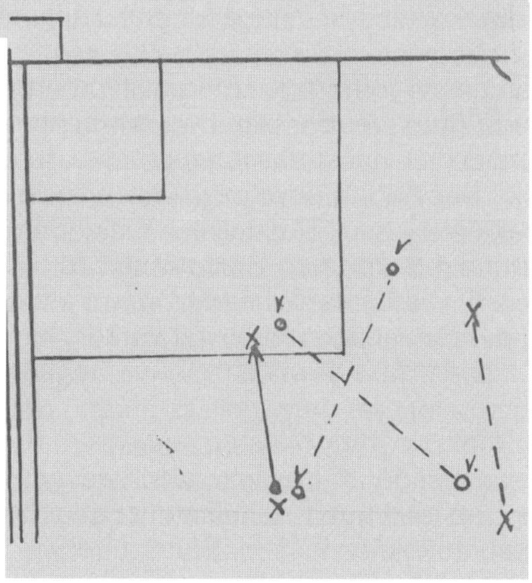

[89] Beiden Gruppen geben wir nun Gelegenheit, die besonderen Anforderungen auf ihren Posten innerhalb der Mannschaft ausgiebig zu üben.

Zur Erschwerung der Aufgabe für die Deckungsspieler nehmen wir nun noch als Unterstützung für die Angreifer einen Läufer dazu und üben hier die verschiedenen vorkommenden Möglichkeiten. Es lässt sich hier wie ja auch im Wettspiel nicht vermeiden, dass der Läufer mal den Läufer anzugreifen hat. Die zahlenmässige Unterlegenheit in der Deckung kann durch gute Zusammenarbeit insofern angeglichen werden, als der angreifende Läufer seinen Angriff so gestaltet, dass dem Gegner nur eine bestimmte Richtung zum Abspiel freibleibt, die der Verteidiger dann abriegeln muss. Ein aufmerksamer Verteidiger kann so für sein Spiel grosse Vorteile gewinnen, wenn er sich in der Abwehr nach der Arbeit seines Vordermannes richtet.

Im weiteren Aufbau verfahren wir dann so, dass wir auf der einen Seite zu dem Flügel den Mittelstürmer zugesellen und zur Deckung den Mittelläufer. Die Aufgabe des jeweils in der Mitte Spielenden ist es, die beiden Flügel zu verbinden. Ich habe absichtlich nicht das Wort Mittelstürmer gebraucht, weil die für diesen Posten bestimmten Leute, in Verkennung ihrer lebendigen Aufgabe, diese durchweg zu sehr schematisieren. Das Festkleben des Mittelstürmers auf seinem Posten ist oft ein unbedingter Hemmschuh für die Schnelligkeit und Durchschlagskraft des Angriffes. Je nach Situation wird er des Zweckes wegen **[90]** seinen Posten in der Stürmerreihe verlassen müssen. Die jeweilige Lücke muss natürlich sofort von einem der Nebenleute ausgefüllt werden, der für die Dauer dieses Wechsels den ursprünglichen Mittelstürmerposten eingenommen hat. Oftmals ist die Zusammenarbeit mit dem Aussenstürmer und eine dadurch bedingte Besetzung dessen Position die einzige Möglichkeit, um im Angriff zu bleiben und ihn erfolgreich abzuschliessen. Jede Gelegenheit zum Steilpass an der Linie muss daher auch vom Mittelstürmer genutzt werden. Der Wechsel in der Reihe der Angreifer kann so auch einen Wechsel innerhalb der Positionen der Deckungsspieler zur Folge haben. So muss bei diesen und den späterhin noch folgenden Übungen mit allem Nachdruck darauf hingewiesen werden, dass kein Spieler innerhalb der Mannschaft starr an seinen Posten gebunden ist, aber jeder Mann die Aufgabe hat dafür zu sorgen, dass in keinem Augenblick des Spiels auch nur ein Posten unbesetzt ist. Das gilt sowohl im Angriff als auch in der Abwehr. Als Beispiel für das eben gesagte diene folgendes.

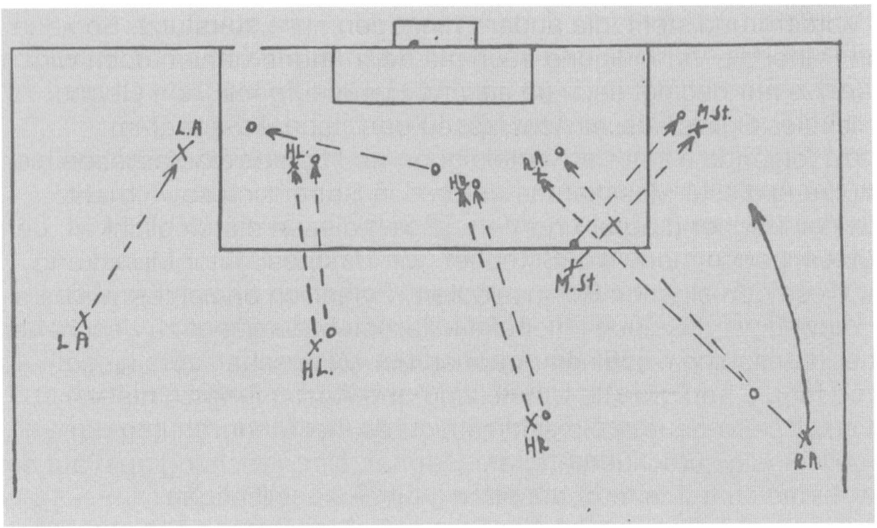

[91] Wir versuchten bisher den Angriff durch den Flügel einzuleiten. Diese Möglichkeit des Angriffs ist jedoch nur eine von den vielen. Gleichwohl, von welchem Spieler oder von welcher Seite der Angriff eingeleitet wird, gilt es unbedingt für die übrigen Stürmer, denselben jederzeit zu unterstützen. Dies wird aber erst dann möglich sein, wenn es uns in unserer Trainingsarbeit gelungen ist, den Angriff zu einem organischen Passen abzustimmen und zu vereinigen. Wollen wir dies erreichen, so müssen wir den Schwerpunkt auf die Zusammenarbeit der fünf Stürmer legen. In unseren Übungen soll uns die Übertreibung der schottischen Schule nur eine Handhabe sein. Zur Erreichung unseres Vorhabens legen wir hier keinen Wert auf Erzielung von Toren sondern vielmehr auf die Arbeit ohne Ball (Freistellen) und auf den sich daraus ergebenden Fluss und Wechsel der Angriffsmassnahmen.

Obwohl wir vorerst den Hauptwert auf die Förderung des Angriffs legen, so benutzen wir gleichzeitig die Gelegenheit, um unseren Abwehrspielern wertvolle Winke für ihre Tätigkeit zu geben.

Für den weiteren Aufbau des Mannschaftsgefüges ist die gegenseitige Übereinstimmung der Läuferreihe mit der Angriffsreihe die nunmehr folgende Aufgabe. Sie leiten wir am besten ein, wenn wir unseren Stürmern die häufige Anwendung des Rückpasses empfehlen. In der Anwendung des Rückpasses liegen folgende Vorteile: Der Angriff gewinnt gewissermassen freien Boden und Raum **[92]** und damit bessere Gelegenheit zum Freistellen. Ausserdem findet der Rückpass auch aus dem Grunde Verwendung, um Zeit und Gelegenheit zu erhalten, sich über die jeweilige Spiellage zu orientieren. Die Läuferreihe hat zudem stets einen guten Blick über das Feld, was beim Stürmer, der die meisten Bälle mit verkehrter Front aufzunehmen hat, oft nicht der Fall ist. Hinzu kommt, dass der Stürmer nur Gegner vor sich hat.

Von der Läuferreihe ist also der Rückpass zum Ankurbeln des Angriffes auszunutzen, der nun vom Sturm, infolge der inzwischen geschaffenen günstigeren Position, weit besser durchgeführt werden kann. Die bestmöglichste Form, um dies üben zu lassen, ist gegeben, wenn wir Sturm und Läuferreihe gegen Hintermannschaft spielen lassen. Sturm und Läuferreihe haben hier die beste Gelegenheit, durch ständige Übung die spielerische Eigenart des Einzelnen kennen zu lernen und sich so auf einander abzustimmen. Wenn damit auch schon eingangs der Zweck dieser Übung eindeutig festgelegt wurde, so gilt es für den Lehrer auf folgende Fehler hinzuweisen und deren Festsetzung zu verhindern: Vom zweckmässigen Rückpass zum Nur-Rückpass ist kein grosser Schritt! Der Läufer hat den zurückgespielten Ball sofort wieder zu verwenden und soll nicht in den Fehler verfallen, diesen dem Stürmer „bringen“ zu wollen. Er erschwert daher diesem das Freistellen und bringt zudem noch den Gegner mit zurück.

Ehe ich an die Weiterführung gehe, möchte ich folgende für mich geltende Grundsätze herausstellen: **[93]** Ich betonte schon, dass es Aufgabe der gesamten Mannschaft ist, in organischer Weise sowohl im Aufbau als auch in der Abwehr tätig zu sein. Grob schematisch unterscheiden wir ja bei der Mannschaft Offensiv- und Defensivspieler. Schon bei der

Betrachtung der Läuferreihe müssen wir uns sagen, dass wir diese Feststellung nur unter Vorbehalt machen können. So wird sich die Läuferreihe je nach Lage des Spieles, offensiv oder defensiv verhalten müssen. Bei den beiden anderen Gruppen (Sturm-Schlussdreieck) ist je nach der Lage des Spiels das zweckentsprechende Verhalten so, dass jeweils die Arbeit einer der Beiden im Vordergrund steht, die andere hingegen nur unterstützt. So kann beim Ballbesitz der eigenen Partei die Verteidigung auch mit dem Angriff gehen; doch wird ihre Betätigung an der Offensive nur bedingt sein, da sie ihre Hauptaufgabe, den Gegner zu decken, in keinem Augenblick des Spiels ausser Acht lassen darf. Ist der Gegner im Ballbesitz, so ergibt sich dazu folgende Parallele: Verteidigung und Läuferreihe arbeiten hier defensiv, wobei die Unterstützung dieser Massnahme durch den Sturm sich so vollzieht, dass durch gutes Abdecken der Gegner (Läufer und Verteidiger) diesen die Möglichkeit, den eigenen Angriff zu unterstützen, genommen wird. So sehen wir, dass bei guter Mitwirkung des Sturmes in der Abwehr diese den eigenen Schlussleuten wesentlich erleichtert wird. Es bedarf keines besonderen Hinweises, dass auch hier alle Mitarbeit nur bedingt zu geschehen hat. Die gute Ausführung der jeweils den einzelnen Gruppen der Mannschaft zufallenden **[94]** Arbeit ist Voraussetzung für die erfolgreiche Umstellung und Anpassung an die verschiedenen Situationen des Spielverlaufes. So schliesst gutes Ineinandergreifen der Mannschaftsteile auch bei vollständig zurückgedrängtem Gegner, Überraschung aus; auf der anderen Seite wird die Abwehr nie zum „Mauern" ausarten. Auf diese „wichtigen Kleinigkeiten" gilt es immer wieder hinzuweisen, so dass sie dem Einzelnen in Fleisch und Blut übergehen. Sie können bei sonst gleichwertigem Gegner, entscheidend auf das Spiel einwirken.

Auf die grundsätzlichen Erkenntnisse, die wir bereits vermittelt haben, bauen wir weiterhin auf. In erster Linie wollen wir unsere drei Schlussleute zu einem ständigen Pflichtbewusstsein erziehen. Im Allgemeinen kann immer wieder die Beobachtung gemacht werden, dass die Schlussleute ein fast interesseloses Verhalten zeigen, wenn der Ball vor dem gegnerischen Tore ist. Wertvolle Zeit geht hierdurch verloren, denn sie könnte für eine gute Stellung, die die Abwehr erleichtert und den sofortigen Angriff wieder ermöglicht, ausgenutzt werden. Dazu ist aber die ständige Beobachtung des Balles, der Massnahmen der eigenen Mannschaft und des Gegners Voraussetzung. Dasselbe gilt im Besonderen auch für den Torwächter, der daraus Vorteile für die Gestaltung seiner Abwehr gewinnen kann. So ist der Grund für die dem Torwächter auf den „Bauch geschossenen" Bälle nicht immer der Mangel an Plazierungsvermögen der Stürmer, sondern der, dass dem Torwächter durch „mit dem Spiel gehen" rechtzeitige Erkennung **[95]** der Sachlage und dementsprechendes Instellunggehen ermöglicht wurde. Wenn ich bereits immer wieder betone, dass innerhalb der Mannschaft ein inniges Verständnis herrschen müsse, so gilt das vom ersten bis zum letztmöglichsten Falle für die Zusammenarbeit zwischen Torwart und Verteidigung. Die Garantie für diese liegt zum grössten Teil am Torwächter. Er als Schlussmann kann am besten die Lage übersehen und so in gewisser Weise seine Verteidiger dirigieren. Zur Vermeidung von Missverständnissen wird es ratsam sein, wenn er seinen Vorderleuten, die ihm ja meist den Rücken kehren, über seine Handlungen Klarheit verschafft. Erfolgt aber dann sein Eingreifen nicht zweckmässig und energisch genug, so schwächt er damit das Vertrauen seiner Verteidiger zu ihm. Die weitere Folge wird sein, dass die Verteidiger nicht mehr auf den Zuruf reagieren und anstatt durch Sperren des Gegners dem Torwächter die Arbeit zu erleichtern und sichern diesen sogar dabei hindern. Oft genug ergeben sich aus solchen Verwicklungen Verletzungen der eigenen Leute.

Dass natürlich auch die beiden Verteidiger Hand in Hand arbeiten müssen, ist selbstverständlich. Wenn wir unseren Verteidigern die Anweisung geben, ihre Aussenstürmer zu decken, so darf das nicht so aufgefasst werden, als ob die Verteidiger jederzeit bei ihren Aussen zu stehen hätten.

So gilt es unsere Verteidiger dahin zu erziehen, dass sie sich gegenseitig decken lernen. Wir haben gesagt, dass der Verteidiger den Aussenstürmer zu decken und vor allem auch, **[96]** wie er diese Aufgabe zu gestalten hat. Während der eine Verteidiger, auf dessen Seite der Angriff erfolgt, scharf zu decken hat, gilt es für den anderen noch folgendes zu beachten:

1. Die Deckung seines Aussenstürmers.

2. Die Deckung seines Verteidigers, um für den Fall, dass dessen Gegenspieler der Durchbruch gelingt, er diesem den Weg noch versperren kann. Wir wollen die Aufgabe des rückwärtigen Verteidigers zusammenfassend noch mal darstellen. Seine Stellung hat so zu sein, dass, falls sein von ihm zu deckender Aussen den Ball zugespielt bekommt (kann nur durch einen weiten Pass erfolgen!), er diese noch behindern kann. Für den Fall, dass aber dem Aussen der Gegenseite ein Durchbruch gelingen sollte, gibt ihm seine Stellung die Möglichkeit, diesen auf den Wege zum Tore noch zu stellen. So wird bei ständiger Beachtung dieser Aufgabe, die Stellung der beiden Verteidiger zu einander immer etwas gestaffelt sein (siehe Skizze).

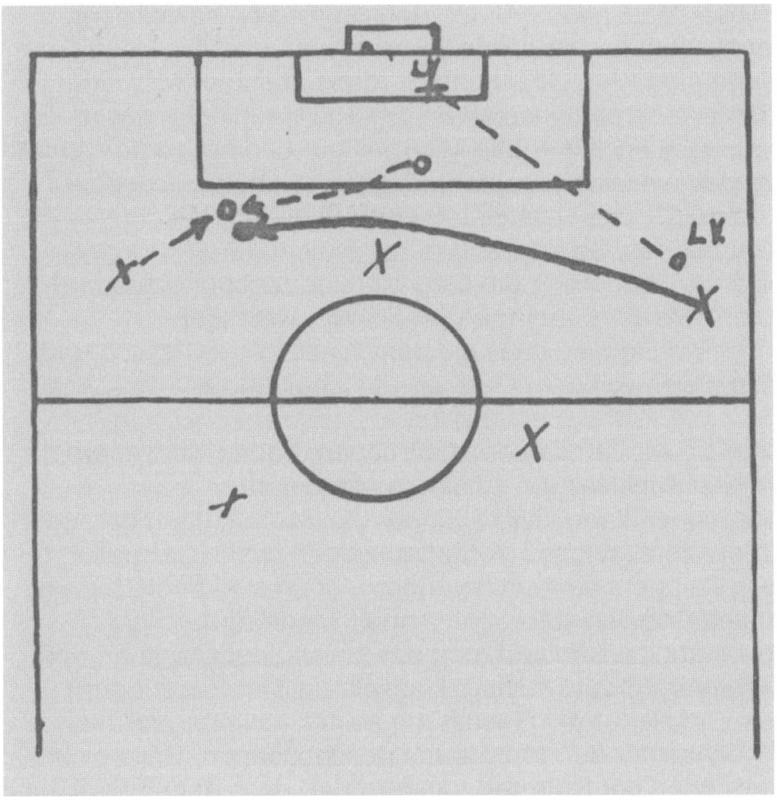

Die nun folgenden Übungen vollziehen sich unter Mitwirkung des Sturmes. Ihr Zweck soll in erster Linie darin bestehen, die eben geschilderte Zusammenarbeit der Verteidiger zu fördern, nebenbei aber mit demselben Nachdruck auch unseren **[97]** Stürmern dienlich sein und zwar zur Vervollkommnung ihrer technischen und taktischen Fertigkeiten.
1. Übung. Der Ball geht von aussen über jeden Mann zum Aussen der entgegengesetzten Seite und zwar ohne Unterbrechung jeweils in der eingeschlagenen Richtung. In der Zeit, in der der Ball von einem Flügel zum anderen gelangt, hat sich der Wechsel innerhalb der Positionen der Verteidiger zu vollziehen. Um Gelegenheit zu haben, auf die gestaffelte Stellung der Verteidiger hinweisen zu können, vollzieht sich die Übung des Sturmes immer in gewisser Entfernung zum Tore.
2. Übung. Dieselbe Übung lasse ich nun von den Stürmern in schwieriger Form vornehmen insofern, als ich ihnen anrate, in den Pass des Nebenmannes zu laufen und den Ball sofort abzuspielen. Das Hauptaugenmerk richten wir immer wieder auf die rechte Zusammenarbeit der Verteidiger.
Haben unsere Verteidiger die Grundregeln erfasst, so stellen wir sie vor eine Steigerung ihrer Aufgabe insofern, als wir die Übung in gesteigertem Tempo vornehmen lassen. Zu dieser Übung verwenden wir nun die beiden Aussenstürmer und den Mittelstürmer. Auch hier lassen wir immer den Ball nur in eine Richtung spielen. Der Zweck der Übung für die Verteidiger ist der, sich gegenseitig selbst zu decken und immer zur rechten Zeit ihren Aussenstürmer gedeckt zu haben. Sobald die Zusammenarbeit den Verteidigern in Fleisch und Blut übergegangen **[98]** ist, erschweren wir auch hier die Arbeit, indem wir es dem Mittelstürmer überlassen, seine Aussen in freier Weise zu bedienen. Diese und die noch folgenden Übungen können mit Recht als Übung der Kondition, Konzentration und der spielerischen Übereinstimmung angesprochen werden.
Haben wir schon dem Wechsel zwischen Verteidiger und Läufer geübt, so ist es notwendig, dass diesen auch die beiden Verteidiger unter sich beherrschen. Ihn erklären wir unseren Verteidigern aus folgender Situation heraus: Der Aussenstürmer hat seinen Verteidiger überspielt und läuft dem Tore zu. Ist dem überspielten Verteidiger die Möglichkeit genommen, den Ausreisser noch zu stellen, so hat der Wechsel in der Position der beiden Verteidiger in der Gestalt einzutreten, dass der hintere Verteidiger den Durchbrenner

angreift, während der Überspielte sofort in die Mitte läuft und dort nun den freigewordenen Posten seines Kameraden besetzt. (siehe Skizze).

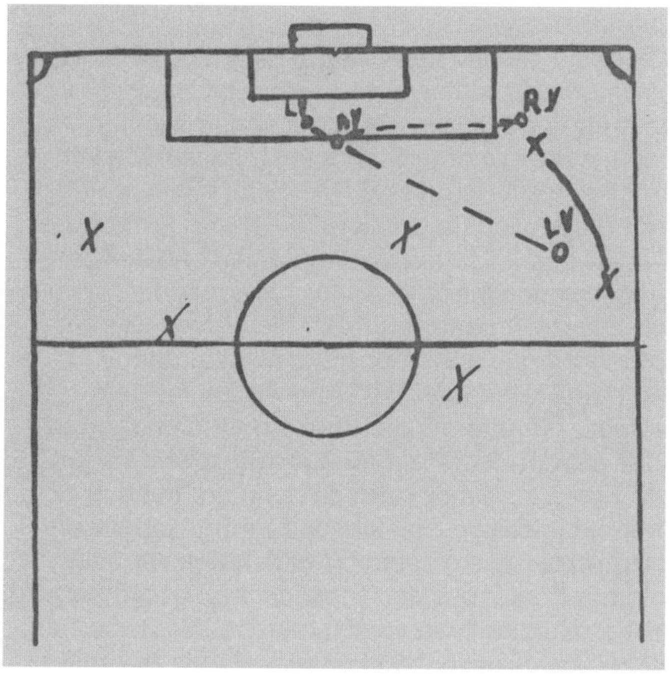

Beim Lauf in die Wechselstellung sind Ball und Gegner stets genau zu beobachten. Wie wir aus der Skizze ersehen, dürfte es sich von der Stellung den rückwärtigen Verteidigern bei **[99]** gutem Stellungsvermögen sich sogar ermöglichen lassen, nicht nur seinen Aussen, sondern auch noch den Mittelstürmer zu decken.
Die grundlegenden Aufgaben haben wir damit unseren Verteidigern vertraut gemacht.
Auch unsere Stürmer sollen stets dabei tätig sein, um neue Formen des Angriffes kennen zu lernen. Standen bei unseren bisherigen Übungen die Halbstürmer im Hintergrund, so wollen wir uns gerade jetzt mit ihnen beschäftigen. Unter Umgehung des Mittelstürmers empfehlen wir unseren Halbstürmern, den Aussen der gegenüberliegenden Seite zu bedienen. Damit geben wir unsern Verteidigern Gelegenheit, das Neugelernte auf die Probe zu stellen. Hier bietet sich den Aussenstürmern nicht nur ausgiebige Gelegenheit aus vollem Lauf zu flanken und diese genau zu plazieren, sondern auch den Vorteil einer sofortigen Eingabe – erneuten Flügelwechsel – zu erkennen und auszunutzen. Dieser Vorteil ergibt sich oft für die Zeit, in welcher sich der Positionswechsel der Verteidiger vollzieht. Den im Augenblick Bestplaziertesten gilt es hier ins Spiel zu bringen. Bei geballter Verteidigung sind die Aussen anzuhalten, ihre Flanken jeweils zum Halbstürmer der entgegengesetzten Seite „in den Rücken des Gegners" zu geben.
Eine erstklassige Abwehr bedingt ein inniges Zusammenarbeiten zwischen Verteidigung und Läufer. Mit den einzelnen taktischen Erfordernissen haben wir die Abwehrspieler unter **[100]** sich vertraut gemacht. Worauf wir jetzt Wert legen wollen, ist das Verständnis Aller zu Allen. Daher stellen wir in unserem weiteren Übungsverlauf den Stürmern die beiden Verteidiger und die Läufer entgegen. Die Übung hat den Zweck, jedem Einzelnen seine Aufgabe nochmals anschaulich vor Augen zu führen, die letzten Zweifel zu klären und so die gesamte Hintermannschaft zu einem in sich geschlossenen einheitlichen Ganzen abzustimmen. Als Lehrer können wir dann mit unserem Erfolg zufrieden sein, wenn unsere Leute, sei es im Angriff oder in der Abwehr, durch Kombination ohne Ball beweisen, dass sie Fussball nicht nur mit den Beinen, sondern auch mit dem Kopf zu spielen verstehen. Beim Aufbau des Offensivspiels wiesen wir bereits darauf hin, dass ein Erfolg sich dann eher einstellen wird, wenn es gelingt, eine zahlenmässige Überlegenheit über den Gegner zu erringen. Das gilt auch in gleichem, aber umgekehrten Falle für die Abwehr. Bei gutem Eingespieltsein der Deckung, wird sie es von Fall zu Fall immer wieder verstehen, sich diesen Vorteil dadurch zu verschaffen, dass sie einen augenblicklich ungünstig stehenden Gegner wohl nicht ausser Acht lässt, doch aber durch die grössere Sorgfalt in der Deckung dort eine Überzahl zu erreichen sucht, wo es eine vom Gegner gewonnene günstige Position wieder abzugewinnen gilt.
Bei all diesen Übungen haben wir aus den immer wieder sich ergebenden Situationen Gelegenheit, unseren Leuten den letzten Schliff zu geben und auf mancherlei so wichtige **[101]** Kleinigkeiten zu verweisen.
Im Laufe der Zeit und besonders nach Inkrafttreten der neuen Abseitsregel hat sich als die gebräuchlichste Art des Angriffs die W-Formation herauskristallisiert. Ein vielumstrittenes Problem dieser durchaus bewährten Angriffsform ist besonders in der letzten Zeit die

Stellung des Mittelstürmers geworden. Von vielen Seiten wird seine Aufgabe darin ersehen, sich ständig in möglichster Nähe des Tores zu plazieren, um hier durch einen Torschuss oder Durchbruch die Arbeit seiner Nebenleute abzuschliessen.
Auf Grund meiner langjährigen Praxis bin ich kein Freund dieser Auffassung und zwar aus folgenden Gründen. Die Arbeit des Sturmes wird schematisiert, da sie nur auf Einen zugeschnitten ist. Sobald sie der Gegner erkannt hat, fällt ihm die Arbeit umso leichter. Auch der beste Spieler kann kaltgestellt werden. Ich stehe auf dem Standpunkt, dass bei allem kämpferischen Einschlag gepaart mit einem gesunden Schuss der Mittelstürmer doch auch die Fähigkeiten mitbringen muss, die ihn zum Bindeglied der beiden Flügel und Führer des Sturms stempeln. So hat er sich beim Vortragen des Angriffes insofern aktiv zu beteiligen, dass er dem Manne am Ball stets Abspielmöglichkeit schafft.
Bei der Trainingsarbeit auf ein Tor halten wir unsere Stürmer grundsätzlich immer wieder zum Schiessen an, besonders aber zur direkten Verwendung der Bälle auch in den schwierigen Lagen. Eine nicht unwichtige Aufgabe ist es hier, **[102]** die Angst vor dem Fehlschuss durch Schussfreudigkeit zu ersetzen. Gerade bei der direkten Verwendung der Bälle verweisen wir die Stürmer immer wieder auf den technischen und taktischen Vorteil, von rechts kommende Bälle mit dem rechten Fuss und umgekehrt zu nehmen. Mit der Abgabe des Schusses halten unsere Stürmer die jeweilige Spielphase für abgeschlossen und machen sich dadurch manche Chance zunichte. Aus diesem Grunde legen wir beim Training schon Wert darauf, dass nach erfolgtem Torschuss der Torwächter angegriffen wird. Daraus lernen auch unsere Torwächter und Verteidiger. Ersterer das rasche Wegschaffen (Boxen) des Balles und letztere das Beschützen des Torwächters, indem sie die Angreifer sperren. Die Gesamtanwendung alles Gelernten ergibt sich im Übungsspiel. Im Vordergrund der Vervollkommnung unserer Mannschaft steht die rasche Umstellung jedes Einzelnen vom defensiven zum offensiven Verhalten und umgekehrt. Dieses Verhalten ist keineswegs Angelegenheit besonderer Gruppen, sondern jeweils der gesamten Mannschaft. Wenn man immer wieder die Beobachtung machen kann, dass die Stürmer den gegnerischen Abstoss mit dem Rücken zum gegnerischen Tore über sich ergehen lassen, so bietet sich im Übungsspiel die beste Gelegenheit diesen Fehler auszumerzen. Dabei werden sich im Übungsspiel auch Situationen ergeben, an Hand derer die Schlussleute einsehen lernen, dass forsches Spiel ohne Risiko immer noch vorteilhafter ist als Zögern und Herumtändeln. Besonders schädlich ist letzteres bei **[103]** überraschenden Aktionen des Gegners. Hier soll nicht davor zurückgescheut werden, durch Aus- oder sogar Eckball den eigenen Leuten Gelegenheit zum „Sammeln" zu geben. Häufige Übungsspiele heben die Lust zum Training, denn letzten Endes wollen unsere Spieler, die tagsüber im Berufsleben stehen sich hin und wieder kräftig austoben. Für den Lehrer bietet es die beste Gelegenheit zur lebendigsten Veranschaulichung seiner theoretischen Unterweisungen.
Eine Spielphase, der viel zu wenig Beachtung geschenkt wird und die auch taktisch vielfach unausgenutzt bleibt, ist der E i n w u r f . Er soll, für die nach der Regel zur Ausführung berechtigten Partei, Vorteil erbringen. Die Praxis zeigt uns aber, dass die Chancen, in Ballbesitz zu kommen für beide Teile gleich sind, ja das fast teilnahmslose Verhalten der Partei am Ball sogar oft ein Vorteil für den Gegner entstehen lässt. Wie kann diesen Misständen abgeholfen werden? In erster Linie gilt es, die irrigen Auffassungen auszurotten, dass nur die Aussenläufer allein zur Ausführung des Einwurfes berechtigt wären. Der Wert des schnellen Einwurfes ist zu wenig erkannt. Wenn wir beim Aufbau der Deckungsspieler diesen den Rat geben, bei der vom Gegner durch Überrumplung heraufbeschworenen Gefahr, über die Linie zu stossen, um dadurch der eigenen Mannschaft Gelegenheit zum Sammeln und zur guten Deckung zu geben, so ergibt sich hieraus ohne weiteres für die Angreifer diesen vom Gegner angestrebten Zeitgewinn durch sofortigen **[104]** Einwurf zu nehmen. Mit der Erkennung dieser Tatsache haben wir in unseren Spielern die Einsicht geweckt, dass die Ausführung des Einwurfes in diesem Falle nicht einem bestimmten Manne in der Mannschaft zufällt, sondern jeweils dem Manne, der am nächsten und schnellsten am Balle ist. Ich lege Wert auf die Feststellung, dass es zuvor unsere Spieler dahin zu befähigen gilt, dass hier die in allen sich ergebenden Situationen kein Posten im Mannschaftsgefüge unbesetzt sein darf.

Die Fälle, bei denen aber schon von vorneherein die Partei am Ball begünstigt ist, sind selten. Durch äussere Umstände (Laufbahn um den Platz) ist die Lage oft so, dass der Gegner Zeit hat zu decken. Diese Deckung gilt es nun durch gute Übereinstimmung der Partei am Ball zu überwinden.
Bevor ich jedoch auf die Zusammenarbeit der Angreifer näher eingehe, will ich mich zuvor mir der Technik des Wurfes beschäftigen. Diese liegt sehr im Argen. Es dürfte bei einiger Übung nicht schwer fallen, den Ball bis in die Spielfeldmitte zu werfen. Ein Beweis dafür, wie selten die gute Ausführung des Einwurfes ist, gibt uns oft das Verhalten der Spielleiter, die in solchen Fällen einen Verstoss gegen die Regel vermuten. Mit der Beherrschung des Einwurfes wächst auch die Beherrschung des Raumes und die Zahl der Teilnehmer.
Da, wie schon bereits gesagt, in den meisten Fällen dem Gegner die Durchführung seiner Deckungsarbeit ermöglicht ist, gilt es für die Partei am Ball Mittel und Wege zu finden, **[105]** den Gegner los zu werden. Es ist also auch hier von Vorteil, wenn bestimmte Arten der Zusammenarbeit eingeübt werden und zwar dergestalt, dass ich schon vorher festlege, zu welchem Manne der Wurf zu erfolgen hat. Aber auch dann sichert, bei der konzentrierten Deckung, nur beste Zusammenarbeit den Erfolg. Hier fällt also den anderen Spielern die Aufgabe zu, durch Laufen in eine bestimmte Richtung den Gegner abzulenken. Durch entsprechende Stellung hat der Werfer ein Eingehen auf deren Absichten vorzutäuschen und so die Arbeiten der „Statisten“ für den Erfolg zu unterstützen. Den Erfolg beim Wurf entscheidet nun: rechtzeitiges Erlaufen des freien Raumes von dem für den Wurf bestimmten Manne und dementsprechende Anpassung des den Wurf Ausführenden an Zeit und Tempo.
Beifolgende Skizze soll veranschaulichen, wie bei guter Zusammenarbeit selbst für den Halbstürmer der gegenüberliegenden Seite, Ballannahme in Frage kommen kann. Während alle Anderen im Augenblick des Ausholens zum Wurf in Richtung der gegnerischen Tores laufen, läuft Halblinks zurück und in Richtung des Werfers. Nach erfolgtem Wurf hat aber folgender Grundsatz Beachtung zu finden: Nicht auf derselben Seite, wo die Deckung des Gegners geballt ist, **[106]** durchspielen wollen. Hier ist Flügelwechsel anzuraten, da dieser viel eher einen Erfolg verspricht.

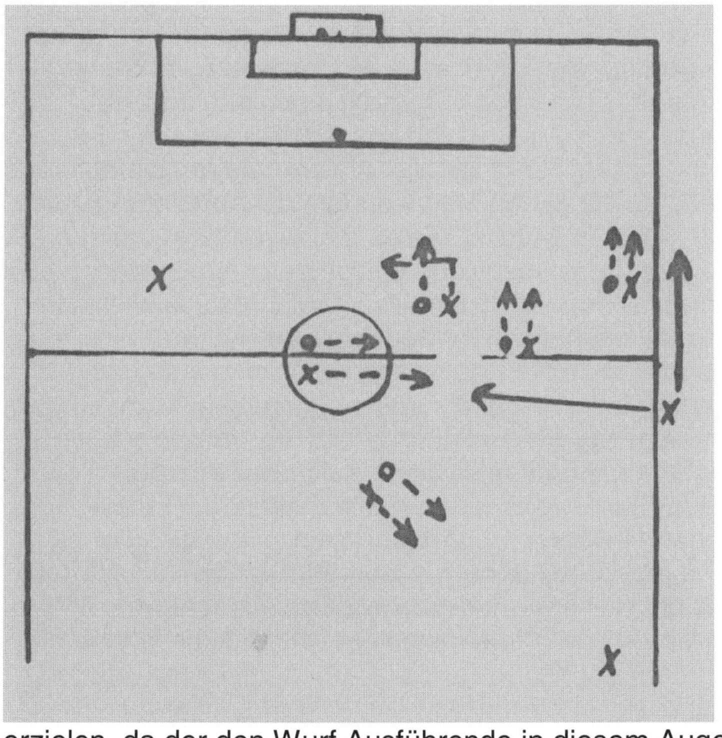

Mit der Beherrschung der Ausführungsformen erschweren wir diese insofern, als wir nun unser Augenmerk darauf richten, die Zusammenarbeit der Abwehrleute anzuleiten und zu fördern. Der Grundsatz der Deckungsseite muss unter allen Umständen gewahrt und beachtet werden. Bei gutem Verständnis lässt sich für die abwehrende Partei ohne besondere Schwierigkeit eine zahlenmässige Überlegenheit über den Gegner erzielen, da der den Wurf Ausführende in diesem Augenblick nicht zu decken ist und dadurch ein Mann für die Deckung frei wird. Die folgende Skizze möge dies veranschaulichen. Wir wissen, dass je nach dem Verlauf des Spieles sich Halbstürmer und Aussenläufer gegenseitig zu decken haben. Beim Einwurf fällt die unmittelbare Deckung des Läufers weg. Dem eigenen Halbstürmer fällt also beim Einwurf die Deckung des gegnerischen Halbstürmers zu. Mit dieser Aufgabe hat er aber auch noch zu versuchen, die Möglichkeit eines eventl. Rückpasses an den Einwerfer zu vereiteln.

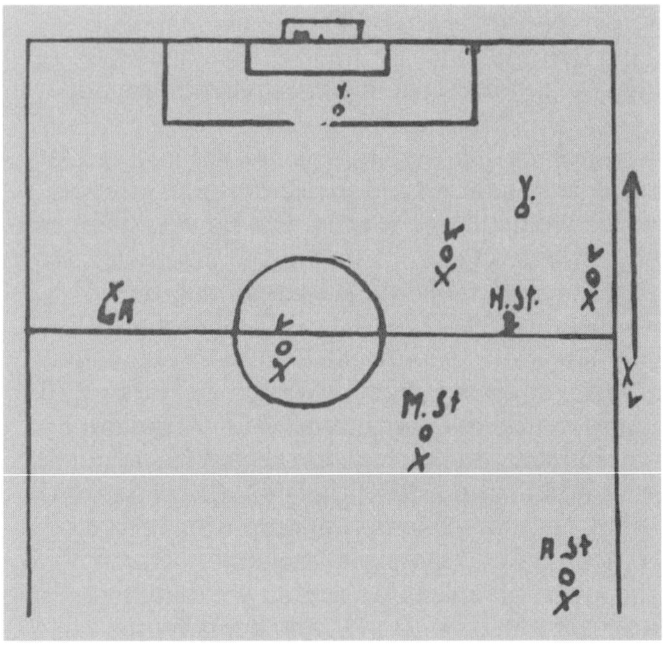

So ist die Übung des Einwurfes eine vorzügliche Schule für Freistellen und Decken, Konzentration und rasche Umstellung von Offensive zur Defensive und umgekehrt.

[107] Ganz ähnlich liegen die Verhältnisse beim Eckball. Einerseits lässt die Ausführung des Stosses viele Wünsche offen, andererseits wird die Ausnutzung des getretenen Balles durch mangelhafte Zusammenarbeit der vor dem Tor postierten Leute von selbst zunichte gemacht.
Die Regel erkennt ein durch den Eckstoss direkt erzieltes Tor an. Zufallserfolge und durch diese aufgestachelter falscher Ehrgeiz waren schon oft schuld daran, dass die Chance des Eckballes verschenkt wurde. Es gilt unseren Leuten folgendes anzuraten: Da beim Eckball die Deckung stets geballt ist, ist der Ball hoch und in den Rücken des Gegners zu treten. Entgegen aller Meinungen, dass der Eckball von rechts mit dem linken Fuss, der von links mit dem rechten Fuss auszuführen ist, stehe ich auf dem Standpunkt, ihn auf die Art zu treten, die die sicherste Durchführung gestattet. Übung ist hier alles! Durch sie müssen wir unsere Leute zu der besten Form der Ausführung befähigen, wo bei es dann gleichgültig ist, ob der Eckball als gerader Schuss zum Tor, oder mit Effets zum oder vom Tor gegeben wird. Bei Mannschaften mit hoher Spielkultur ist der Stoss mit der Fusspitze verpönt. Ich lege daher keinen grossen Wert auf die Ausführung des Eckstosses mit der Spitze, da diese ohnehin bei nassem Boden und Ball kaum mit Sicherheit auf Erfolg durchzuführen ist.
Von den vor dem Tor postierten Leuten ist direkte Verwertung des Eckballes, sei es durch Kopf oder Fuss, anzustreben. **[108]** Von grossem Vorteil ist es für die Angreifer, die sofortige Erkennung des für den Torschuss am besten plazierten Mannes, dem die Ausführung durch Sperren des Gegners erleichtert werden muss. In welcher Weise meisterhafte Ausführung und Zusammenarbeit die Ausnützung dieses Freistosses begünstigt, hatte ich Gelegenheit bei einem Wettspiel gegen die Meistermannschaft von Sparta Prag 1922 festzustellen. Hier konnte man wirklich sagen, dass ein Eckball ein halbes Tor bedeutet. Die Art ihrer Zusammenarbeit bestand darin, den Gegner abzulenken und abzusperren, um so dem für den Stoss Bestplazierten freien Raum und möglichst unbehinderte Gelegenheit dazu zu schaffen. Von welch grossem Vorteil es ist, wenn die Ausführung des Stosses so gut beherrscht wird, dass man schon vorher fast mit Sicherheit den für den Ball infrage kommenden Mann bestimmen kann, bedarf keiner besonderen Erwähnung. Ich kenne Aussenstürmer, die über diese Eigenschaft verfügen. Übung führt bald zum Ziele. Der Eckstoss kann ja auch im Wettspiel ohne jede Behinderung ausgeführt werden.
Die Stellung der Abwehrer hat sich ganz gut der Absicht des Angreifers anzupassen. Wie und wen jeder zu decken hat, wurde bereits schon öfters festgelegt. Durch folgerichtiges Decken und Sperren des Gegners kann dem Torwächter sichere Arbeit erleichtert werden. Sollte dessen Eingreifen in die Kampfhandlung ein Verlassen des Tores bedingen, so ist sofortiges Decken des Tores oberste Notwendigkeit.

[109]

Für die Art der Ausführung bei Strafstössen ist der Schusswinkel massgebend. In unmittelbarer Tornähe und besonders wenn Gelegenheit zu direktem Schuss gegeben ist, soll diese dem hierzu besonders geeigneten Manne überlassen werden. Für die Stellung der Angreifer ist, unter Berücksichtigung der Abseitsregel, die Stellung der verteidigenden Partei massgebend. Bei Straf- und auch Freistössen parallel zum Tor kommt für die Ausführung das bereits unter Kapitel Eckball Gesagte in Betracht. Bei Freistössen in unmittelbarer Nähe

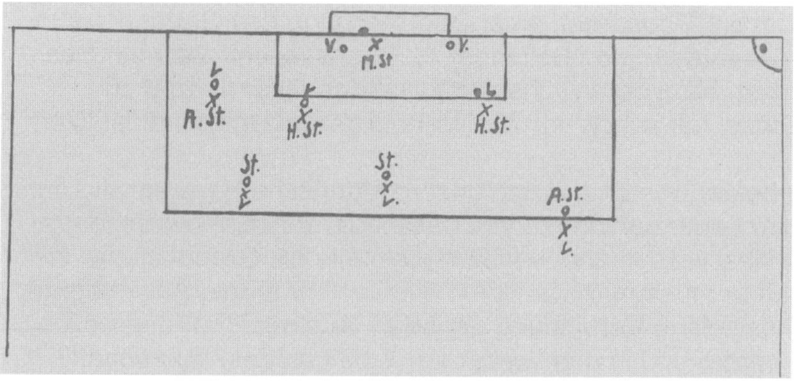

des Tores lassen sich keine bestimmten Regler geben. Hier führt oft der Versuch, den Ball vom Gegner oder eigenen Manne ins Tor prallen lassen, eher zum Erfolg als Zuspiel zu einem, doch nur für einen kurzen Augenblick unbehinderten Manne.

Das „Kick-and rush-System".

Ich glaube, nun das schottische System genügend dargelegt und gewürdigt zu haben. In gleicher Weise möchte ich nun **[110]** anschliessend auch auf die Anforderungen und Würdigung des englischen Systems eingehen, dessen technische Anforderungen ich bereits in einem vorhergehenden Kapitel dargelegt habe. Auf die auch hier selbstverständlich vorkommenden Spielphasen wie Einwurf, Eckball, Straf- oder Freistoss braucht nicht mehr eingegangen zu werden, da sie auch in keiner anderen Form als in der gezeigten vorkommen können. Brachte uns die Umstellung von kick and rush zum schottischen System die Erkenntnis von dem Wert der Arbeit ohne Ball, so gilt es für uns jetzt, diesen Vorteil des Freistellens weitgehendste Beachtung zu schenken. Bei der heutigen allgemeinen Spielhöhe kann eine Mannschaft ihr Spiel auf die Dauer nur dann erfolgreich gestalten, wenn allen Mannschaftsteilen der Grundsatz des Freistellens in Fleisch und Blut übergegangen ist. Denn nur Schnelligkeit und Einzelspiel können über eine Mannschaft mit ausgeprägtem Deckungs- und Stellungsvermögen nicht Herr werden. Bei der auf Zeit- und Raumgewinn eingestellten Spielweise des englischen Systems fällt die Arbeit des Freistellens weniger ins Auge, was aber niemals die Vermutung aufkommen lassen darf, als ob hier dem Freistellen keine Bedeutung beizumessen sei. Für die Deckung ist zu sagen, dass bei aller scharfen Deckung jedes Einzelnen, speziell von den beiden Schlussleuten, noch der damit zu erfolgenden Abriegelung des freien Raumes besonderes Augenmerk zu schenken ist. Bei Anleitung über die Art der Durchführung muss aber berücksichtigt werden, welchem Typ **[111]** unsere Verteidiger angehören. Da gilt es zu unterscheiden: der Typ des Stellungsspielers und der Typ des Kämpfers. Versteht es ersterer auch fast immer, die Arbeit seiner Vorderleute für sich auszunutzen – immer im rechten Augenblick zur Stelle zu sein, so verfügt letzterer, als Ausgleich dieser Mängel, über Schnelligkeit, Kraft und Ausdauer. Jeder Zollbreit Boden muss bei ihm erkämpft werden. Bei der Hinführung des Einzelnen zu seiner Höchstleistung müssen diese Punkte weitgehendste Berücksichtigung finden. Dass die Einheitlichkeit einer systematischen Deckung auch hier, beim kick and rush, nicht bezweifelt werden darf, steht ausser Frage. Es gilt also bei der Pflege des „Kick-and–rush-Systems", für die Angreifer den freien Raum zu erkennen und zu erarbeiten; für die Abwehr die Beherrschung dieses durch entsprechendes Decken. Sie ist auch das geistige Merkmal beim „kick and rush" der Kampf beider Parteien um den freien Raum. Freistellen und Erkennen des freien Raumes führen auch dieses System insofern auf eine höhere Stufe, als dadurch gegenüber früher, das allzu häufige Kämpfen um den Ball in den Hintergrund gestellt wird. Wie beim schottischen System, wollen wir auch hier, durch die Vergeistigung unserer Spielweise, eine Überlegenheit über unseren Gegner anstreben. Leider stehen unsere Spieler auf dem falschen Standpunkt, dass zum Freistellen noch Zeit, wenn der Ball bereits unterwegs ist. Diese Einstellung führt stets zum Kampf mit dem Gegner und hat stets einen nicht wieder einzubringenden Zeitverlust zur Folge.

[112] Folgende allgemeine Grundsätze haben für das „Kick-and-rush-System" besondere Bedeutung. Auch der auf weite Entfernung gegebene Pass muss genau auf Tempo und Raum abgestimmt sein. Durch rechtzeitiges Laufen in den Ball, lässt sich unnötiger Zweikampf vermeiden. Konzentration und rechtzeitiges Starten sind die notwendigen Voraussetzungen hierzu. Folgende Möglichkeiten wollen wir in unserem Training berücksichtigen und zur Anwendung bringen. Die Zusammenarbeit der Halbstürmer mit den Aussen der entgegengesetzten Seite. Läuft dabei der Halbstürmer vor der Ballabgabe in

entgegengesetzter Richtung, so ist die Möglichkeit einer Überraschung des Gegners leicht gegeben. Für die Mittelspieler ist es ratsam, den Ball möglichst nicht wieder nach der Seite zu spielen, aus der er gekommen ist. Häufiger Wechsel verleitet den Gegner eher zu Fehlern. Auf ständigen Flügelwechsel, oft schon von den Verteidigern ausgehend, ist Wert zu legen.
Unserem Ziel, die Beherrschung beider Systeme durch unsere Mannschaft, wären wir somit nachgekommen. Haben wir unsere Leute dahin erzogen, dass jeder Einzelne weiss, dass nicht durch die Mitarbeit in unmittelbarer Ballnähe, sondern stets alle die Grundlage für die Durchführung der Offensive schaffen müssen, so ist damit die Gewähr für die Anwendung beider Systeme oder deren wechselseitige Verbindung gegeben. Aus der Praxis weiss ich, dass es notwendig ist, die Leute immer und immer wieder zur Arbeit an der Mannschaft anzuhalten. Das hat seinen **[113]** Grund in Folgendem: Durch die im Anfang eifrig betriebene Mitarbeit aller Spieler wurde die besondere Art der Zusammenarbeit der verschiedenen Gruppen den Einzelnen bekannt, sodass an der Gruppierung der Leute in Ballnähe schon vorher die kommenden Züge fast mit Sicherheit erkannt werden können. Wenn diese den entfernten Gruppen ihre vorläufige Hinzunahme nicht anzeigen, so ist es für jene oft der Anlass, ihre Mitarbeit langsam einschlafen zu lassen. Eine derartige Gleichgültigkeit dürfen wir nicht Platz greifen lassen. Hat doch ihre Mitwirkung noch einen anderen Zweck. Stehen alle frei, so ist immer Gelegenheit zum sofortigen Abspiel zu Jedem und in jede Richtung. Hierdurch wird der Gegner gezwungen, jedem unserer Leute seine Aufmerksamkeit zu schenken, was ihn ablenkt und seine Abwehr zersplittert. So können wir in unseren Spielern die Erkenntnis wecken, dass man auch gut spielen kann, ohne besonders oft im Besitz des Balles gewesen zu sein. Sorgt jeder einzelne dafür, dass sein Deckungsmann an ihn gebunden ist, so hat er sein gut Teil zum Gelingen beigetragen. Der jeweilige Mann am Ball hat die Arbeit seiner Mitspieler zum sofortigen Abspiel zu nutzen. Oft wird aber auch die Lage so sein, dass man, um zuspielen zu können, den Gegner erst vom eigenen Mann wegholen muss. Auch kann durch die Arbeit der Mitspieler der Weg zum Alleingang frei werden.
So sehen wir, dass das Fussballspiel nicht nur grosse Ansprüche an die Beherrschung der Körper- und Balltechnik stellt, sondern **[114]** auch mannigfache Gaben des Geistes und Willens verlangt. Diese Güter sind leider oft recht ungleich verteilt. Für den Mann am Ball gilt es also, den rechten Augenblick zur zweckmässigen Handlung im Spiel zu erkennen. Hier zeigt sich dann am allerersten, wer Spieler und Führer und wer nur Mitläufer ist. Im Rahmen der bisherigen Darlegungen habe ich ja oft genug geschildert, wie in jedem Einzelnen die Erkenntnis zu wecken ist, dass Streben zum Miteinander und Einssein der Weg zum harmonischen Ganzen ist. Hat diese Einsicht in den Leuten Platz gegriffen und sie von der Richtigkeit des Geforderten überzeugt, so dürfen auch die „Nur Mitläufer“ zur geschlossenen Mannschaftsleistung erzogen und auf die Massnahmen der Führer abgestimmt sein. Dann dürfte die Mannschaft auch am ehesten imstande sein, „ihr Spiel“ spielen zu können. Damit wären wir auch am Ziel nahe angekommen. Bedeutet doch das Halten des eigenen Systems eine gewisse Überlegenheit über den Gegner und gewährleistet die Offensive. Andererseits befähigt die Beherrschung beider Systeme zur Umstellung auf ein bestimmtes System; denn die Festlegung auf eines von beiden kann unter besonderen Umständen bedingt sein.
Welcher Art diese Umstände sein können, soll hier kurz aufgezeichnet werden:

1. Der Gegner und seine Spielweise, unter Berücksichtigung seiner starken und schwachen Stellen.
2. die Berücksichtigung der äusseren Verhältnisse.
    a. grosser Platz.... Grasnarbe.... nasser Grassplatz **[115]**
    b. kleiner Platz...Grasnarbe.... nasser Grasplatz, schwerer Boden.

Auch Sonne und Wind können Einfluss auf die taktische Führung des Spieles ausüben.
In Berücksichtigung dessen ist grundsätzlich anzuraten: Bei grossem Platz schottisch, bei kleinem Platz englisch zu spielen. Ohne Rücksicht auf die Grösse des Platzes ist es ratsam, bei schlechten Bodenverhältnissen (schwerer, holpriger Boden) immer englisch zu spielen. Hier liegen auch die Umstände begründet, die bei manchem Spiel auf fremdem Platz besondere Massnahmen erforderlich machen. Aus meiner Praxis erinnere ich mich an

Mannschaften, die auswärts keine Rolle spielten, während sie auf eigenem Platz kaum zu schlagen waren.

Hiermit habe ich angedeutet, wie durch äussere Verhältnisse der normale Verlauf eines Spieles wesentlich beeinflusst werden kann. Ist unsere Mannschaft mit beiden Systemen vertraut, so dürfte es ihr auch möglich sein, ihr Spiel den jeweils gegebenen Platzverhältnissen anzupassen. Wichtig ist aber auch, dass dem Einzelnen jederzeit seine Spielfähigkeit gesichert ist. Den Grund für die schwache spielerische Leistung des Einzelnen oder der Mannschaft lediglich in den ungünstigen Verhältnissen zu suchen, ist nicht angängig. Auch den schlechtesten Bodenverhältnissen muss man sich anpassen können. Der Erfahrene kennt die Mittel und Wege und übergeht sie nicht. Die Stiefel in Ordnung bringen, heisst für den Fussballer, sie für **[116]** die jeweiligen Bodenverhältnisse zurechtzumachen. Die Ausnutzung jahrelanger Erfahrung ermöglicht so oft die Chancen gegenüber gefürchteten Home-Mannschaften auszugleichen. Die Erkenntnis der Wichtigkeit der Frage nach den besonderen Verhältnissen eines Platzes liess auch Nicht-Stuttgarter bei „Kickerswetter“ und „Kickersplatz“ auf normalen Verlauf des Spieles hoffen.

Allgemein feste Schutzregeln lassen sich aber nicht geben, da jeder Platz seine besondere Eigenart hat. So ist es nicht gleichgültig, ob ich hier niedere, dort höhere Klötzchen unter den Stiefeln habe. Bei gefrorenem Boden wieder gewähren Gummiklötzchen den festesten Stand. Dabei ist bei der Anbringung der Klötzchen darauf zu achten, dass sie in richtigem Abstand von einander gehalten werden. Stehen sie zu nahe beieinander, erfüllen sie ihren Zweck nicht, da sich die Erde in den Zwischenräumen leicht festsetzt; werden sie zu nahe am Sohlenrand befestigt, so treffen sie leicht ungünstig auf die Unterstützungsfläche des Fusses und haben dann Verletzungen zur Folge.

Die Zahl der Spiele, die in dem Moment verloren werden, in welchem die Erzielung eines günstigen Spielstandes zu Hoffnung auf Sieg berechtigte, sind nicht gering. Wie oft wurde und wird noch in den Fehler verfallen, den dem Gegner nach hartem Kampf abgerungenen Vorsprung nun dadurch sich zu halten und zu sichern, dass man jeden der eigenen Spieler zum Verteidiger macht. Eine Taktik, die auf schwachen Füssen steht, ist sie doch dem Gegner gewissermassen Aufforderung zum Angriff. **[117]** Oft ist diese falsche Handlungsweise der Anlass, aus bisher ausgeglichenem Spiel eine einseitige Angelegenheit werden zu lassen. Ein zur Genüge bekanntes Bild aus der Praxis. Taktisch richtig einen Vorsprung halten heisst wohl jeden der Spieler bei der Abwehr zu beteiligen. Aber diese hat so zu erfolgen, dass jeder Einzelne den ihm zufallenden Gegner durch Decken auszuschalten hat. So bleibt jedermann auf seinem Posten. Nur so ist die Gewähr gegeben, jederzeit wieder selbst in Angriff zu kommen, den Gegner zu beschäftigen, das Spiel offen zu halten. Denn die Praxis zeigt uns immer wieder, dass der zurückgefallene, nach Ausgleich strebenden Gegner seine Deckungsarbeit vernachlässigt, wodurch leicht eine weitere Distanzierung ermöglicht wird. Selbst wenn es dem Gegner im ersten Ansturm gelingen sollte, Teile der eignen Sturmlinie in die Abwehrlinie zu zwingen, so werden doch bei guter Zusammenarbeit und bei Ausnutzung jeder Gelegenheit, wieder in Angriff zu kommen, die gegnerischen Abwehrleute zu ihrer eigentlichen Aufgabe bald wieder gezwungen werden. Das Vermögen der raschen Umstellung und Anpassung an die ständig in Angriff und Abwehr wechselnden Situationen wird hier für das fernere Spielgeschehen den Ausschlag geben. Von grosser Bedeutung ist, dass in solchen Minuten, die entscheidend auf den Ausgang des Spiels sein können, die Ruhe behalten wird. Ruhig spielen heisst aber nicht langsam spielen. Es ist Aufgabe des Lehrers, jedem Einzelnen im Training diese Fähigkeiten zu vermitteln. Hier gilt es auch dem Umstand gerecht zu werden, dass durch irgendwelche **[118]** Verhältnisse bedingt eine der Mannschaften zahlenmässig unterlegen wird. In erster Linie gilt es hier die Abwehrspieler (Verteidiger und Läuferreihe) in ihrer ursprünglichen Zahl und Aufstellung zu lassen. Die spielerische Übereinstimmung aller Mannschaften ist hier von unschätzbarem Wert. Es ist Aufgabe der Stürmer, die gegnerische Läuferreihe nach Möglichkeit abzuriegeln und jede Gelegenheit, des Gegners Schlussleute zu beschäftigen, zu nutzen, um die eigenen Hinterleute zu entlasten. Da die Sturmreihe zahlenmässig geschwächt ist, gilt es den für die Ausnutzung der jeweiligen Situation wichtigen Posten rechtzeitig besetzt zu haben. Für grundfalsch halte ich, wenn ein Verletzter, im Spiel verbleibender Spieler nun auf den Aussenstürmer eingesetzt wird. Dadurch wird den

Innstürmern die Möglichkeit der Entfaltung des Spiels nach beiden Seiten genommen. Ein Nachteil, den eine gute Hintermannschaft sofort für die eigenen Zwecke ausnutzen wird. Bei Verletzungen im Sturm gilt es in erster Linie die Schlagkraft beider Flügel zu erhalten.
Den Schlussleuten ist zu raten, dem zahlenmässig unterlegenen Gegner besonderes Augenmerk zu schenken. Die Gefährlichkeit eines unverhofften Durchbruches einer unter ständigem Druck gestandenen Mannschaft ist hinlänglich bekannt. Es ist gut, eine Mannschaft im Spiel gegen einen fremdem unbekannten Gegner anzuhalten, zu Anfang defensiv zu spielen. Es sichert vor Überraschungen und gibt Gelegenheit, den Gegner kennen zu lernen. **[119]** Besondere Vorsicht ist auch die ersten Minuten nach Halbzeit am Platze.
Berücksichtigung der Spielertypen bei Mannschaftsaufstellung.
Das Ziel der Arbeit des Lehrers ist die Hinziehung des Einzelnen zur Beherrschung beider Spielsysteme. Es darf aber nicht verkannt werden, dass jeder Spieler, sei es durch technische oder körperliche Voraussetzungen, für eines der beiden besonders geeignet ist. Es muss hier nochmals auf den Wert des frühzeitigen Beginns hingewiesen werden, weil die dadurch angeeigneten spielerischen Fertigkeiten ohne weiteres zur Beherrschung beider Systeme befähigen. Dem Kämpfer sind hier Grenzen gesetzt. Seine Arbeit am Ball beschäftigt ihn oft so, dass kostbare Zeit für Erkennung und Ausnutzung einer Situation verloren geht. Das schottische System erfordert schnelles Denken und ebenso schnelles Handeln. Ich möchte aber die technische Seite der Ausbildung allein nicht als das Primäre angesehen wissen. Dem Intellektuellen wird die Einstellung auf beide Systeme und ihre der Lage entsprechende Anwendung keine unüberwindbaren Schwierigkeiten machen. Bei mangelndem Fussballverstand ist beim Kämpfer immer noch eher die Möglichkeit, das Ziel zu erreichen, gegeben, als beim Spieler. Bei ersterem steht immer der Erfolg im Vordergrund, bei letzterem ist die Gefahr des „Nur-Spiels" gross.
Fussballspiel ist Mannschaftsspiel! Jede Mannschaft hat aber in ihren Reihen Vertreter beider Typen. Aus der spielerischen Eigenart **[120]** einer Mannschaft lässt sich ohne weiteres erkennen, welche Vertretergruppe das Übergewicht hat. Jede Mannschaft wird demnach auch für ein bestimmtes System geeignet sein und es pflegen. Aufgabe des Lehrers ist es, diese besondere Eigenart zu erkennen. Darauf muss er aufbauen können.
Der Trainer muss beide Systeme beherrschen. Wie er lehrt und sich seiner Umgebung anpasst, ist sein System. In der Praxis ist es gewöhnlich so, dass Lehrmaterial und Lehrweise eine Berücksichtigung des vorhandenen Spielermaterials nicht vorgesehen hat.
Jede Mannschaft hat ihre besondere Stärken. Die Kenntnis dessen ist nicht unwichtig. Schon im vorstehenden Abschnitt habe ich klargelegt, wie Grössen- und Bodenverhältnisse eines Platzes bestimmend auf die Pflege eines bestimmten Systems einwirken können. Die Home-Mannschaften sind nur deshalb gefürchtet, weil sie ihr Spiel den vorhandenen Verhältnissen angepasst haben. Es wäre verkehrt, würde der Trainer diesen Vorteil keine Beachtung zuteil werden lassen. Seine Aufgabe gipfelt aber darin, die Mannschaft zu befähigen, sich auch fremden Platz und Gegner anpassen zu können. Dazu dürfte die Beherrschung nur eines Systems nicht ausreichen. Das Ziel ist also, die Grundlage zu schaffen, die Gewähr für Durchführung des richtigen Systems gibt. Kenntnis der Eigenart des Gegners und dessen Platzverhältnissen können so oft einen entscheidenden Wert bei der Mannschaftsaufstellung mitsprechen. Der Befähigung jedes Einzelnen zu beiden Systemen darf aber keine Einschränkung durch verkehrte Mannschaftsaufstellung widerfahren. **[121]** Mitläufer, die der Führung bedürfen, wird es immer und in jeder Mannschaft geben. Darum die Führerpersönlichkeiten auf die wichtigsten Posten. Zu diesem wichtigsten Posten rechne ich auch heute noch den Posten des Mittelstürmers. Der Wunsch, auf diesem wichtigen Punkt in der Mannschaft den Dränger, Kämpfer und Torschützen zu wissen, liesse über den Mangel anderer Fähigkeiten hinwegsehen. Auch heute noch, wenn in anderer Position als früher, muss der Mittelstürmer seine Flügel binden und so seine Halbstürmer in der Führung des Sturmes unterstützen. Gehen dem Mittelstürmer diese Fähigkeiten ab, so wird es auch den besten Halbstürmern nur in den seltensten Fällen möglich sein, der noch ausserhalb ihrer Aufbautätigkeit zufallenden Stürmertätigkeit nachzukommen. Für eine ebenso gute Lösung halte ich es, wenn dem Kämpfer auf dem Mittelstürmerposten zwei „Spieler" als Aussenläufer zur Seite gestellt werden können. Auch die Besetzung im umgekehrten

Verhältnis halte ich für gut. Es hätte dann, je nach Lage des Spiels, ob Angriff oder Abwehr eine graduell verschiedene, wechselseitige Arbeitsteilung zu erfolgen. Natürlich nur dem Grade nach.

Bei Mannschaftsaufstellungen und besonders bei Einstellung von Ersatz darf die Eigenart der Spieler und Mannschaft nicht ohne Gefahr für die Mannschaftsleistung übergangen werden. Einen Kämpfer in eine Mannschaft von Spielern aufzustellen, dürfte nur selten ein Risiko bergen. Im umgekehrten Falle dürfte es der Spieler zwischen Kämpfern wenigstens für den Anfang schwer **[122]** haben, sich durchzusetzen. Neben den spielerischen Fertigkeiten des Einzelnen muss bei dessen Einstellung in einer Mannschaft die Fähigkeit, sich dem Gefüge anpassen zu können, den Ausschlag geben.

Wie oft erleben wir, dass eine nach den gezeigten Leistungen zu grossen Hoffnungen berechtigte Mannschaft, gerade in einem wichtigen Spiel mit ihren Kräften zu Ende ist. Man sucht nach Gründen und findet, dass der oder jener die Nerven verloren, ja Einzelne mit deutlich erkennbarer Unlust gespielt haben. Wir haben den in der Praxis nicht seltenen Fall des Übertrainiertseins. Wie kann dies verhindert werden? Dem Spieler muss klar sein, dass der Begriff Training nicht nur mit den Übungen abgeschlossen ist, sondern auch zweckentsprechende Lebensweise einschliesst. Wir wissen, dass die stärkere Funktion das Organ formt und stärkt und befähigt, die durch Mehrleistung abverlangten Kräfte wieder aufzufüllen. Hierzu bedarf der Körper aber Zeit und Ruhe. Es kann heute gesagt werden, dass die überwiegende Mehrzahl unserer Aktiven erkannt haben, dass „wenn sie eines erreichen wollen, sie tausend andere Dinge lassen müssen".

Viel eher halte ich den Rat für unsere Trainer berechtigt, ihre Trainingsgestaltung und Einstellung der langen Reisen gerecht werden zu lassen. Auch das vorhandene Spielermaterial muss in diese Berücksichtigung einbezogen werden. Man darf sich nicht auf die Meisterschaft und noch höhere Ehren festlegen. Bei Fehlschlägen liegt dann die Schuld bei den Spielern.

[123] Der Fussballer braucht Kondition. Aber vieles lässt sich auch in Verbindung mit dem Ball erreichen. Dies hat noch den Vorzug, dass es in spielerischer Form gebracht werden kann. Auch im Übungsbetrieb dürfen Lust und Freude nicht verbannt werden. In der Praxis ist es nicht immer so.

Die Vorbereitungen zu einem wichtigen Spiel dürfen nicht so gelegt werden, dass die letzten Übungsgelegenheiten davon ausgefüllt werden. Es würden dadurch zuviel körperliche und seelische Anforderungen an den ohnehin schon auf das „Ereignis" konzentrierten Spieler gestellt. Manche Berechnungen und Erwartungen wurden so über den Haufen geworfen. Besonders auch dadurch, dass die Symptome des Übertrainiertseins nicht erkannt oder beachtet wurden. Vorschauend und vorbauend zur rechten Zeit mit den Sondervorbereitungen beginnen. Dann hat man Gelegenheit Spieler „ausschwingen" zu lassen und sich seelisch und körperlich für „das Spiel" fit zu machen. Waldlauf, Boxen, Turnen, Bodenturnen und besondere Übungen mit dem Ball dürften genügen, den Einzelnen in Kondition zu halten. In der richtigen Art verabreicht, tragen sie wesentlich zur Belebung eines lustbetonten freudigen Trainingsbetriebes bei. Es soll Ablenkung von den kommenden Ereignissen erreicht werden. Es ist eine Kunst, zur rechten Zeit jeden Einzelnen und die Mannschaft in der besten Form zu haben. Dass sie nicht allen bekannt ist, zeigt die Praxis.

Die vielen wichtigen Kleinigkeiten muss der Trainer aus seiner Praxis kennen und auf die Durchführung seiner dementsprechend **[124]** getroffenen Anordnungen achten. Ein theoretischer Abend mit Besprechung aller Einzelheiten bildet den Abschluss seiner Vorbereitungen. Ob Ratschläge während des Spiele fruchtbringend zu verwerten sind, wage ich anzuzweifeln. Bei entscheidenden Spielen ist für manchen Spieler selbst die Pause noch zu kurz, um ihn aufnahmefähig zu machen.

Die erzieherischen und charakterbildenden Werte des Fussballsports im Bereiche meiner Arbeit einer besonderen Würdigung zu unterziehen, halte ich in Rücksicht auf das in Rede stehenden Themas für nicht notwendig. Diese sind auch erkannt und anerkannt. Bei der Heranbildung der Jugend wird ihnen in weitgehender Weise Berücksichtigung zuteil.

Wie die Hinführung des Einzelnen zu seiner individuellen Höchstleistung zu geschehen hat, wurde hinreichend klargelegt. Es gilt eine Grundlage zu schaffen, die zum Sondertraining befähigt. In frühzeitigem Beginn sehe ich nach wie vor einen wichtigen Faktor. Wird der Wert

des frühzeitigen Beginns für die Aneignung aller fussballtechnischen Fertigkeiten erkannt, so dürfte damit auch die Grundlage geschaffen sein, die später die taktische Führung des Spiels ermöglicht. Damit wäre die Berechtigung zum Sondertraining gegeben, vorausgesetzt, dass der Aneignung der taktischen Erfordernisse kein zu geringer Grad an der Güte des Geistes und Willens entgegenstehen.
[125] Den besten Masstab für den Wert des Sondertrainings haben wir im Leistungsbild unserer Nationalmannschaft. Die Zahl der bewährten Spieler war gering. An sich guten Spielern war es oft unmöglich, sich in der kurzen Zeit eines Wettspieles der fremden Umgebung anzupassen. Oft war auch die Berücksichtigung der verschiedenen Spielertypen auf den einzelnen Mannschaftsposten ein Hemmschuh für reibungsloses Ineinandergreifen der einzelnen Mannschaftsteile und des Ganzen. Der Versuch, der „Alten", vor dem Spiel Richtlinien herauszugeben, war oft zu sehr von persönlichem Interesse geleitet und traf wohl nicht immer das Rechte. Mit der Massnahme, das Gros einer Nationalmannschaft einer Vereinsmannschaft zu entnehmen, kam man dem Ziel am nächsten.
Heute ist es anders geworden. Es schadet der einheitlichen Leistung nicht, wenn Spieler aller Landesverbände zur Vertretung der deutschen Farben auserwählt werden, weil jedem Einzelnen der zu begehende Weg bekannt ist. Die entscheidende Wendung haben uns die vorbereitenden Kurse zur Olympiade in Amsterdam gebracht. Hier wurden die Auserwählten mit beiden Systemen vertraut gemacht und durch deren Beherrschung zu dem „System" befähigt. Jeder Einzelne wurde in seine besonderen Aufgaben eingeweiht, die Mannschaftsteile und das Ganze aufeinander abgestimmt. Der Vorteil dieser zu einer festen Einrichtung gewordenen Kurse ist der, dass die Zahl der verfügbaren Leute beträchtlich gestiegen ist. Dadurch ist der D.F.B. auch in die Lage versetzt, jederzeit eine Mannschaft zusammenstellen zu können, bei der **[126]** von vornherein die Gewähr gegeben ist, dass sie „ihr Spiel" spielen kann.

Als Abschluss meiner Ausführungen möchte ich sagen, dass diese aus der Erkenntnis entstanden, die mir durch den Niederschlag jahrelanger praktischer Erfahrung vermittelt wurde. Soll das Ziel die Höchstleistung im Fussballsport erreicht werden, so müssen folgende Punkte Beachtung und Anwendung finden:

1. Aneignung der grundsätzlichen Erfordernisse durch frühzeitigen Beginn.
2. Ausschleifen der Körper- und Balltechnik im allgemeinen Training.
3. Vorbereitung in diesem für das Sondertraining.
4. Aufgabe des Sondertrainings ist es dann, den Einzelnen zu seiner individuellen Höchstleistung in und für die Mannschaft zu befähigen.

[127, nicht paginiert]

Plan.

1. Allgemeine Beobachtungen Seite 1- 6
2. Der Junge beim „wilden“ Spiel Seite 6-23
3. Der Junge im Verein Seite 23-24
   a. Allgemeines Training (techn. Erfordernisse) Seite 24-56
   b. Die Spielertypen Seite 56-58
   c. Eignung für bestimmte Posten Seite 58-61
   d. Erste taktische Unterweisung Seite 61-80
4. <u>Sondertraining</u> Seite 80
   a. Allgemeine Beobachtungen über das englische und das schottische System Seite 80-82
   b. Das Kick-and-rush-System Seite 82-85
   c. Das schottische System Seite 85-88
5. Der Aufbau der Mannschaft Seite 88-107
   a. rein schottisch Seite 88-107
   b. rein englisch Seite 107-111
   c. Verknüpfung beider Systeme Seite 111-113
6. Anpassung an die durch besondere Verhältnisse geschaffenen Situationen Seite 113-117
7. Berücksichtigung der Spielertypen bei Mannschafts-aufstellungen Seite 117-120
8. Vorbereitung bei wichtigen Spielen Seite 120-122
9. Wert des Sondertrainings Seite 122-126

Anschliessend Literaturverzeichnis.

[128, n. p.]

Literaturangabe.

1. Sippel Hanns, Körper-Geist-Seele.
(Weidmannsche Buchhandlung, Berlin.)[5]
2. Schmidt F.A. Unser Körper.
(R. Voigtländer´s Verl. Leipzig 1927)[6]
3. Nerz Otto Fussball
(Weidmannsche Buchhandlung, Berlin.)[7]
4. Deutsches Fussballjahrbuch 1920-22
(Herausgeber: Deutscher Fussballbund)[8]

---

5 SIPPEL, Hanns, *Körper – Geist – Seele. Grundlagen einer Psychologie der Leibesübungen*, Berlin 1926, 116 S.

6 SCHMIDT, Ferdinand August, *Unser Körper. Handbuch der Anatomie, Physiologie und Hygiene der Leibesübungen*, 7. Auflage, Leipzig 1927, 638 S.
SCHMIDT, Dr. med. Ferdinand August (1852-1922), seit 1883 Vorsitzender des Bonner Turnvereins, 1887-1897 Mitglied des Ausschusses der *Deutschen Turnerschaft*, ab 1892 zweiter Vorsitzender des *Zentralausschusses für Volks- und Jugendspiele*, Mitherausgeber des *Jahrbuches für Volks- und Jugendspiele* und der Zeitschrift *Körper und Geist*, Arzt in Bonn, zuletzt leitender Schularzt, verfaßte zahlreiche sportmedizinische Schriften, u. a. das o. g. Werk, das als erstes Handbuch der Sportmedizin anzusehen ist.

7 NERZ, Otto, Fussball, Teil 1, *Taktik*, 1926, 43 S., Teil 2, *Der Torwächter*, 1926, 48 S., Teil 3, *Der Verteidiger*, 1926, 47 S., Teil 4, *Der Läufer*, 1926, 50 S., Teil 5, *Der Stürmer*, 1928, 50 S., Teil 6, *Technik I*, 1928, 54 S., Teil 7, *Technik II*, 1928, 60 S., Teil 8, *Training*, 1928, 61 S., Berlin 1926-1928.

8 *Deutsches Fussballjahrbuch* 12(1920-1922). Seit 1905 gab der DFB ein Jahrbuch heraus, in dem neben den Verbandsnachrichten und Ergebnisstatistiken auch Aufsätze zur Trainingslehre abgedruckt wurden.

3.4. Analyse und Bewertung

Der *Weg zur Höchstleistung im Fussballsport* wird von HERBERGER (vgl.Abb. 67) sehr detailliert in verschiedenen Stufen beschrieben. Grundlage seiner Erörterungen sind dabei seine eigene Entwicklung als Fußballspieler als auch seine langjährigen Beobachtungen sowohl als Spieler als auch als Trainer und Dozent. Seine wichtigsten Hypothesen definiert er zu Beginn der Arbeit:

- Die Ausbildung muß in frühester Kindheit beginnen und nicht erst mit 18 bis 20 Jahren.
- Das Fußballspielen wird nicht durch Vererbung, sondern nur durch eifriges Training erlernt. Lediglich konstitutionelle Anlagen (u.a. Körpergröße), die Vorbildfunktion des Vaters (u.a. Wecken von Lust und Liebe zum Sporttreiben) können sich fördernd auswirken.

Abb.67: Karikatur von Sepp HERBERGER

Wichtig im Lehr- und Lernprozeß ist für ihn vor allem die Rolle des Lehrers (Fußballtrainers). Überalterte pädagogische Konzepte, wie sie z. B. in der „Autoritätsschule“ angewendet wurden, gelten für ihn als überholt. Die Jungen müssen weg von der „Lernschule“ hin zur „Arbeitsschule“. Nicht das Lernen steht im Vordergrund, sondern vielmehr das eigene Erleben. Dazu gehört natürlich auch kein langweiliger Unterricht, denn am wichtigsten ist es, die „*Liebe zum Ball*“ zu wecken. Nur so kann es zu einer „*harmonischen Vereinigung von Eifer, Willen und technischen Können*“ kommen.

HERBERGERs Ausbildungsplan umfaßt drei Stufen:

- Stufe I: „*wildes Spiel*“
- Stufe II: Vereinstraining
- Stufe III: Sondertraining

In der ersten Stufe findet eine Zweiteilung statt: Vom Schuleintritt bis ca. zum 10. Lebensjahr steht das freie Selbsterarbeiten – vom „*Balljungen*“ mit ersten Stößen mit der Fußspitze bis zum „*1 gegen 1*“ (Stürmer und Torhüter) – im Vordergrund. „*Was hier erarbeitet wird, sitzt fest für immer. Das später Erlernte wird vergessen*“, mahnt HERBERGER. Mit elf bis zwölf Jahren entwickeln sich erste Spielformen, bei denen das „*Einzelspiel*“ mit entsprechendem Körpereinsatz, d.h. das „*Raufen mit dem Gegner um den Ball*“ überwiegt. Erste Mannschaften als Straßen-, Klassen- oder Schüler-Teams werden gebildet.
Wenn diese Phase erreicht ist, sollte der junge Fußballspieler sich einem Verein anschließen (Stufe II), um seine technischen Fertigkeiten zu vervollkommnen, sein taktisches Geschick zu entwickeln und gleichzeitig die körperliche Leistungsfähigkeit zu erhöhen.
Erst danach vollzieht sich der Übergang zum sogenannten „*Sondertraining*“, bei dem „*Angriffs- und Verteidigungssysteme*“ im gruppen- und mannschaftstaktischen Rahmen geübt werden.
Diese Dreiteilung kann im weitesten Sinne mit dem aus dem Leistungssport bekannten trainingswissenschaftlich orientierten Grundlagen-, Aufbau- und Leistungstraining verglichen werden. Allerdings fehlen bei HERBERGER im Grundlagenbereich die Hinweise auf eine breitgefächerte motorische Ausbildung und das Aufbautraining findet mit 14 Jahren rund zwei bis vier Jahre zu spät statt. Auch der generelle Eintritt in einen Sportverein erst in diesem Alter muß mit den damaligen Sport- und Vereinsstrukturen gesehen werden.
In einigen anderen Bereichen ist er dafür sehr aktuell, wenn er davon spricht, daß ein reines Konditionstraining überflüssig ist, wenn die Technikübungen entsprechend gestaltet werden. Auch in seiner Sicht zu Motorik und Fußballspiel könnte er vielen Trainern als Vorbild dienen: Fußball ist eine „*Ganzkörperbewegung*“, deshalb muß die allgemeine körperliche Beweglichkeit mit gymnastischen Übungen und einer Laufschule (Koordination) als Grundlage geschaffen werden. Die Gymnastik ist dabei so einzubauen, daß die Spieler es kaum merken und/oder alles mit dem Ball durchgeführt wird.
Seine Technikbeschreibung von den einzelnen Elementen, wie z.B. dem „Stand- und Spielbein“ beim Schießen, sind sehr genau, ausführlich und sind mit ersten „biomechanischen“ Bewegungsbeschreibungen versehen. Das methodische Vorgehen ist rein auf Übungsreihen zu isolierten Elementen aus der Technik - vom Passen bis zum Kopfball - und Taktik - vom drei gegen eins bis zum fünf gegen fünf - beschränkt. Ein spielgemäßes Konzept – bis auf Ansätze in Stufe I - ist ihm noch unbekannt, allerdings fordert er im Bereich des „*Sondertrainings*“ das häufige Durchführen von Übungsspielen. Dadurch soll die Lust am Training gefördert werden. Vor allen Dingen war er mit seinen mannschaftstaktischen Aussagen zum Defensiv- und Offensivverhalten sowie zum Positionswechsel den damaligen Auffassungen der doch eher statischen Systeme des „Kick an Rush“ sowie dem schottischen System schon etwas voraus.
Zum Abschluß seiner Arbeit, in der er noch eine Reihe von Sonderfällen wie z.B. „Unter-/Überzahlspiel“, verletzte Spieler, unbekannte Gegner, Übertraining, erste Minuten nach der Halbzeit, Verhalten bei „*Torvorsprung*“ beschreibt, stellt er auch das bisherige Abschneiden (bis 1928) der deutschen Nationalmannschaft als Negativbeispiel für den Wert des Sondertrainings heraus. Nur wenn „*Alle Alles von jedem*“ verstehen, d.h. Fußball nicht nur mit den Beinen, sondern auch mit dem Kopf gespielt wird, kann eine Mannschaft erfolgreich spielen. Bisher, so moniert er, haben die „*Alten*“ zwar vor dem Spiel Richtlinien ausgegeben, die aber zu stark von persönlichem Interesse geprägt waren.

Umfang:	128 Seiten (DIN A4)
Abgabe der Arbeit:	1930
Inhalt/Schwerpunkte:	langfristiger Trainingsprozeß „Ausbildungs-plan“, Rolle des Trainers, „Arbeitsschule“, Angriffs-Verteidigungssysteme, Motorik/Fußballspiel, Konditionstraining, Technikbeschreibungen, Besonderheiten im Fußballspiel
Gliederung:	1. Allgemeine Beobachtungen 2. Der Junge beim „wilden“ Spiel 3. Der Junge im Verein 4. Sondertraining 5. Der Aufbau der Mannschaft 6. Anpassung an die durch besondere Verhältnisse geschaffenen Situationen 7. Berücksichtigung der Spielertypen bei Mannschaftsaufstellungen 8. Vorbereitung bei wichtigen Spielen 9. Wert des Sondertrainings

Tab. 7 : Diplomarbeit HERBERGERS im Überblick

So fordert Herberger am Ende seiner Ausführungen nochmals vehement, daß die individuelle Höchstleistung im Fußballsport nur erreicht werden kann, wenn

- frühzeitig begonnen wird
- Körper- und Balltechniken im Training „automatisiert“ werden
- der Einzelne in und für die Mannschaft optimal eingesetzt wird.

Insgesamt gesehen wurden mit dieser Arbeit viele Grundlagen zusammengetragen, die bis in die 60er Jahre des letzten Jahrhunderts fast uneingeschränkt und bis heute noch größtenteils Bestand haben. Natürlich hat sich die Sportszene, vor allem das Vereinswesen - es gibt heute rund 27.000 Fußballvereine, und viele Kinder spielen schon mit fünf bis acht Jahren in Mannschaften - grundlegend geändert. Vor diesem Hintergrund und mit der enorm gestiegenen athletischen Ausbildung der Spieler - auch bedingt durch die Einführung des Berufsspielertums - können die Ausführungen HERBERGERS heute lediglich noch als ein Fundament und nicht als Vorbild für den Hochleistungssport verstanden werden. Unbestritten bleibt die Bedeutung der Diplomarbeit für das Training in den 20er und 30er Jahren.

Quellen

Deutsche Hochschule für Leibesübungen (Hg.), *Tätigkeits-Berichte*, Berlin 1920-1931.

Fußball und Leichtathletik 13(1912).

GIRULATIS, Richard, *Fußball. Theorie, Technik, Taktik*, Berlin 1919.

GIRULATIS, Richard, *Fußball. Theorie, Technik, Taktik*, Berlin/Leipzig 1923.

HERBERGER, Josef, *Der Weg zur Höchstleistung im Fussballsport*, Diplom-Arbeit DHfL Berlin WS 1931/32.

KAISER, Walter, *Wesen und Methodik des Spieles, insbesondere des Fuß- und Handballspiels*, Diplom-Arbeit DHfL Berlin WS 1927/28.

KNAPPE, Wilhelm, *Das Fußballspiel als Erziehungsmittel und sein methodischer Aufbau im Rahmen des Sportunterrichts*, Diplom-Arbeit DHfL Berlin WS 1921/22.

KNESEBECK, Willi, *Wie wird Fußball gespielt? Die Technik des Fußballspiels in Wort und Bild*, Stuttgart 1923.

KNESEBECK, Willi, *Schule des Fußballspiels*, Stuttgart/Berlin 1923.

KNESEBECK, Willi, *Des Fußballspielers Trainingsbuch*, Berlin 1925.

KUNZ, Helmut, *Die Gefahren in der Deutschen Fußballbewegung*, Diplom-Arbeit DHfL Berlin SS 1922.

LEPPLE, Georg, *Körperliche Vorbereitung für den Fußballsport*, Diplom-Arbeit DHfL Berlin WS 1922/23.

NERZ, Otto, *Fussball-Wintertraining*, Diplom-Arbeit DHfL Berlin WS 1929/30.

RÜPNER, Herbert, *Physik des Fußballspiels*, Diplom-Arbeit DHfL Berlin WS 1929/30.

THEE, Oswald, *Auf welche Gründe sind die in letzter Zeit beobachteten Ausartungen des Fußballspiels zurückzuführen*, Diplom-Arbeit DHfL Berlin WS 1930/31.

Turnen – Sport – Spiel 4(1920).

WIDWALD, Walther, *Die Taktik im Fußballspiele, ihre Grundlage und ihr Aufbau*, Diplom-Arbeit DHfL Berlin WS 1922/23.

WUTTKE, Günter, *Fußball und Schule*, Diplom-Arbeit DHfL Berlin WS 1931/32.

Literatur

BRINGS, R., *Sepp Herberger. Ein Leben für den Fußballsport im Abriß einer Biographie*, Diplomarbeit Deutsche Sporthochschule Köln, Köln 1989.

BUSCHMANN, Jürgen / LENNARTZ, Karl / STEINKEMPER, Hans Günter, *Sepp Herberger und die Sporthochschule Köln*, Sankt Augustin 1997.

Deutscher Fußball-Bund (Hg.), *100 Jahre DFB*, Berlin 1999.

DIEM, Carl, *Ein Leben für den Sport*, Ratingen [1974].

DIEM, Liselott, *Leben als Herausforderung*, 3 Bände, St. Augustin 1986.

FISCHER, Gerhard / LINDNER, Ulrich, *Stürmer für Hitler*, Göttingen 1999.

FRIEDRICH, W., *Anekdoten um Sepp Herberger*, München-Esslingen 1967.

GERISCH, Gunnar / STEINKEMPER, Hans Günter, *40 Jahre Fußball-Lehrer-Ausbildung an der Deutschen Sporthochschule Köln*, [Köln] 1988.

KEHL, Anton, *"Ich war ein Besessener ..." Sepp Herberger in Bildern und Dokumenten*, München/Leipzig 1997

KÖRBS, Walter, *Vorgeschichte und Gründung der Sporthochschule Köln (1946-1948)* hg. aus dem Nachlaß KÖRBS von W. DECKER (Schriften der Deutschen Sporthochschule Köln, Bd. 17), St. Augustin 1986.

LEINEMANN, Jürgen, *Sepp Herberger. Ein Leben, eine Legende*, Berlin 1997.

LENNARTZ, Karl / BUSCHMANN, Jürgen, *Dokumente zum Aufbau des Deutschen Sports*, St. Augustin 1984.
MAIBOHM, Ludwig, *Sepp Herberger: Fußball - sein Leben*, Frankfurt 1973.
MIKOS, L. / NUTT, H., *Als der Ball noch rund war. Sepp Herberger - ein deutsches Fußballeben*, Frankfurt/New York 1997.
QUANZ, Dietrich R. (Hg.), *Deutsche Sporthochschule Köln. Dokumente zur Gründung und zum Aufbau einer wissenschaftlichen Hochschule auf dem Gebiet des Sports*, Teil II: *1947-1982*, Köln 1982.
SCHWARZ-PICH, Karl-Heinz, *Der Ball ist rund. Eine Seppl Herberger Biographie*, Ubstadt-Weiher 1996.
SCHWARZ-PICH, Karl-Heinz, *Otto Siffling*, Kassel 1999.
SCHWARZ-PICH, Karl-Heinz, *Der DFB im Dritten Reich*, Kassel 2000.
STEINKEMPER, Hans Günter, *Fußball-Lehrer im Deutschen Fußball-Bund*, Köln 1996.
WARNECKE, Christian, *Bis zum Wunder von Bern. Der DFB und die Fußball-Weltmeisterschaften 1930 bis 1954*, - Diplomarbeit Deutsche Sporthochschule Köln -, Köln 1997.

Fotonachweis

Die Fotos und Abbildungen in diesem Band wurden unter Berücksichtigung aller dem Herausgeber bekannten Rechte veröffentlicht. Bei nicht berücksichtigten Urheberrechten wird um Benachrichtigung gebeten.

Biographien der Autoren

Buschmann, Jürgen, Dr. paed. (Jahrgang 1949), wohnt in Bonn, Dozent an der *Deutschen Sporthochschule Köln*, seit 1983 Mitarbeiter des *Carl und Liselott Diem-Archivs*, Veröffentlichungen zur *Olympischen Bewegung* und zur Sportpädagogik mit dem Schwerpunkt Fußballmethodik und Gesundheitserziehung; aktiver Fußballspieler und Trainer in den höchsten Amateurklassen, Inhaber der DFB Trainer A-Lizenz.

Lennartz, Karl, Dr. phil. (Jahrgang 1940) wohnt in Sankt Augustin, Sporthistoriker, Leiter des *Carl und Liselott Diem-Archivs* der *Deutschen Sporthochschule Köln*, zahlreiche Zeitschriftenaufsätze und Buchveröffentlichungen, vor allem über die *Olympischen Spiele* und die *Olympische Bewegung*, Carl DIEM und zum Langlauf, seit 1996 Vorstandsmitglied der *International Society of Olympic Historians*, seit 2000 Vizepräsident, seit 1990 Berater des *IOC* in historischen Fragen, Mitglied der Kommission für Kultur und Olympische Erziehung, Träger des *Olympischen Ordens*.

Steinkemper , Hans Günter, Dr. jur. (Jahrgang 1944), wohnt in Alfter, Jurist, Leiter des *Dezernates Studien- und Prüfungsangelegenheiten* der *Deutschen Sporthochschule Köln*, seit 1979/80 Organisation der Fußballehrer-Lehrgänge des DFB an der *Deutschen Sporthochschule Köln* und Mitglied der Zulassungskommission, Mitglied des DFB-Lehrstabs Trainerausbildung, Veröffentlichungen u. a. zur Ausbildung der Fußball-Lehrer an der Sporthochschule.

Das Carl und Liselott Diem-Archiv

Das *Carl und Liselott Diem-Archiv, Olympische Forschungsstätte der Deutschen Sporthochschule Köln*, ist die Nachfolgeeinrichtung des *Carl-Diem-Instituts* (CDI) an der *Deutschen Sporthochschule Köln*. Das CDI wurde im Jahre 1964 mit Hilfe des Trägervereins *Carl-Diem-Institut e.V.* in Absprache zwischen der Sporthochschule, dem Kultusministerium des Landes NRW und dem Präsidenten von DSB und NOK, Willi DAUME, als olympisches Institut auf den Namen Carl DIEM an der *Deutschen Sporthochschule* gegründet. Der Auftrag zielte auf Förderung des Olympischen Gedankens und die wissenschaftliche Aufarbeitung von Werk und Nachlaß von Carl DIEM. Dieser Nachlaß und die weiteren Sammlungen enthalten wesentliche Zeugnisse der deutschen Sportgeschichte sowie der deutschen und internationalen olympischen Bewegung seit Anfang des Jahrhunderts. Die langjährige, 1992 verstorbene Leiterin des CDI, Prof. Liselott DIEM, hat die zu ihrem 85. Geburtstag von der Sporthochschule angebotene Integration in die Sporthochschule mit der testamentarischen Übereignung ihrer sportwissenschaftlichen und olympischen Sammlungen beantwortet. Die neue Namensgebung soll weiterhin an die auch für die Gründung der Sporthochschule bedeutenden Persönlichkeiten im Zusammenhang mit deren olympischen Sammlungen erinnern.

Auswahl von Schriften, die vom *Diem-Archiv* seit 1990 herausgegeben wurden:

DIEM, Carl, *Die Olympischen Spiele 1912*, Neudruck, Kassel 1990, 204 S.

LENNARTZ, Karl / TEUTENBERG, Walter, *Die Olympischen Spiele 1906 in Athen*, Kassel 1992, 262 S.

LENNARTZ, Karl / TEUTENBERG, Walter, *Die deutsche Olympia-Mannschaft von 1896*, Kassel 1992, 64 S.

LENNARTZ, Karl / TEUTENBERG, Walter, *Olympiateilnehmer in Westfalen. Biographien*, Bd. 1, *Athen 1896 bis München 1972*, WTB-Schriftenreihe Bd. 7, Kassel 1993, 366 S.

BORGERS, Walter / BUSCHMANN, Jürgen / LENNARTZ, Karl, *Kölner Station des Olympischen Feuers.* Eine Dokumentation, hg. anläßlich der Kölner Station des Olympischen Feuers auf dem Weg von Olympia nach Lillehammer, 27. Januar 1994, Kassel 1994, 48 S.

LENNARTZ, Karl / TEUTENBERG, Walter, *II. Olympische Spiele 1900 in Paris*, Kassel 1995, 236 S.

BORGERS, Walter / LENNARTZ, Karl / QUANZ, Dietrich R. (Leitung) / TEUTENBERG, Walter, *Deutsche Olympiade Kalender. Daten zur Olympischen Bewegung in Deutschland*, Teil 1: Kassel 1896, 456 S.

BORGERS, Walter, *Olympic Torch Relays*, Kassel 1996, 200 S.

LENNARTZ, Karl und Mitarbeiter, *Die Olympischen Spiele 1896 in Athen. Erläuterungen zum Neudruck des Offiziellen Berichtes*, Kassel 1996, 170 S.

LENNARTZ, Karl, *Die Olympischen Spiele 1908 in London*, Kassel 1998, 318 S.

BORGERS, Walter / QUANZ, Dietrich R., *Bildbuch Deutsche Sporthochschule Köln.* Schriften der Deutschen Sporthochschule, Bd. 38, St. Augustin 1998, 112 S.

LENNARTZ, Karl / BORGERS, Walter / BUSCHMANN, Jürgen, *Olympischer Neubeginn. Gründung des Nationalen Olympischen Komitees 24. September 1949 in Bonn*, Köln 1999, 106 S.

LENNARTZ, Karl / HÖFER, Andreas / BORGERS, Walter, *Olympische Siege. Medaillen, Diplome, Ehrungen*, Berlin 2000, 474 S.

HÖFER, Andreas / LENNARTZ, Karl, *Im Zeichen des Sieges. Olympische Medaillen, Diplome, Ehrungen. Katalog einer Ausstellung*, Köln 2000, 54 S.

LENNARTZ, Karl / SCHMIDT, Thomas, *Der Briefwechsel zwischen Carl Diem und Werner March*, *Schriften der Deutschen Sporthochschule*, Bd. 47, St. Augustin 2002, 247 S.

BORGERS, Walter / BUSCHMANN, Jürgen / LENNARTZ, Karl / WASSONG, Stephan, *Tempel und Ringe. Zwischen Hochschule und Olympischer Bewegung. Festschrift Dietrich R. Quanz*, Köln 2002, 412 S.

BERTKE, Ellen / KUHN, Heike / LENNARTZ, Karl, *Olympisch bewegt, Festschrift zum 60.Geburts- tag von Prof. Dr. Manfred Lämmer*, hg. in Zusammenarbeit mit dem Institut für Sportge- schichte, Köln 2003, 509 S.

Zum Fußballsport wurde von den Autoren veröffentlicht:

BUSCHMANN, Jürgen / LENNARTZ, Karl, *Die Olympischen Fußballturniere*, Bd. 1, *Erste Schußversuche 1896 – 1908,* Kassel 1999, 224 S., Bd. 2, *Das erste große Turnier. Stockholm 1912 dazu Berlin 1916*, Kassel 2001, 226 S., Bd. 3, *Skandal beim Finale. Antwerpen 1920*, Kassel 2002, 202 S.

BUSCHMANN, Jürgen / KOLLATH, Erich / TRITSCHOKS, Jürgen, Gezielt trainieren – erfolgreich spielen, Kissing 2002.

BUSCHMANN, Jürgen / PABST, Klaus / BUSSMANN, Hubertus, Kordination. Das neue Fussballtraining, Aachen 2000, 2. überarbeitete Auflage 2002, übersetzt ins Englische und ins Spanische.

GERISCH, Gunar / STEINKEMPER, Hans Günter*, 40 Jahre Fußball-Lehrer-Ausbildung an der Deutschen Sporthochschule Köln*, [Köln] 1988

LENNARTZ, Karl, „Aus der Steinzeit des Fußballs. Fußball in deutschen Turnzeitschriften vor 1900“, in: *wfv-sport* 23(1973)15, S. 12, 17, S. 14, 18, S. 14, 19, S. 14, 20, S. 14-15, 21, S. 12-13, 23, S. 14-15, 24, S. 13, 24(1974)1, S. 12. Auch in: *Der Niedersachsen-Fußball* 18(1974)5, S. 52-55. 6, S. 58-62, 9, S. 53-55.

LENNARTZ, Karl, „Fußball-Training für Vereine ohne Trainingsbeleuchtung“, in: *Sport im Betrieb* 6(1973)9, S. 3-6.

LENNARTZ, Karl, "Fußball", in: LENNARTZ, Karl und Mitarbeiter (Hg.), *Die Olympischen Spiele 1896 in Athen. Erläuterungen zum Neudruck des Offiziellen Berichtes*, Kassel 1996, S. 126.

PELIKAN, Wolf J. / LENNARTZ Karl, *Volkssport zwischen Nordsee und Alpen. In der Bundesrepublik Deutschland: Auch Fußball ohne Gagen*, Deutschland-Sportbild, hg. von Inter Nationes, englische, französische, spanische, portugiesische und arabische Übersetzung, Bonn 1976.

STEINKEMPER, Hans Günter, *Fußball-Lehrer im Deutschen Fußball-Bund*, Köln 1996.